N. T. Wright

ÜBERRASCHT VON DER BIBEL

N. T. Wright

Überrascht von der Bibel

Erstaunliche Einsichten zu strittigen Themen

francke

EDITION EMERGENT DEUTSCHLAND

Herausgegeben von Tobias Faix, Thomas Weißenborn & Peter Aschoff

Die Edition Emergent beschäftigt sich mit den Herausforderungen, die durch das Zusammenkommen von Kultur und Evangelium im Kontext von Kirchen und Gemeinden entstehen. Im Zentrum steht dabei die Frage, wie die christliche Botschaft in der aktuellen Wirklichkeit unserer Gesellschaft verkündigt und gelebt werden kann. Ausgangspunkt ist dabei die am Wort Gottes orientierte reformatorische Tradition.

Bibliografische Information Der Deutschen Bibliothek
Die Deutsche Bibliothek verzeichnet diese Publikation in der Deutschen Nationalbibliografie; detaillierte bibliografische Daten sind im Internet über http://dnb.ddb.de abrufbar.

ISBN 978-3-86827-618-3

Originally published in English under the title:
Surprised by Scripture
published by arrangement with HarperOne,
an imprint of HarperCollins Publishers, LLC.
Deutsch von Thomas Weißenborn

35037 Marburg an der Lahn
Covergestaltung: Verlag der Francke-Buchhandlung GmbH / Sven Gerhardt
Satz: Verlag der Francke-Buchhandlung GmbH
Printed in Czech Republic

www.francke-buch.de

Inhaltsverzeichnis

Vorwort ... 7
1. Den Graben zwischen Naturwissenschaft und Glauben überwinden ... 11
2. Brauchen wir einen historischen Adam? ... 42
3. Kann ein Naturwissenschaftler an die Auferstehung glauben? ... 60
4. Das biblische Plädoyer für die Frauenordination ... 91
5. Jesus kommt wieder – pflanze einen Baum! ... 115
6. Der 11. September, Tsunamis und das neue Problem des Bösen ... 146
7. Wie die Bibel die moderne Welt versteht ... 172
8. Götzendienst 2.0 ... 198
9. Unsere Politik ist zu klein ... 216
10. Wie man sich auf die Welt von morgen einlässt ... 240
11. Apokalyptik und die Schönheit Gottes ... 259
12. Zu Menschen der Hoffnung werden ... 272
Danksagungen ... 286

Vorwort

Einige der Gedankengänge in diesem Buch haben ihren Autor genauso überrascht, wie sie seine Leser überraschen werden. Ich habe einen großen Teil meines Lebens mit dem Versuch verbracht, das Neue Testament auf seinem zeitgeschichtlichen Hintergrund zu verstehen, weshalb ich in der Regel andere Fragen hintanstellen musste, so faszinierend eine Beschäftigung mit ihnen auch gewesen wäre. Weil ich jedoch nichtsdestotrotz meine Aufgabe darin sehe, die Bibel für unsere Zeit auszulegen, haben sich mir einige dieser Fragen von Zeit zu Zeit geradezu aufgedrängt. Herausgekommen ist die vorliegende Sammlung verschiedener Puzzlesteine, die hier nicht als abschließende dogmatische Erklärungen präsentiert werden sollen, sondern als Streifzüge in vielfältige und spannende Themenbereiche.

In nahezu allen Fällen ging die Initiative zu den folgenden Artikeln nicht von mir aus. Ich habe vielmehr nach bestem Wissen und Gewissen auf die Fragen reagiert, die andere an mich gestellt haben, sowie darauf, dass ich immer wieder dazu eingeladen wurde, aktuelle Themen aus einer biblischen Perspektive zu betrachten. Für diese Einladungen bin ich ebenso dankbar wie für die vielen anregenden Diskussionen, die sich daraus für mich ergeben haben.

In diesem Buch habe ich den ursprünglichen Vorlesungsstil ein wenig überarbeitet, allerdings hatte ich nicht vor, aus den voneinander unabhängig entstandenen Texten so etwas wie ein einheitliches Gebilde zu machen. Meine Hoffnung ist vielmehr, dass jeder Abschnitt für sich selbst gelesen werden kann. Deshalb war es notwendig, verschiedene grundlegende Punkte, die einige der angesprochenen Themen gemeinsam haben, gleich an mehreren Stellen zu verdeutlichen. Wer also diese Aufsatzsammlung von vorne nach hinten durchliest, wird feststellen, dass sich manches wiederholt. Das tut mir leid, ließ sich allerdings nicht verhindern.

Vermutlich werden nicht wenige von den hier präsentierten Ergebnissen überrascht sein. So wird zum Beispiel allgemein angenommen, die Bibel vertrete klar umrissene Vorstellungen zu Fragen wie dem Verhältnis von Naturwissenschaft und Glaube, der Frauenordination und dem politischen Engagement von Christen – bei jeder dieser Fragen bin ich allerdings aufgrund des Studiums der entsprechenden Texte zu anderen Antworten gekommen. Die „Überraschung", von der der Titel dieses Buches spricht, bezieht sich also auf zwei Dinge: zum einen darauf, dass viele Menschen davon überrascht sein werden, wie viel die Bibel tatsächlich zu Themen wie den oben genannten zu sagen hat, zum anderen aber auch auf die Tatsache, dass sie vielleicht etwas ganz anderes aussagt, als man erwartet hätte.

Wenn ich mir nun meine Aufsätze als Ganzes betrachte, dann zeichnet sich in ihnen so etwas wie ein Muster ab. Zunächst einmal muss man feststellen, dass ich mich in der Regel an ein amerikanisches Publikum wende, wobei ich hoffe, dass das, was ich sage, auch in anderen Kontexten relevant ist (nicht zuletzt deshalb, weil die amerikanische Kultur einen großen Einfluss auf den Rest der Welt ausübt). Der Grund dafür liegt auf der Hand: Ich bin oft zu Vorträgen in die Vereinigten Staaten eingeladen worden, weshalb auch die meisten meiner Artikel in diesem Zusammenhang entstanden sind. Mir ist dabei sehr wohl bewusst, wie schwierig es ist, anhand von mehr oder weniger zufälligen persönlichen Einblicken eine ganze Kultur zu beurteilen. Ich wage es dennoch, nicht zuletzt, weil ich das Vorrecht hatte, zweimal für einen längeren Zeitraum in Amerika zu leben; hinzu kommt eine Anzahl kürzerer Besuche. Insofern hoffe ich, dass mir nicht allzu viele offensichtliche Fehler unterlaufen sind. Manchmal ist es gut, wenn man sich selbst einmal aus dem Blickwinkel eines Außenstehenden betrachtet, deshalb hoffe ich, dass diese gut gemeinten Anmerkungen eines Außenstehenden hilfreich sind.

Eines der Merkmale unserer zeitgenössischen westlichen Welt, auf das ich in diesem Buch an verschiedenen Stellen den Blick richte, ist der massive, oft unbewusste Einfluss einer bestimmten Denkrichtung, die wir mit der Aufklärung des achtzehnten Jahrhunderts verbinden. So bin ich zu der Ansicht gekommen, dass wir uns grundlegend damit beschäftigen müssen, warum unsere Welt heute gewisse Dinge für selbstverständlich hält, wenn wir verstehen wollen, warum wir Probleme auf eine bestimmte Weise angehen, und um würdigen zu können, was die Bibel dazu zu sagen hat. Wenn Menschen davon reden, dass wir „in einer modernen Welt leben", dann vertreten sie damit oft eine bestimmte antike philosophische Richtung (die der Epikureer) in einem modernen Gewand. Wie schon C. S. Lewis an verschiedenen Stellen bemerkte, muss dem Snobismus, der die Moderne in Bezug auf die Geschichte kennzeichnet (etwa im Hinblick auf die Annahme, dass alles, was nach der Mitte des achtzehnten Jahrhunderts geschah, irgendwie wichtiger ist als alles, was davor passierte), auf verschiedenen Ebenen entgegengetreten werden.

Weil dieses Buch aus unterschiedlichen Teilen der Bibel heraus Antworten auf aktuelle Fragen zusammenträgt, lässt es sich nicht vermeiden, dass manches von dem hier präsentierten Material auch schon an anderen Stellen Verwendung fand, wo ich biblische Texte ausgelegt habe, zum Beispiel in meiner kleinen Kommentarreihe (*Matthäus für heute* usw.) und ebenso in Büchern wie *Von Hoffnung überrascht* und *Evil and the Justice of God*. Wer diese Bücher gelesen hat, wird einiges von dem, was ich dort geschrieben habe, hier auch wieder finden. Andere werden, so hoffe ich, durch das, was sie hier lesen, dazu angeregt, sich noch eingehender mit diesen Fragen zu beschäftigen.

Der jeweilige Hintergrund der einzelnen Artikel in diesem Buch wird im Anhang erklärt. Ich bin den vielen Organisationen und Einzelpersonen sehr dankbar, die mich geradezu gedrängt haben, zu kommen und zu ihnen über die jeweiligen

Themen zu sprechen, ebenso auch für das damit verbundene herzliche Willkommen, die Freundschaft und (nicht zuletzt) die Fragen und Herausforderungen, die auf verschiedenen Ebenen bedeutsam waren.

Einer der Freunde war für mich besonders inspirierend, weswegen ich ihm dieses Buch widme. Professor Francis Collins hat eine führende und mutige Rolle gespielt, als es darum ging, einen der großen Gräben in der aktuellen amerikanischen Kultur zu überwinden, nämlich den zwischen Naturwissenschaft und Glaube. Unsere gemeinsame Liebe zur Musik hat unserer Freundschaft ein wunderbares drittes Element hinzugefügt und war damit vielleicht sogar ein Zeugnis für die Tatsache, dass die wichtigsten Fragen des Lebens aus unterschiedlichen Richtungen heraus gleichzeitig angegangen werden müssen.

Ihm gebührt mein herzlichster Dank, ebenso all jenen, deren Ermutigung mit dazu beigetragen hat, diese Abhandlungen zu verfassen, vorzutragen und jetzt in einer neuen Weise zu präsentieren.

Tom Wright
St. Mary's College
St. Andrews, Schottland
Neujahr 2014

1. Den Graben zwischen Naturwissenschaft und Glauben überwinden

Als ich noch in der Westminster Abbey tätig war, wurde ich in regelmäßigen Abständen von Besuchern – vor allem von Amerikanern – angesprochen: „Ist es wirklich wahr, dass hier Charles Darwin begraben liegt?" Einer der Touristinnen, die mich so etwas gefragt hat, konnte ich sogar mit Blick auf den Weg, den sie nach dem Abendgebet durch die Kirche genommen hatte, erwidern: „Madam, ich glaube, Sie sind sogar auf ihn getreten." – „Das ist auch gut so", antwortete sie mit Nachdruck, was mir wiederum einiges über die Touristin offenbarte. Bei einer anderen Gelegenheit ist mir, als ich gerade an Darwins Grab vorbeiging, ein kleiner Haufen aus Blumen und Grußkarten aufgefallen. Offensichtlich hatten Schulkinder ihn dort hinterlassen, wobei die Grußkarten in der Regel so etwas wie „Mr Darwin, wir lieben Sie" verkündeten.

Ich habe mich oft gefragt, was man ihnen wohl beigebracht hatte. Hatten ihnen ihre Lehrer die Geschichte der westlichen Kultur nach dem Muster vermittelt, wonach es vor Darwin nur Finsternis, Aberglaube, Vorurteile und den Würgegriff der Religion gegeben habe, bis dann durch Darwin höchstpersönlich eine neue Ära des Glücks, der Befreiung, des Wissens und der Menschlichkeit eingeläutet wurde? Wenn das keine in höchstem Maße selektive und vereinfachende Geschichtsschreibung ist, dann weiß ich nicht, wie so etwas aussehen sollte. Die Westminster Abbey zieht jedes Jahr Tausende von Besuchern aus allen Teilen der Welt an. Wie aber kommt es, dass anscheinend nur Amerikaner an Darwin interessiert sind und dabei auch sofort Stellung beziehen in diesem vermeintlichen Krieg, in dem allein schon sein Name so etwas wie ein Schlachtruf ist?

Zu meiner Verteidigung muss ich sagen, dass ich Brite bin (und nicht Amerikaner) und Theologe (und nicht Naturwissenschaftler), womit ich bei den erwähnten Diskussionen zwangsläufig eine Außenseiterrolle einnehme. Trotzdem hoffe ich, an dieser Stelle unseren Blick auf drei spezifische Dinge richten zu können, die ein Außenseiter vielleicht besser erkennen kann als ein Insider.

Zum Ersten möchte ich darauf hinweisen, dass die Diskussion zwischen Wissenschaft und Glaube in Nordamerika anders geführt und wahrgenommen wird als an vielen anderen Orten der Welt. Zweitens möchte ich andeuten, dass das wenigstens teilweise mit den epikureischen Fundamenten des sozialen Selbstverständnisses zu tun hat, das die Vereinigten Staaten seit dem ausgehenden achtzehnten Jahrhundert prägt. Deshalb ist die Pattsituation zwischen Naturwissenschaft und Glaube in Amerika analog zu sehen zu dem Patt zwischen Kirche und Staat beziehungsweise Religion und Politik. So kann keines der damit angesprochenen Themen für sich betrachtet, werden, ohne dass auch alle anderen Themenbereiche mit ins Spiel kommen. Aus diesem Grund möchte ich eine sehr viel radikalere Neuausrichtung der zugrunde liegenden Weltanschauungen andenken, als normalerweise in den Diskussionen über Naturwissenschaft und Religion üblich. Das, so hoffe ich, ist der Punkt, an dem ein biblischer Theologe einen brauchbaren Beitrag leisten kann.

Die aktuelle Diskussion in Nordamerika

Auf den Britischen Inseln hatten wir nie einen Scopes-Prozess. Natürlich hatten wir im Juni 1860 in Oxford die berühmt-berüchtigte öffentliche Debatte zwischen dem damaligen Oxforder Bischof Samuel Wilberforce und dem Naturwissenschaftler T. H. Huxley. Innerhalb einer Generation hat sich die Geschichte um diese Debatte verselbstständigt und wurde von einer Tradition überformt, die so stark war, dass diese Tradition schließlich als allgemeine Wahrheit akzeptiert wurde, obwohl die neuere Forschung nachweisen konnte, dass die Dinge keineswegs so klar und einfach lagen, wie es uns die Überlieferung glauben machen möchte.

Gemäß jener Überlieferung fragte Wilberforce Huxley an einer Stelle, ob er eher väterlicher- oder mütterlicherseits vom Affen abstamme, worauf Huxley sinngemäß geantwortet haben soll, er stamme lieber vom Affen ab als von jemandem, der seine intellektuellen Gaben so grob missbrauche. Das ist jedoch nur eine legendarische Ausschmückung. Wie der Philosoph John Lukas schon vor einer Weile nachgewiesen und Stephen Jay Gould bestätigt hat, ist die Story, wonach der Agnostiker Huxley dem kirchlichen Dogma einen schweren Schlag versetzt und der Freiheit zum Durchbruch verholfen habe, in einer Zeit entstanden, in der die englische Mittelklasse im politischen Konkurrenzkampf mit der Aristokratie ein besonderes Interesse daran hatte, die Herkunft eines Menschen als unabhängig von dessen moralischem Wert darzustellen.[1]

Hinzu kommt, dass sich die naturwissenschaftliche Welt bis zum Ende des Jahrhunderts grundlegend verändert hatte. Während früher jeder am naturwissenschaftlichen Diskurs teilnehmen konnte (sofern er über die entsprechenden Mittel verfügte), waren es zu diesem Zeitpunkt fast nur noch die entsprechenden Fachleute. Das Bild von einer freien Wissenschaft, die über eine rückschrittliche Kirche triumphiert, passte also viel besser zu dem zunehmend unabhängigen Selbstverständnis der Naturwissenschaftler des Jahres 1890, in dem viele der entscheidenden Texte über die Episode zwischen Wilberforce und Huxley zu Papier gebracht wurden, als in die wesentlich unbekümmerteren 1860er-Jahre. Doch dort, im viktorianischen Zeitalter, blieb die Geschichte schließlich hängen, weswegen die meisten Menschen im heutigen Großbritannien eine verschwommene Vorstellung von einer Kirche haben, die

1 J. R. Lucas: „Wilberforce and Huxley: A Legendary Encounter", nachzulesen unter: http://users.ox.ac.uk/~jrlucas/legend.html.

die Menschen im Ungewissen lassen will, während uns die Wissenschaft von den Fesseln der Dogmatik und Ethik befreit habe. Der Schrecken zweier Weltkriege und der dazwischenliegenden Weltwirtschaftskrise gab den Menschen noch viel mehr Grund zur Besorgnis und eigentlich weit überzeugendere Gründe, die Grundlagen ihres überlieferten Glaubens infrage zu stellen. Ich wiederhole also das, was ich schon zuvor gesagt habe: Ich denke, dass im heutigen Großbritannien nur wenige Menschen ihren Glauben aufgrund naturwissenschaftlicher Erkenntnisse verlieren, obwohl einige, die ihn aus anderen Gründen aufgegeben haben oder nie einen Glauben besaßen, es recht bequem finden, nicht nur die alten Geschichten von Wilberforce und Huxley, sondern auch die noch älteren wie die von Kopernikus und Galileo hervorzukramen.

In Amerika dagegen übte der Scopes-Prozess einen enormen Einfluss auf die Kultur aus und beschleunigte eine Polarisierung, die man anderswo in der Welt so nicht findet. Ich habe vor Kurzem einen der Klassiker der geistlichen Literatur wieder entdeckt, der mir als Teenager sehr viel Freude bereitet hat: Isobel Kuhns Buch *Die mich suchen*. Kuhn erlebte als Studentin aus einem christlichen Elternhaus in den 1930er-Jahren, wie ihr naturwissenschaftlicher Professor jeden herablassend und beleidigend behandelte, der an die Sechs-Tage-Schöpfung, an eine der anderen biblischen Urgeschichten oder an überhaupt irgendeine biblische Geschichte glaubte, die von Jesus und den Anfängen des Christentums inbegriffen. Der von Professoren und Studierenden ausgeübte Druck, sich endlich der *Naturwissenschaftler-sind-Atheisten*-Position anzuschließen, war enorm. Ich vermute, dabei ging es in der Regel um weit mehr als die einfache, offene Diskussion, die geradeheraus und mit rationalen – oder auch rationalistischen – Argumenten geführt wird. Die modernistische Bewegung war sowohl kulturell als auch politisch oben auf. Man nahm allgemein an, dass der christliche Glaube zur vormodernen Welt gehöre und im Lauf der Menschheitsgeschichte in Vergessenheit geraten würde – und das nicht nur, aber auch wegen seiner Schöpfungsgeschichte und den Wundern, die von Jesus berichtet wurden. Es erscheint mir so – und das ist, wie ich unterstreichen möchte, die Perspektive eines Außenstehenden – als hätten wir es mit einer kulturellen Polarisierung der amerikanischen Gesellschaft zu tun, zu der auch die Kontroverse zwischen Fundamentalisten und Modernisten in der ersten Hälfte des zwanzigsten Jahrhunderts gehört, deren Wurzeln bis zum Bürgerkrieg der 1860er-Jahre zurückreichen.

Denn nur eine solche Hintergrundgeschichte kann das gewaltige Interesse erklären, das 1925 überall in den Vereinigten Staaten dem Scopes-Prozess entgegengebracht wurde, bei dem ein dreimaliger Präsidentschaftskandidat (William Jennings Bryan) die Anklage vertrat und die Reporter in Scharen nach Dayton, Tennessee, strömten, um über das Schauspiel zu berichten. Es war das erste Mal, dass ein Prozess in den Vereinigten Staaten im nationalen Rundfunk übertragen wurde. Der Scopes-Prozess hat den unversöhnlichen Gegensatz zwischen Naturwissenschaft und Glaube jedoch nicht geschaffen; er hat ihn nur zu einem zugespitzten und polarisierenden Höhepunkt geführt. Das Problem mit zugespitzten, polarisierenden Höhepunkten besteht freilich darin, dass sie starken Symbolcharakter bekommen. Wie die antiken und modernen Märtyrer und eben auch die Bürgerkriege generieren sie Loyalitäten und Gegenloyalitäten: Du *musst* diese oder jene Position vertreten, ansonsten bist du ein Verräter.

Die Worte Clarence Darrows, der auf Scopes Seite das Verteidigerteam anführte, hören sich für jeden, der Richard Dawkins und seinesgleichen gelesen hat, ganz aktuell an: „Unser Ziel ist es, Heuchler und Ignoranten daran zu hindern, das Bildungswesen der Vereinigten Staaten zu kontrollieren." Die giftigen Kommentare eines herausragenden Journalisten wie H. L. Mencken kann man sich kaum erklären, es sei denn, man zieht in Betracht, dass der Prozess entlang einer der großen kulturellen Scheidelinien verlief, bei der die in ihren eigenen

Augen aufgeklärten Stadtmenschen von der Ostküste auf die „Schwachköpfe", „Bauern", „Hinterwäldler" und „Tölpel" des ländlichen Tennessee herabschauten. Noch entscheidender ist, dass spätere Berichte über den Prozess die antievolutionäre Haltung mit dem Aufstieg des Ku Klux Klan in den Südstaaten in Verbindung brachten. Was ich damit sagen möchte, ist, dass diese große und schmerzhafte Wunde innerhalb der amerikanischen Gesellschaft im Grunde nur sehr wenig mit dem Verhältnis von Naturwissenschaft und Glaube zu tun hat, aber sehr viel mit der Art und Weise, wie die Vereinigten Staaten regiert werden und der Frage nach der Rechtmäßigkeit der Sklaverei und der sozialen Stellung der Afroamerikaner. Diese Wunde hörte nicht auf zu eitern und wurde durch die Diskussion um Naturwissenschaft und Glaube oder um Evolution und Bibel nur noch tiefer und schmerzhafter.

Obwohl die Fragen selbst natürlich auch anderswo in der Welt wichtig sind, ist das meiner Ansicht nach die Ursache dafür, warum Amerikaner an dieser Stelle durch besonders schwere Zeiten gehen, die bis heute andauern. Wie ich bereits angedeutet habe, maßen führende konservative christliche Theologen nicht nur in Amerika den Entdeckungen des neunzehnten Jahrhunderts keine besondere Bedrohung bei. Doch wie so oft wurde der Weg der Weisheit, der zu einem früheren Zeitpunkt vielleicht noch hätte beschritten werden können, nicht gewählt, stattdessen ist man in einen Krieg zwischen zwei Kulturen eingetreten, der – wie verschiedene tatsächliche Kriege – immer noch andauert, wobei sich auf beiden Seiten die Fronten verhärten.

Was ich in diesem ersten Teil eigentlich sagen möchte, ist, dass es der gegenwärtige amerikanische Kontext, in dem sich die genannten kulturellen Kriege in neuer Form widerspiegeln, den Amerikanern wesentlich schwerer macht, sich mit diesen Themen auseinanderzusetzen. Ich möchte damit nicht sagen, dass es anderswo keine Probleme gibt; natürlich gibt es die. Doch wenn im Vereinigten Königreich naturwissenschaftlich gebildete Theologen wie Alister McGrath oder John Polkinghorne in recht klarer Weise Wege vorschlagen, auf denen die beiden Welten weise und fruchtbringend zusammengedacht werden können, folgen die meisten von uns Nicht-Naturwissenschaftlern glücklich und zufrieden diesen Gedankengängen und sehen keinen Anlass dazu, irgendwelche Treueschwüre herauszuposaunen oder zu erklären, warum wir uns zu einer ganz neuen Denkweise bekehrt haben. All das sind für uns keine herausragenden kulturellen Themen. Sie sind auch nicht – wie meiner Erfahrung nach leider allzu oft in Amerika – direkt mit irgendwelchen beunruhigenden politischen Folgen verbunden. Natürlich sind die amerikanischen Problemlagen wichtig. Aber vielleicht hilft es, wenn man sich klarmacht, wie sehr sie mit größeren Themenbereichen verbunden sind und dass die hitzigen Diskussionen sich nicht unbedingt aus den eigentlichen Problemen, sondern aus den tieferen Hintergründen heraus speisen. Und das sage ich nicht, um einfach nur festzustellen: „Wir sehen das ein bisschen anders." Ich sage das vielmehr, weil die Gefahr besteht, dass Amerikaner ganz selbstverständlich davon ausgehen, dass alle anderen ihre Probleme genauso betrachten *sollten*. Es ist wie in der alten Geschichte, in der eine Bande Jugendlicher einen älteren indischen Herrn in Belfast auf der Straße anhält. „Bist du Katholik oder Protestant?", wollen sie von ihm wissen. „Ich bin Hindu", antwortet er. „Okay", geben sie zurück, „bist du dann ein katholischer oder ein protestantischer Hindu?" Also, bin ich nun ein fundamentalistischer Kreationist oder ein atheistischer Naturwissenschaftler? Die Antwort lautet: Ich bin Brite.

Das Problem mit dem Epikureismus

Es gibt eine sehr viel längere Hintergrundgeschichte, die sowohl Europa als auch Amerika in den letzten zwei- bis dreihundert Jahren beeinflusst, ja sogar beeinträchtigt hat. Ich beziehe mich dabei auf den Aufstieg und die enorme Macht einer philosophischen Denkrichtung, die ursprünglich einmal Epikureismus genannt wurde. Das ist vereinfacht gesagt eine Weltsicht, nach der es zwar vielleicht einen Gott oder mehrere Götter gibt, diese aber weit weg sind und keinerlei Einfluss auf das Weltgeschehen nehmen. (Der Unterschied zwischen Epikureismus und Deismus besteht, wiederum vereinfacht gesagt, darin, dass der Gott der Deisten die Welt vermutlich am Anfang geschaffen und sich dann zurückgezogen hat, während der Gott der Epikureer mit Sicherheit weder die Welt geschaffen noch irgendetwas mit ihr zu tun hat.) Gott lebt also im obersten Stockwerk des großen Gebäudes, wir im Untergeschoss. Das Treppenhaus wurde zerstört und die Fahrstühle funktionieren auch schon lange nicht mehr.

Der grundlegende Gedanke ist: Das ganze Projekt, das wir unter dem Stichwort „Moderne" kennen, in dem die europäische und die amerikanische Aufklärung eine Vorreiterrolle einnehmen, ist auf der Philosophie des Epikureismus aufgebaut. Die Folgen davon sehen wir nicht allein bei der Frage nach dem Verhältnis von Naturwissenschaft und Glaube, sondern auch in vielen anderen Bereichen des Lebens, nicht zuletzt im politischen Bereich. Und damit kommen wir zu etwas, was für viele heute schockierend sein mag: Was normalerweise für die postdarwinistische Welt der Naturwissenschaften gehalten wird, ist keine neue Entdeckung. Der vielgepriesene Anspruch der Aufklärung, ein neues *saeculum*, ein neues Zeitalter eingeläutet zu haben (Das ist es schließlich, was auf den Dollarscheinen ausgesagt wird: „*Novus ordo seclorum*". Es ist einer der atemberaubendsten Ansprüche, der jemals von einem jungen Staat aufgestellt worden ist. Ein Anspruch, der meiner Ansicht nach nur in dem Neustart des Kalenders durch die französischen Revolutionäre Seinesgleichen findet – deren Experiment allerdings scheiterte, während die Dollarscheine immer noch das neue Zeitalter proklamieren) – dieser vielgepriesene Anspruch der Aufklärung, eine ganz und gar neue Weltanschauung ins Leben gerufen zu haben, die auf neuesten wissenschaftlichen Erkenntnissen aufbaut, ist schlichtweg Humbug. Vielmehr war Folgendes geschehen: Der Zug in Richtung epikureischer Philosophie hatte schon zuvor an verschiedenen Stellen Fahrt aufgenommen und die neuen Entdeckungen wurden als Beweis dafür gepriesen.

Eine Definition des Epikureismus

Was genau ist nun Epikureismus? Epikur war ein griechischer Philosoph, der im dritten Jahrhundert vor Christus lebte. Er hatte von der zwielichtigen Welt der heidnischen Religion im Allgemeinen und der des stoischen Pantheismus im Besonderen die Nase voll. Seiner Ansicht nach interessierten sich die Götter nicht für die Welt, sie griffen weder in den Lauf der Dinge ein, noch hielten sie über die Menschen nach deren Tod Gericht. Stattdessen ging alles seinen natürlichen Gang, ohne dass jemand von außen eingreifen musste. Und der physische Tod bedeutete weiter nichts als die komplette Auflösung des menschlichen Seins. Epikurs Philosophie oder jedenfalls ihren erwünschten Effekt kann man in einem Slogan zusammenfassen, den Richard Dawkins und seine Anhänger vor einigen Jahren auf die Londoner Busse plakatieren ließen: „Es gibt wahrscheinlich keinen Gott. Hör also auf, dir Sorgen zu machen, und fange an, das Leben zu genießen." Das Heidentum des alten Griechenlands erzählte Geschichten, die denen eines gewissen Pseudochristentums verblüffend ähnlich sind, denn darin ging es um Götter, die zornig sind auf dein gegenwärtiges Leben und dir damit drohen, dich nach deinem Tod lebendig zu verbrennen. Nein, verkündete Epikur, die natürliche Welt besteht einfach durch ein zufälliges Zusammentreffen von Atomen. (Mit „Atomen" meinte er nicht genau dasselbe, was wir heute darunter verstehen, aber für unsere Thematik spielt das keine Rolle.)

Für Epikur gab es also nichts, worüber man sich Sorgen machen müsste. Von ihm aus lässt sich damit eine direkte Linie zu

John Lennon ziehen: *Imagine there's no heaven, no hell below us* – stell dir vor, es gibt weder einen Himmel noch eine Hölle unter uns. Und nun lege los und lebe im Hier und Jetzt! Die Vorstellung von Epikur als einem Hedonisten ist angemessen, aber es handelte sich um einen sehr feinsinnigen Hedonismus, schließlich lehrte er auch, dass die offensichtlicheren körperlichen Vergnügungen ebenfalls vergänglich sind und darüber hinaus oft unangenehme Nebenwirkungen haben. (Eine Randbemerkung zu den Plakaten an den Londoner Bussen: Für den Oktober 2011 hatte der amerikanische Apologet William Lane Craig eine Debatte mit Richard Dawkins im Sheldonian Theatre in Oxford arrangiert, doch im letzten Moment zog Dawkins seine Zusage zurück. Die Organisatoren hingen deshalb in den Oxforder Bussen folgenden Spruch auf: „Es gibt wahrscheinlich keinen Dawkins. Hör also auf, dir Sorgen zu machen, und genieße den 25. Oktober im Sheldonian Theatre.")

Der Philosophie Epikurs wurde durch den römischen Dichter Lukrez, der rund siebzig Jahre vor Jesus lebte, sehr viel neues Leben eingehaucht. Wie sein Meister hatte auch Lukrez die Nase voll von der römischen Religion, die lehrte, man solle die Götter fürchten und insbesondere den Tod und das, was danach kommen könnte. In einem erstaunlichen, poetischen Meisterstück, *De Rerum Natura, Über die Natur der Dinge,* stellte Lukrez Epikurs Gedanken dar, fügte noch ein paar eigene hinzu und beförderte dadurch das ganze Projekt, indem er zielgerichtet die intellektuellen und der Ästhetik zugeneigten Römer seiner Zeit ansprach. (Wann ist zum letzten Mal eine gewichtige Philosophie in Form eines langen Gedichtes erläutert worden? Mir fällt keine ein. Oder kann man Dante hierunter zählen?)

Bei Lukrez wird alles klar und eindeutig. Die Welt ist so wie sie ist, weil sie aus etwas besteht, was er Atome nannte, die frei durch den Raum fallen, miteinander kollidieren, sich untereinander verbinden und abstoßen. Offensichtlich gibt es verschiedene Sorten von Atomen, weshalb sie unterschiedliche

Effekte auslösen. Große Veränderungen geschehen durch unerklärbare „Schübe", die bei manchen Atomen gelegentlich passieren, sodass sie sich in eine andere Richtung bewegen und ein anderes Ergebnis dabei herauskommt. Doch der Hauptgedanke ist etwas, was wir heutzutage eine evolutionäre Vorstellung nennen würden: Das Leben auf der Erde hat sich in eigener Regie als zufälliges Nebenprodukt willkürlicher Atomkollisionen und -kombinationen zu immer komplexeren Lebensformen entwickelt. Die Götter gehören nicht ins Bild. Sie kommen gar nicht vor. Der Tod ist im wahrsten Sinne des Wortes ein Nichts: Die Atome verteilen sich wieder und kombinieren sich nie wieder zu derselben Form.

Eine historische Randbemerkung: Vielleicht sollte ich sagen, dass es in der Antike wesentlich leichter war, Epikureer zu sein, wenn man wohlbetucht war. Wenn man dagegen einer der unteren Schichten angehörte – die 95 Prozent der freien Bevölkerung ausmachten – oder gar Sklave war, dann klang die Aufforderung, man solle sich entspannen und das Leben genießen, doch irgendwie ein bisschen hohl. Es ist interessant zu sehen, dass das Christentum sich besonders unter denen ausbreitete, denen die bereits existierenden philosophischen Richtungen nichts zu bieten hatten.

Vielleicht ist das auch der Grund, warum der Epikureismus in dem neuen Europa, das im fünfzehnten und sechzehnten Jahrhundert aus dem Mittelalter herauswuchs und sich einer blühenden Mittelklasse erfreute, die in Bildung investieren konnte, ein bemerkenswertes Comeback feierte. Er hörte auf, sein Schattendasein zu fristen, in das er von Christen und Juden in der Spätantike verbannt worden war. Diese Geschichte wurde erst vor Kurzem von Stephen Greenblatt in *Die Wende* wieder nacherzählt. Der Untertitel „*Wie die Renaissance begann*" ist eine Übertreibung: Die Renaissance hatte viele Wurzeln. Wie dem auch sei, Greenblatt legt gute Gründe dafür dar, dass die Wiederentdeckung von Lukrez im Jahr 1417 ein entscheidender Augenblick war. Im spätmittelalterlichen Europa gab es viele Menschen, die wie Epikur und Lukrez von der tyrannischen und Furcht einflößenden Theologie, die ihnen beigebracht worden war, die Nase voll hatten. Die Vorstellung von einem Gott, der mit der Welt *nichts* zu tun hat, und von einer Welt, die *nicht* Engeln und Dämonen unterworfen ist und von ihnen manipuliert wird, sowie der Gedanke, dass das menschliche Leben etwas ist, was man unberührt von alledem feiern kann, boten eine sehr attraktive Alternative. Interessanterweise fand ein gewisser Poggio Bracciolini ausgerechnet im Jahr 1417 den lange verschollenen Text von Lukrez – also genau einhundert Jahre bevor ein gewisser Martin Luther auf eine Interpretation der paulinischen Lehre von der Rechtfertigung aus Glauben stieß, die es ihm ebenfalls erlaubte, die Vorstellung von einem zornigen, rachsüchtigen Gott hinter sich zu lassen. (Oder etwa nicht?)

Dieses Ziel – den tyrannischen Boss im Himmel hinter sich zu lassen und daraufhin die Dinge anders anzugehen – inspirierte in der Folgezeit eine lange Reihe epikureischer Denker, angefangen von Hobbes und Machiavelli über die großen Denker der Aufklärung bis hin zu Thomas Jefferson höchstselbst. Die Aufklärung war aufs Ganze gesehen ein entschlossenes Vorgehen, um den großen, bösen Boss im Obergeschoss loszuwerden. Deshalb war auch das Erdbeben von Lissabon im Jahre 1755 eine ihrer Hauptantriebskräfte. Wenn es so etwas wie einen guten Gott gegeben hätte, der die Dinge in der Hand hielt, dann hätte er so etwas mit Sicherheit nicht geschehen lassen, schon gar nicht an Allerheiligen, als sich alle in den Kirchen aufhielten, die dann über ihren Köpfen zusammenbrachen. Mit Voltaire und anderen zusammen schob Europa Gott also nach oben außer Sichtweite und viele in Amerika taten es den Europäern gleich.

Das Ganze ist eine faszinierende Geschichte, die allerdings zu lang und zu kompliziert ist, um sie hier kurz zu erzählen. Ich möchte unseren Blick besonders auf zwei Dinge lenken: Zum einen den Hauptgedanken von Epikur und Lukrez, deren

Theorie über die herumirrenden und miteinander kollidierenden Atome in der Schöpfung und in der Kausalität keine Lücke ließ, in die irgendwelche göttlichen Wesen hineinschlüpfen konnten. Die Welt schuf sich selbst ohne irgendein fremdes Eingreifen. Diese Form des Atomismus fand seinen Weg in die Blutbahnen der europäischen Kultur, nicht nur *lange bevor* sich Charles Darwin mit der *Beagle* auf den Weg machte, sondern auch lange bevor sein Großvater Erasmus eine frühe Version von dem formulierte, was später die Evolutionstheorie werden sollte – damals im achtzehnten Jahrhundert in Lichfield, also fast unmittelbar neben dem Pfarrhaus, in dem ich fünf Jahre lang gewohnt habe.

Die Evolutionslehre wurde übrigens nicht nur *nicht* von Darwin selbst entwickelt; sie wurde noch nicht einmal von seinen Vorgängern in der Zeit der Aufklärung erdacht. Erfunden hat sie vielmehr Epikur (der dabei auf Demokrit und andere zurückblickte) und populär gemacht hat sie Lukrez. Sie ist und bleibt keine neue, moderne Entdeckung. Sie ist schlicht und einfach *ein* Aspekt einer der antiken Weltsichten. Seitdem hat sie verschiedene Wellen der Popularität erlebt, wobei sie gegenwärtig so weitverbreitet und langanhaltend ist, dass viele, nicht zuletzt viele der heutigen Naturwissenschaftler annehmen, sie sei die einzig mögliche Weltsicht. Das ist sie nicht; darüber werde ich später mehr sagen. Hier möchte ich nur das Urteil der Philosophin Catherine Wilson unterstreichen: In der modernen Welt „sind wir jetzt alle Epikureer". Das ist unsere Standardeinstellung, traurigerweise ebenso für die meisten Christen, die sich gegen die moderne Naturwissenschaft aussprechen, wie für die Naturwissenschaftler, die gegen das Christentum auftreten. Das ist das Problem hinter all den kleineren und größeren Nahkämpfen über bestimmte Themen. Es gibt zwar noch genügend jüdische und christliche Anklänge in unserer Kultur, sodass sich die Leute noch an Gerüchte über eine andere mögliche Weltanschauung erinnern, dazu kommen Hinweise auf einen stoischen Pantheismus, nach dem

Gott allgegenwärtig ist. Dennoch bleibt für die meisten Menschen die epikureische Sicht, wonach Gott weit weg und für uns unerreichbar ist, die Realität. Emily Dickinson fasste diesen Zwiespalt in einer berühmten Zeile (in einem Brief an Mrs J. G. Holland [L551] im Frühjahr 1878) mit folgenden Worten zusammen: „Die Leute sagen, dass Gott überall ist, und trotzdem stellen wir ihn uns immer irgendwie wie einen Einsiedler vor." Mit anderen Worten: Man erinnert sich noch an die Weltsicht des Stoizismus, lebt allerdings in der Wirklichkeit des Epikureismus.

Das Zweite, worauf ich in Bezug auf das Wiedererwachen des Epikureismus zu Beginn der Moderne und insbesondere in den Ursprüngen der Aufklärung hinweisen möchte, ist, dass man sich nicht zuletzt wegen seiner *politischen* Implikationen darauf gestürzt hat. Das ist schon bei Machiavelli und Hobbes deutlich zu erkennen, gegen Ende des achtzehnten Jahrhunderts wird es allerdings offensichtlich. Parallel zu der Vorstellung, dass die Atome einfach machen, was sie wollen, durch den Raum fallen, hierhin und dorthin schwingen, kollidieren, sich untereinander kombinieren, alles – und das ist wichtig – *ohne äußere Kontrolle*, vor allem ohne *göttliche* Kontrolle oder Eingreifen, lehnten die Denker der Aufklärung die überkommenen politischen Ideologien ab, nach denen die Adligen, insbesondere die Monarchen, die Dinge im Wesentlichen kontrollierten und die niedrigeren Stände sich anpassen mussten.

Die Ablehnung des großen „Tyrannen" im Himmel und die Anlehnung an einen Atomismus, nach dem die Atome ohne Einfluss von oben tun, was sie wollen, finden ihre offensichtlichen Analogien im Aufstieg eines Systems, das wir heute als freiheitliche Demokratie bezeichnen. Das gottgegebene Recht der Könige ist verschwunden, es wurde in Frankreich von der Guillotine und in Amerika mit der *Boston Tea Party* beseitigt. *Vox populi vox Dei*, Volkes Stimme ist Gottes Stimme, ist zunächst der Schlachtruf – doch dann verschwindet der *Deus* selbst in weite Ferne, und alles, was uns bleibt, ist die *vox popu-*

li. Willkommen in der schönen, neuen Welt des neunzehnten Jahrhunderts! Kein Wunder, dass die Evolutionslehre einen solchen Rückhalt fand. Sie hat im Grunde alles richtig gemacht. Sie behauptete, dass die natürliche Welt nicht statisch war, sondern sich im Fluss befand, und das war genau das, was viele Menschen im sozialen Bereich auch gerne gesehen hätten. Darwins *Über die Entstehung der Arten* erschien 1859, nur elf Jahre nach dem „Revolutionsjahr" 1848. Niemand hörte auf die Einsprüche, die Alkuin schon im achten Jahrhundert vorgebracht hatte, wonach *vox populi vox Dei* nicht funktionieren kann, weil ein wütender Mob eine Form des Wahnsinns darstelle. Doch der einzige Wahnsinn, der den Mob von Boston bewegte, war der Wahnsinn König Georgs III.

Natürlich zeigt sich die Schwäche des Epikureismus als Philosophie im politischen Bereich, vielleicht sogar noch offensichtlicher als anderswo. Die politischen Analogien zu den fallenden und untereinander kollidierenden Atomen waren nicht immer schön anzusehen. Als Demokrat (aber nicht im parteipolitischen Sinne) möchte ich schnell hinzufügen, dass die Willkürherrschaften, die der modernen Demokratie vorausgingen, und die Willkürherrschaften, die das zwanzigste Jahrhundert besudelten, auch nicht schön anzusehen waren. Demokratie kann neue Formen der Tyrannei ins Leben rufen, und sobald wir unsere Seelen einer bestimmten Form des Wahlprozesses verschrieben haben, gibt es kein Zurück mehr. Wir müssen ans Reißbrett zurückkehren und uns überlegen, ob der natürlichen und angemessenen Leidenschaft für die Freiheit im Menschen und dem natürlichen und angemessenen menschlichen Bedürfnis nach Ordnung und Stabilität mit den demokratischen Formen, die wir entwickelt haben, am besten gedient ist, wenn sie ohne die Hilfe durch ein göttliches oder monarchisches Eingreifen nur auf dem Modell des Epikureismus aufgebaut sind, das sich als so populär und einflussreich erwiesen hat.

Die Beziehung zwischen dem Epikureismus und der Naturwissenschaft

Ich hoffe, es ist deutlich geworden, wohin all das in Bezug auf die momentane amerikanische Situation führt. Zuerst ein paar Gedanken zur Beziehung zwischen dem antiken Epikureismus und der modernen Naturwissenschaft. Es kann gut sein, dass der aufgeklärte Epikureismus des achtzehnten Jahrhunderts die Tür zu neuen Denkrichtungen auf dieselbe Weise aufgestoßen hat wie der Epikureismus des fünfzehnten Jahrhunderts die Tür zu einigen Aspekten der Renaissance geöffnet hat. Doch wenn zum Beispiel behauptet wird, dass die Entdeckungen von Charles Darwin und anderen die Weltsicht bewiesen hätten, von denen diese Forscher ausgegangen waren – eine Weltsicht, die, wie ich betonen möchte, keine moderne ist, sondern nur die *moderne Version* einer antiken –, wird das nicht von den Fakten gestützt. Dabei geht es mir gar nicht um die Probleme, die nach Ansicht mancher mit der darwinistischen Weltsicht latent verbunden sind. Nehmen wir einmal an, dass sie sich alle lösen ließen, so bedeutet das immer noch nicht, dass die epikureische Weltsicht, nach der die Götter abwesend und die Atome unabhängig sind, auch korrekt ist. Das wäre nur dann der Fall, wenn es sich bei Ursache und Wirkung um ein Nullsummenspiel handelte, wenn also *entweder* Gott *oder* beobachtbare natürliche Fakten verantwortlich wären. Sobald man diese eher naive Annahme infrage stellt, stehen einem alle möglichen Optionen offen.

An dieser Stelle werden tatsächlich immer noch einige der scharfsinnigsten und ärgerlichsten Fragen gestellt. *Wenn Sie Darwin unterstützen*, hat mir neulich ein wütender Briefschreiber mitgeteilt, *dann bedeutet das, dass Sie nicht an Wunder glauben – dann können Sie also nicht wirklich an die Auferstehung glauben oder die Jungfrauengeburt oder was auch immer.* Mein Hauptproblem mit der ganzen Diskussion ist nun, dass das Wort *Wunder*, jedenfalls so, wie wir es im nachaufklärerischen Europa und Amerika verstehen, unausweichlich am impliziten Epikureismus unseres unbewussten Weltbildes Schiffbruch erleiden muss. So muss es auch dem Wort übernatürlich ergehen, das zwar auch schon lange vor der Aufklärung in Gebrauch gewesen ist, aber seitdem Resonanzen desselben Weltbildes angenommen hat. Das Problem kann man folgendermaßen zusammenfassen: In der Debatte um Naturwissenschaft und Glaube oder um Schöpfung und Evolution fällt es den Naturwissenschaftlern oder Evolutionsvertretern nur allzu leicht, ihre Position auf epikureische Weise auszudrücken, *und die Christen beziehungsweise Kreationisten tun es ihnen gleich.* Natürlich sind die Christen oder Kreationisten keine Epikureer im eigentlichen Sinn, eben weil sie an einen Gott glauben, der die Welt geschaffen hat und sie immer noch in Händen hält. Aber sie haben eine schwer beschädigte Sicht auf den Schöpfer und den Kosmos vom Deismus geerbt und arbeiten damit – eine Sicht, die schlimmste Züge des Epikureismus trägt, dass nämlich manche Dinge natürlicherweise geschehen, während andere Dinge nur deshalb geschehen, weil Gott es so will.

Ein besonders bezeichnendes Beispiel greife ich in meinem Buch „*Glaube – und dann?*" auf, wo ich von etwas berichte, das im Januar 2009 in New York passiert ist. Während des Startes vom Flughafen La Guardia stieß ein Flugzeug praktisch sofort mit einem Schwarm Gänse zusammen. Der Pilot, Chesley Sullenberger III., traf blitzschnell einige Entscheidungen und vollführte innerhalb von ein paar Minuten ein Dutzend komplexer Flugmanöver, bis das Flugzeug schließlich sicher auf dem Hudson notwasserte. Eine Menge Leute nannten das ein Wunder und auch ich würde nicht eine Sekunde zögern, wenn es um die Frage geht, ob Gott dabei seine Hand im Spiel gehabt hat. Trotzdem gelang die Notlandung vor allem deshalb so sicher, weil Sullenberger schon seit mehr als dreißig Jahren verschiedene Motor- und Segelflugzeuge geflogen und als Fluglehrer gearbeitet hatte. Sein Charakter hatte sich dabei so geformt, dass ihm all diese komplexen Gedanken und Handlungen in Fleisch und Blut übergegangen waren. Mit anderen Worten: Beim Gebrauch des Wortes *Wunder* besteht die Schwierigkeit darin, dass wir von einem Entweder-Oder-Nullsummenspiel ausgehen. *Entweder* war es Gott *oder* der Pilot. Und es geht um diese Grundannahmen, die sowohl von nachaufklärerischen Christen als auch Säkularisten gleichermaßen geteilt werden, die vonseiten eines wirklich biblischen Weltbildes aber infrage gestellt werden müssen.

Zum Zweiten ein paar Gedanken zum politischen Hintergrund. Eines der größten Probleme, vor denen Amerikaner meiner Meinung nach heute stehen, besteht darin, dass die Diskussion um Naturwissenschaft und Glaube in einer Welt stattfindet, in der sich die analoge politische Situation in jedermanns Hirn und Herz eingegraben hat. Meiner Wahrnehmung nach hat Amerika die ausdrücklichste Form des Epikureismus in sein politisches System eingebaut, die es jemals in der schriftlichen Verfassung eines Landes gegeben hat. Gott und die Welt haben nichts miteinander zu tun, auch nicht Glaube und der öffentliche Raum, Religion und Bildung, Gebet und Schule – was auch immer. Und diese große Demokratie geht wie Lukrez' Atome weiter ihren Weg, aus eigener Kraft, wobei sie gelegentlich auf unerklärliche Weise hin und her schwingt und es oft zu Kollisionen kommt, zu Verbindungen und sogar zu Verbrennungsprozessen bei den politischen Gegenstücken dieser Atome. Wenn man die Dinge so wahrnimmt, wie sie tatsächlich sind, ist es natürlich schwer, die Behauptung aufrechtzuerhalten, wonach die Demokratie einfach so da war und nur daraus besteht, dass individuelle Bürger in Bezug auf wichtige Themen Entscheidungen treffen. Wenn das so wäre, dann würden die Präsidentschaftskandidaten vermutlich darauf verzichten, im Wahlkampf Millionen auszugeben.

Selbstverständlich gab es viele, die versucht haben, die ganze Sache wieder zu dem Punkt zurückzudrehen, wo Gott und die Welt noch miteinander verbunden waren. Manchmal geschah das einfach nur aus pragmatischen Gründen, weil man schlichtweg erkannt hat, dass es nicht möglich ist, Gott aus dem öffentlichen Raum zu verbannen oder öffentliche Angelegenheiten aus dem der Kirche. Manchmal geschah es aus theologischen Gründen, weil man erkannt hat, dass der Gott der Bibel tatsächlich einen Herrschaftsanspruch über alle Bereiche des menschlichen Lebens erhebt. So wurde früher die christliche Rechte in Amerika dafür kritisiert, dass sie versucht hat, Religion wieder in die Politik einzuführen, während es im Vereinigten Königreich eher die christliche Linke war, die so etwas tat. Die Dinge sind heute auf beiden Seiten des Atlantiks ein bisschen komplizierter geworden. Trotzdem kämpft die amerikanische Kultur immer noch viel stärker als die britische gegen eine solche Vermischung.

Mein Punkt ist folgender: Wenn man versucht, in einem Umfeld eine Diskussion darüber zu führen, wie Gott mit der Welt verbunden ist, das mit jeder Pore seines Daseins annimmt, Gott habe mit der Welt nichts zu tun (per Definition und sogar durch eine gesetzliche Entscheidung bestätigt), dann haben wir es mit einer Opposition zu tun, die so tief in der Struktur unseres Denkens verwurzelt ist, dass die ganze Sache einfach nur schwierig werden muss. Meiner Ansicht nach ist es seltsam, wenn einige von denen, die darauf bestehen, dass Gott die Welt geschaffen hat und in ihr wirkt, ihn gleichzeitig als einen Gott betrachten, der eigentlich außerhalb des ganzen Prozesses steht und dennoch in ihn eingreift, obwohl der Epikureismus das nicht vorsieht. Im Grunde bestehen sie nämlich darauf, dass etwas wahr ist, was eigentlich strukturell und auf der Ebene der Vorannahmen für ganz und gar unmöglich und verfassungswidrig erklärt worden ist.

An dieser Stelle springt einem noch eine weitere soziale und politische Merkwürdigkeit ins Auge. Wie allgemein bekannt ist und von den Gegnern des Darwinismus immer wieder betont wird, übte der Sozialdarwinismus in der westlichen Kultur eine sehr große Macht aus. Tatsächlich gab es so etwas wie einen Sozialdarwinismus schon lange *vor* Darwin, wobei ich unterschiedliche Berichte darüber gelesen habe, ob Darwin selbst davon begeistert war oder ihn sogar übernommen hat. Doch ohne jeden Zweifel war der Sozialdarwinismus im frühen zwanzigsten Jahrhundert in Europa und vielleicht auch in Amerika weit verbreitet. Manche Menschen damals glaubten, dass ein großer Krieg von Zeit zu Zeit hilfreich sei, weil er das eigene Volk „reinige" und dafür sorge, dass nur die besten durchkommen. Natürlich hat der Erste Weltkrieg die ganze Idiotie dieser Vorstellung aufgezeigt: Maschinengewehre töten wahllos die bestausgebildeten, intelligentesten und stärksten jungen Männer. Das hat den Sozialdarwinismus freilich nicht davon abgehalten, sich tief in die amerikanische Kultur einzugraben, vielleicht sogar noch tiefer als in alle anderen nachaufklärerischen Kulturen.

Der amerikanische Traum sieht im Grunde so aus: *Wenn du dich aufraffst und loslegst, wirst du Erfolg haben.* Dahinter steht die egalitäre Hoffnung, dass im ökonomischen Dschungel die Stärkeren überleben. Das ist jedoch schlichtweg eine Behauptung, eine unbewiesene Vorannahme, die zum Beispiel hinter den Bauchreaktionen gegen jegliche Pläne zur Einführung einer allgemeinen Krankenversicherung steht: *Wenn diese Leute stark genug wären, um auf eigenen Füßen zu stehen, dann würden sie doch für sich selbst sorgen* können! Das funktioniert auch auf internationaler Ebene: Amerika ist zur führenden Supermacht herangewachsen. Wenn also ein Regime irgendwo auf der Welt Amerika nicht gefällt, dann hat Amerika – natürlich mit ein wenig Hilfe von seinen Freunden! – das Recht und die Pflicht, einzugreifen, Bomben abzuwerfen und einen Regimewechsel herbeizuführen. Die größte Ironie bei dieser ganzen Sache ist meiner Meinung nach, dass ausgerechnet diejenigen, die sich am meisten *gegen* Darwin aussprechen, wenn es um die Auslegung des ersten Kapitels der Genesis geht, seine glühendsten Anhänger sind oder jedenfalls Anhänger seiner Theorie, wenn es um soziale Belange oder internationale Politik geht.

Aus all dem ergibt sich für mich, dass die gesamte moderne

westliche Welt tief von der Philosophie Epikurs und Lukrez' durchtränkt ist. Das zu erkennen ist umso wichtiger, weil es unbewusst geschieht. Denn von der Wiege an – in manchen Fällen von der Wiege einer ganzen Nation an – wird den Menschen beigebracht, dass die neuen Wissenschaften und Technologien des achtzehnten Jahrhunderts eine neue Welt ins Leben gerufen hätten. Deren Bewohner seien auf ein neues Niveau des menschlichen Lebens gehoben worden, ein neues *saeculum*, dessen Bürger erwachsen und reif geworden seien und nun von dieser Warte aus auf ihre frühere Unwissenheit mit einer Mischung aus Mitleid und Entsetzen zurückblickten. Innerhalb dieses aufklärerischen Weltbildes – was natürlich durch die unbestreitbare Tatsache an Plausibilität gewinnt, dass wir wirklich Millionen von Dingen *entdeckt* haben, von denen wir zuvor keine Ahnung hatten, angefangen von der DNA bis hin zur Atombombe, vom Luftverkehr bis hin zu Mikroprozessoren – wird den Menschen, die von antiker Philosophie nichts wissen, beigebracht, dass die Götter vielleicht existieren. Wenn, dann sind sie aber weit weg, insofern die Gerüchte über ihre Existenz nicht sowieso übertrieben sind. All das wird auf eine Weise vermittelt, *als handele es sich dabei um eine neue Erkenntnis*. Und viele von denen, die sich mit antiker Philosophie *auskennen*, sind gar nicht unglücklich darüber, dass der Epikureismus nun endlich nicht mehr nur die Philosophie einer kleinen Elite, sondern der breiten Massen geworden ist.

Manchmal bekommt man sogar mit, wie pseudochristliche Denker die neue Welt preisen, weil sie angeblich eine große Befreiung und neue Gelegenheiten für den Glauben gebracht habe. In einem Artikel feierte vor einigen Jahren ein führender jesuitischer Denker die Evolution, ohne sich überhaupt Gedanken über eine christliche Version davon zu machen. Vielmehr war sie für ihn nur Mittel zum Zweck, um verschiedene Lehren loszuwerden, die die traditionelle katholische Weltsicht auszeichnen, die er aber offensichtlich ablehnt – angefangen von Augustins Erbsündenlehre bis hin zu Anselms Erlösungs- bzw.

Satisfaktionslehre – mit Konsequenzen für so unterschiedliche Bereiche wie die Sakramententheologie, die Ordination von weiblichen Priestern und die Sexualethik.[2] So etwas führt natürlich auch zu gegenteiligen Effekten, weil viele innerhalb der christlichen Tradition sagen: Wenn die Annahme der Evolutionslehre so etwas nach sich zieht, dann müssen wir ihr anscheinend mit aller Kraft entgegentreten.

Mir geht es jedoch um Folgendes: Sobald wir den tiefverwurzelten Epikureismus in weiten Teilen unserer modernen westlichen Kultur erkannt haben, sind wir als christliche Denker dazu berufen, nicht einfach nur einen schnellen Kompromissfrieden damit zu schließen, sondern genau zu überlegen, wie wir eine wirklich christliche Weltsicht wieder neu formulieren und voranbringen können. Das eigentliche Problem besteht also nicht darin, dass wir es auf der einen Seite mit der Naturwissenschaft und auf der anderen mit dem Glauben zu tun haben, sondern es besteht darin, dass wir es auf der einen Seite mit einer Weltsicht zu tun haben, die Glaube und Naturwissenschaft auseinanderreißt (was sowohl Kreationisten wie Darwinisten schrill vor sich her posaunen), und auf der anderen mit einer, die genau das *nicht* tut. Damit müsste man eigentlich ein ganzes Buch füllen oder besser eine Reihe von Büchern; im Rest dieses Kapitels möchte ich jedoch wenigstens ein paar Grundzüge dieses Ansatzes skizzieren.

Eine christliche Antwort auf den Epikureismus

Was sollen und können wir also zu dem allen sagen? Die frohe Botschaft ist, dass die Philosophie, die die letzten zweihundert Jahre bestimmt hat, auch in der antiken Welt nicht unbekannt war, weshalb uns die Schriften der Kirche bei der Suche nach einer angemessenen Antwort darauf eine Hilfe sein können.

---

2 Jack Mahoney SJ: „Humanity's Destiny", in: *The Tablet*, 14. Januar 2012, S. 7-8.

Die Antwort der frühen Christenheit

Die ersten Christen waren zumeist arm und ungebildet, weshalb sie keine detaillierte und wohldurchdachte Antwort auf die maßgeblichen philosophischen Ansätze ihrer Zeit entwickelten. Einige Hinweise auf solche Diskussionen finden wir zwar in den Briefen des Apostels Paulus und in seiner berühmten Rede auf dem Areopag, die eigentliche Diskussion kommt jedoch erst bei den Apologeten aus dem zweiten Jahrhundert und den Jahrhunderten danach auf, deren Schriften von einer tief greifenden Auseinandersetzung mit den griechischen und römischen Philosophien geprägt sind. Für die christlichen Apologeten als auch für jüdische Denker war der Epikureismus schlichtweg keine Option. Bis auf den heutigen Tag bedeutet das hebräische oder jiddische Wort *apikoros* „Irrlehrer", also einer, der die Grundlagen des Glaubens verleugnet. Das liegt daran, dass die grundlegendste Lehre des Juden- wie des Christentums damals wie heute in der Überzeugung besteht, dass die Welt, mit der wir es zu tun haben, die gute und weise Schöpfung eines guten und weisen Gottes ist. Die Juden preisen diesen Gott als Gott Abrahams, Isaaks und Jakobs. Die Christen teilen diese Überzeugung, gehen aber noch weiter: Der Schöpfer ist der Vater des Messias Jesus, des Herrn.

Die ersten Christen haben keine ausgefeilte Schöpfungslehre entwickelt, nicht einmal Paulus selbst. Sie hatten das nicht nötig, weil sie schon eine übernommen hatten: die alte biblische Vision der Genesis. Wie wir jedoch alle wissen, besteht die Darstellung der Genesis aus einer sehr poetischen, sehr komplexen Erzählung, deren Hauptgedanken nichts mit der Zahl der Vierundzwanzig-Stunden-Perioden, in denen die Welt geschaffen wurde, zu tun hat, dafür aber sehr viel mit der Weisheit, Güte und Macht des Gottes, der sie geschaffen hat. Einer der Züge der Genesiserzählung, die mich als Nichtfachmann immer wieder faszinieren, ist folgender: Es wird von einem Gott berichtet, der die Welt so geschaffen hat, *dass sie sich danach selbst weitererschafft*: Bäume und Pflanzen bringen

Frucht, damit daraus wieder Bäume und Pflanzen entstehen, und Tiere vermehren sich, ein jedes nach seiner Art. Und über allem steht der Mensch, der dazu berufen ist, Gott in die Welt hineinzuspiegeln und die Welt wiederum Gott anzubefehlen, der wie die Geschöpfe fruchtbar sein und sich mehren soll, um ein von Gott abhängiger Mitschöpfer zu werden.

Und so wie der Bericht vom Sündenfall in Genesis 3 neben dem Bericht von den rebellischen Engeln in Genesis 6 steht und den Leser damit zum Nachdenken herausfordert, ob das Böse nicht eher ein tief greifendes Geheimnis statt einer leicht erklärbaren (und lösbaren!) Störung ist, so folgen die Berichte über die Schöpfung in Genesis 1 und 2 nicht sauber aufeinander, sondern zeigen die Vision aus verschiedenen Blickwinkeln. Die Tatsache, dass in Genesis 1 die Tiere vor den Menschen geschaffen wurden und in Genesis 2 der Mann vor den Tieren, ist eine klassische literarische Vorgehensweise, vielleicht sogar eine klassisch *hebräische* literarische Vorgehensweise, um deutlich zu machen, dass diese beiden Berichte so etwas wie Wegweiser sind, die auf eine dritte Wirklichkeit hindeuten, die nicht ausgesprochen wird, ja vielleicht nicht einmal ausgesprochen werden kann. Vielleicht ist diese darüber hinausgehende Wirklichkeit diejenige, auf die die Psalmen und das Buch der Sprüche hinweisen, wenn sie davon reden, Gott habe die Welt „durch Weisheit" geschaffen. Und vielleicht ist es diese darüber hinausgehende Wirklichkeit, auf die sich Paulus, Johannes und der Hebräerbrief beziehen, wenn sie diese Hinweise aufgreifen und von Jesus selbst in der Sprache der Weisheit als von demjenigen reden, durch den alle Dinge gemacht sind.

Die Genesis und die christliche Weltsicht

Nach Lage der Dinge ist die Genesis in der antiken Welt als eine Geschichte über einen Gott betrachtet worden, der einen *Tempel* baut. Einen Tempel, in dem er nicht nur selbst wohnen will, sondern in dem er natürlich auch ein Bild von sich aufstellt, bevor er in ihn einziehen wird, um dort zur Ruhe zu kommen.[3] Der Tempel, um den es hier geht, ist eine Kombination der Realitäten von Himmel und Erde, eine Konstruktion, in der Himmel und Erde weder wie im Epikureismus durch einen großen Graben getrennt sind noch wie im Stoizismus so miteinander verschmelzen, dass sie praktisch eins geworden sind. Gott ist im Garten gegenwärtig. Er ist ein naher und vertrauter Gott. Er geht dort in der kühlen Abendluft spazieren (Genesis 3). Es ist eine Welt, in der Gott Gott bleibt und die Menschen Geschöpfe, in der jedoch Gottes Bereich, der Himmel, und der menschliche Bereich, die Erde, einander durchdringen und so angelegt sind, dass sie füreinander durchlässig sind.

Eine Erklärung für die Phänomene, die zum Aufstieg des Epikureismus führten, besteht darin, dass sich nach den Ereignissen in Genesis 3, als was auch immer sie zu verstehen sind, so etwas wie ein Gefühl der Entfremdung eingestellt hat, das den Menschen vor eine Entweder-Oder-Entscheidung stellt: Entweder man gibt zu, dass etwas schiefgelaufen ist, und versucht um jeden Preis die Beziehung wiederherzustellen, oder man entwickelt eine Theorie, nach der es immer schon einen tiefen Graben zwischen den Göttern und der Welt gegeben hat, womit man freilich einen ontologischen, seinsmäßigen Graben da postuliert, wo die Genesis einen moralischen und geistlichen sieht. Entscheidend ist aber nicht die Frage, wie man den Graben erklärt, sondern wie man ihm begegnet. Die Stoa antwortet auf die Epikureer, indem sie das Problem leugnet: Die Gottheit ist in der Welt und in uns gegenwärtig, und wenn dir das nicht gefällt, ist das dein Problem. Juden- wie Christentum antworten jedoch klassischerweise auf beide Philosophien, indem sie die geheimnisvolle gegenseitige Durchdringung

3 Vgl. John H. Walton: *The Lost World of Genesis One: Ancient Cosmology and the Origins Debate* (Downers Grove, Illinois (USA): InterVarsity 2009).

von Himmel und Erde weiterhin feiern und erkunden. Einer meiner Lieblingsabschnitte der Psalmen steht in Psalm 65, in dem das Hochgefühl beschrieben wird, wenn die üppige Schönheit des jungen Morgens und des späten Abends als Feier der Weisheit des Schöpfers wahrgenommen werden:

> *Du hast die Berge durch deine Macht gebildet und dich mit großer Kraft umgeben.*
> *Du hast die Ozeane mit ihren tosenden Wellen besänftigt und die Völker zum Verstummen gebracht.*
> *Die am Ende der Erde leben, stehen in Ehrfurcht vor deinen Wundern. Vom Sonnenaufgang bis zum Sonnenuntergang gibst du den Menschen Grund zur Freude.*
> (Psalm 65,7-9. Neues Leben Übersetzung)

Der Psalm fährt fort und erzählt in einer Sprache, die an Genesis 2 erinnert, davon, dass Gottes Flüsse voller Wasser sind und eine reiche Ernte ermöglichen, was die Weiden, die Hügel, die Wiesen und Täler jubeln lässt. Je älter ich werde, desto mehr wird mir klar, dass es sich dabei nicht einfach nur um poetische Sprache handelt. Juden und Christen sind gleichermaßen dazu aufgefordert, sich gegenseitig immer wieder an die nicht endende Lobeshymne zu erinnern, die von der unbeseelten Schöpfung zu ihrem Schöpfer aufsteigt, wenn die Himmel die Ehre Gottes erzählen und das Firmament seiner Hände Werk verkündigt. Er gibt den jungen Raben Speise, wenn sie zu ihm rufen. Die moderne Wissenschaft mag den hungrigen Schrei der Raben für etwas halten, was wir Instinkt nennen, und dagegen habe ich auch nichts, doch wenn wir innerhalb eines epikureischen Denkmodells vom „Instinkt" sprechen, reduzieren wir automatisch die Wirklichkeit. „Die Welt ist mit der Herrlichkeit Gottes aufgeladen", sagte Gerard Manley Hopkins – und Hopkins war alles andere als Pantheist.

Was wir durch das ganze Alte und Neue Testament hindurch finden, ist vielmehr eine reiche Schöpfungstheologie, nach der die gesamte Erde *schon jetzt* mit der göttlichen Herrlichkeit erfüllt ist – das ist es schließlich, was durch die Seraphim in Jesaja 6 besungen wird – und nach der die gesamte Erde gleichermaßen *in der Zukunft* mit der Erkenntnis JHWHs (Jahwes) oder mit der Erkenntnis der Herrlichkeit JHWHs erfüllt werden wird, so wie das Wasser das Meer bedeckt (Jesaja 11,9; Habakuk 2,14). Der Gedanke, dass die ganze Welt mit der Herrlichkeit des Schöpfers erfüllt werden wird, verbindet sich mit der Vision von der Schöpfung als Tempel. Der erste große Erzählkreis der Bibel, der sich von Genesis 1 und 2 bis zum Ende des Buches Exodus erstreckt, berichtet davon, wie der Schöpfer und Bundesgott trotz Israels Sünde und Götzendienst in der neu errichteten Stiftshütte Einzug hält und sie mit seiner herrlichen Gegenwart anfüllt (Exodus 40). Als lange Zeit später der Tempel in Jerusalem gebaut wird, geschieht genau dasselbe (1. Könige 8). Diese Gegenwart Gottes verließ ihn wieder zur Zeit des babylonischen Exils, die Propheten versicherten Israel jedoch, dass die göttliche Pracht eines Tages wieder zurückkommen werde. Die Schreiber des Neuen Testaments verkündigen auf vielfältige Weise, dass genau das passiert sei – im Messias Jesus und durch die Gabe des Heiligen Geistes. Jesus selbst ist der wahre Tempel, aber auch die, die seinen Heiligen Geist empfangen, werden zu lebendigen Tempeln.

Auf diese Weise erfüllt sich Jesajas Prophetie, wonach die Herrlichkeit Gottes allem Fleisch offenbar werden soll – die Verheißung eines neuen Tempels, einer neuen Schöpfung, an der teilzuhaben alle eingeladen sind. All das ist wahr geworden, sagt das Neue Testament, zuerst in Jesus und dann im Geist. Und das bedeutet, dass alles, was wir über die Beziehung zwischen Himmel und Erde, zwischen Gott und der Welt, zwischen Glauben und Naturwissenschaft, zwischen Frömmigkeit und öffentlichem Leben sagen können – über all diese analogen Fragen, die die westliche Moderne verwirren –, dass sie alle ihre Antwort in Jesus finden. Doch es hilft (meiner Erfahrung nach) wenig, das zu sagen. Es hört sich zwar fromm an und lässt sich von einem Christen auch kaum bestreiten, bleibt jedoch eine so dichte Aussage, dass man sie kaum durchdringen und verstehen kann. Denn was ist damit eigentlich gemeint? Manche haben gesagt, dass die Christologie ein Weg ist, auf dem die jeweiligen Welten von Naturwissenschaft und Glauben zusammengeführt werden können. Ich mache hier denselben Vorschlag, aber innerhalb eines Denkrahmens, der meiner Meinung nach einen umfassenderen Zugang zur eigentlichen Christologie darstellt.

Jesus leitet eine neue Schöpfung ein

Im Ansatz bedeutet das, dass wir die großen neutestamentlichen Behauptungen über Jesus und die Schöpfung anders lesen müssen. Wir haben bisher Johannes 1, 1. Korinther 8,6, Kolosser 1 und Hebräer 1 in einer Weise gelesen, als würden hier einfach nur großartige Aussagen über Jesus gemacht – so, als wüssten wir, was die Schöpfung ist, und müssten nun nur noch entdecken, wer Jesus ist, indem wir gesagt bekommen, dass „durch ihn alles gemacht wurde". Doch mit den christologischen Aussagen in Bezug auf die Schöpfung verhält es sich wie mit der Christologie im Allgemeinen: Vielleicht wissen wir ja noch gar nicht, was die Schöpfung ist, genauso wenig, wie wir vorher gewusst haben, wer Gott ist. Vielleicht bekommen wir diese berühmten Abschnitte überhaupt nur deshalb erzählt, damit wir uns auf die Suche nach einer alternativen Schöpfungsvorstellung, einer Kosmogonie, begeben, die uns durch die eingehendere Beschäftigung mit Jesus ermöglicht wird.

An dieser Stelle bekommen wir es mit einem gigantischen Problem zu tun, weil die westlichen Schriften über Jesus auf drastische Weise von genau dem Epikureismus entstellt worden sind, den wir bekämpfen wollen. Jesus wurde in diese und jene Richtung gerissen: Die Naturalisten wollten aus ihm einen weiteren großen religiösen Lehrer machen (oder vielleicht einen weiteren großen politischen Revolutionär), die Supernaturalisten hingegen wollten aus ihm den göttlichen „Eroberer" aus dem „Jenseits" machen, der Wunder tat, um seine übernatürlichen Kräfte zu beweisen, und uns dazu aufruft, diese Welt zu verlassen und mit ihm in die seine zurückzukehren. Diese Vorstellungen spiegeln nur das falsche Entweder-oder des Epikureismus wider, insbesondere tut das die Pseudoeschatologie der Entrückung, wie sie im Dispensationalismus gelehrt wird. Nichts von alledem wird in irgendeiner Weise historisch oder theologisch dem gerecht, was die vier Evangelien aussagen.

Die vier Evangelien erzählen in derselben Linie wie z. B. die Genesis, die Psalmen und Jesaja davon, *wie Gott König wurde*, wie der Schöpfergott in und durch Jesus von Nazareth sein Neuschöpfungsprojekt für die Welt startete. Auf jeder Seite geht es den Evangelien um die neue *Schöpfung*, nicht nur um eine neue Spiritualität, mit Sicherheit auch nicht um ein System, mit dem Menschen *aus* dieser Welt *heraus* gerettet werden, sondern um eine Bewegung von Gottes schöpferischem Geist. Dieser hat Jesus gesalbt, ist aber zugleich auch von ihm ausgegangen. Durch ihn werden Menschen berufen, endlich wirklich Menschen zu werden – befreit von allem, was das verhindert –, und dazu ausgerüstet, Gottes Pläne für eine neue Schöpfung voranzubringen. Wieder einmal erneuert Gott die Welt, aber nicht durch eine Intervention, die alles andere auslöscht, wie es manche supernaturalistischen Endzeitfahrpläne behaupten. Auch nicht, indem er der Natur einfach ihren Lauf lässt, wie manche evolutionistische Darstellungen – inklusive mancher pseudochristlicher evolutionistischer Darstellungen! – behaupten. Er tut das stattdessen durch einen Akt der erlösenden Neuschöpfung, durch den die Menschen wieder in die Lage versetzt werden, Gott in seine Welt hineinzuspiegeln und die Welt im Lobpreis zurück an Gott. Das ganze Projekt Jesu ist das Projekt eines *neuen Tempels*, weshalb sowohl der Jerusalemer Tempel als auch die heidnischen Tempel in den Evangelien und der Apostelgeschichte mit Vorbehalt gesehen werden. Es ist mit anderen Worten ein Projekt, bei dem *Himmel und*

Erde schlussendlich zusammengebracht werden, damit sich Gottes souveräne Herrschaft *auf Erden wie im Himmel* ausbreitet durch die Mission Jesu, die ihren Höhepunkt in seinem Tod und seiner Auferstehung findet – und dann auch durch den ähnlich gearteten und geistgeleiteten Auftrag seiner Nachfolger.

Wenn wir wirklich einen Quantensprung in der Debatte um Naturwissenschaft und Glaube machen wollen, müssen wir meiner Ansicht nach eingehender die vier Evangelien und ihre Geschichte von Jesus studieren, in der es darum geht, wie er das Reich Gottes anbrechen lässt, am Kreuz stirbt und als Erstlingsfrucht der neuen Schöpfung aufersteht. Wir müssen uns selbst fragen, wie der neue Tempel, die neue Realität von Himmel und Erde und die neue Schöpfung aussehen, die Jesus vorgelebt und angestoßen hat. Innerhalb dieser Realität geht es nicht einfach nur darum, wie man die atheistische Naturwissenschaft mit einem rationalistischen Christentum versöhnen kann, etwa indem man beide in getrennten Sphären zu Hause sein lässt oder indem man versucht, beide auf unpassende Weise miteinander zu versöhnen. Das würde nur die sorgsam trennende Weltanschauung des Epikureismus weiter fortführen, die, wie ich gezeigt habe, immer schon das Problem gewesen ist, genauso wie es die Diskussionsbeiträge sind, die aus Jesus entweder einen Supermann oder einfach einen der vielen „großartigen Lehrer" machen.

Wenn wir allerdings über eine Wiederherstellung und Wiederverbreitung der christlichen Weltsicht in der westlichen Welt reden, dann müssen nicht nur Glaube und Naturwissenschaft neu durchdacht werden. Dann geht es um die ganze Art und Weise, wie wir Gesellschaft und Politik betreiben, um das persönliche Leben und nicht zuletzt um die gemeinsame Verantwortung innerhalb der globalen Familie. Wenn wir uns Jesus als Muster und Anfang der neuen Schöpfung aufmerksam zuwenden und auf diese Weise lernen, was es bedeutet, dass „in ihm alles geschaffen wurde" – mit anderen Worten, wenn wir uns ernsthaft und aufrichtig um eine christliche Kosmogonie bemühen –, dann sollten wir damit rechnen, auch auf anderen Ebenen herausgefordert zu werden. Das ist freilich etwas, was wir als Nachfolger Jesu – und als Vertreter aufrichtiger Wissenschaft – erwarten sollten.

2. Brauchen wir einen historischen Adam?

Das Grundproblem, mit dem wir es als Christen zu tun haben, sieht folgendermaßen aus: Wenn wir eine christliche Vision des Kosmos in der Weise artikulieren wollen, in der wir es gerne würden, versinken wir schnell im Treibsand, weil allgemein angenommen wird, das Christentum sei antiintellektuell, wissenschaftsfeindlich, die Wahrheit verschleiernd u. Ä. Für uns sollte das so etwas wie ein Weckruf sein: Obwohl die westliche Tradition und besonders der Protestantismus und die evangelikale Tradition immer behauptet haben, sie bauten auf der Bibel auf und seien in der Schrift gegründet, haben sie nach und nach langfristige und subtile Strategien entwickelt, um nicht auf das hören zu müssen, was die Bibel tatsächlich sagt. Wir müssen damit aufhören, Antworten des neunzehnten Jahrhunderts auf Fragen des sechzehnten zu geben, und sollten stattdessen versuchen, Antworten des einundzwanzigsten Jahrhunderts auf Fragen des ersten Jahrhunderts zu finden. Wir treten ein für die Wahrheit und lieben darüber hinaus den Gott der Wahrheit. Wir haben den starken, biblisch begründeten Eindruck, dass dieser Gott uns dazu beruft, die Wunder seiner Schöpfung zu feiern und mitten in dieser Welt daran zu arbeiten, seine Herrlichkeit groß zu machen. Die Leute, die an einen Junge-Erde-Kreationismus und an einen historischen Adam glauben, werden theologisch von zweierlei angetrieben. Das Erste besteht in der Annahme, dass man, wenn man diese Position aufgibt, auch die Autorität der Bibel fahren lässt. Ich vermute darüber hinaus, dass soziokulturelle Faktoren auch einen großen Einfluss ausüben. Besonders im Dispensationalismus gehört die eindimensionale, wortwörtliche Auslegung der Genesis zu einem Gesamtpaket, zu dem auch die Entrückung, Harmagedon, die Rettung der Seelen in eine zeitlose Ewigkeit hinein und vieles mehr gehören. Dazu kommt ein ganzes Paket ultrakonservativer (so kommt es mir als Brite vor) politischer Vorstellungen in Bezug auf Gesellschaft, Regierung und Außenpolitik. Meiner Meinung nach ist es daher sinnvoll, die Frage, wie die Autorität der Bibel tatsächlich zu sehen ist und was das für unseren Fall bedeuten könnte, grundlegend zu durchdenken.

Es gibt jedoch noch einen zweiten theologischen Antreiber. Der hat mit der tief verwurzelten westlichen Soteriologie zu tun, die sowohl den Katholizismus als auch den Protestantismus prägt, sei er nun liberal oder konservativ: Das Vorverständnis, dass es in der Bibel, besonders in den zentralen Texten des Neuen Testaments wie den Evangelien und dem Römerbrief, im Grunde genommen um die Frage geht, wie wir gerettet werden. Für einige, insbesondere aus der reformierten Tradition, ist die Frage nach Adam als dem Haupt seiner Nachkommen Teil einer Soteriologie, die den Messias Jesus als das Haupt all derer betrachtet, die „in ihm" sind. Lassen Sie mich also ein paar Worte über die biblische Autorität sagen und dann ein wenig ausführlicher über Adam und die mit ihm verbundenen Fragen sprechen.

Die Autorität der Bibel

In meinem Buch *Scripture and the Authority of God* habe ich einen neuen Weg skizziert, wie wir biblisch begründet über die Autorität der Bibel reden können. Dieser ist anders als der Argumentationsweg, den einige dogmatische Ansätze nehmen, die zwar viel über Autorität, Irrtumslosigkeit u. Ä. sagen, aber sich anscheinend nur sehr wenig darum kümmern, worum es in der Bibel eigentlich geht. Ich entwickle meinen Standpunkt im ständigen Dialog mit der konservativen Position, die meiner Meinung nach ungefähr so aussieht: Entweder gehorchen wir der Bibel oder dem Papst – also muss es ja wohl die Bibel sein. Deshalb müssen wir jeden Buchstaben der Schrift verteidigen, sonst sind wir morgen alle katholisch. Dann dreht man sich um und wendet sich mit derselben Haltung der rationalistischen oder säkularistischen Herausforderung zu: Die Bibel muss von der ersten bis zur letzen Zeile wortwörtlich wahr sein, sonst löst sie sich in einer diffusen Wolke von Liberalismus auf, in der es kein Evangelium, keine Moral und keine Hoffnung gibt. Es reicht allerdings nicht aus, einfach nur zu sagen: „Die Bibel ist die einzige Autorität." Wir müssen verschiedene Nuancen finden, und wenn uns das gelingt, schält sich ein interessantes, anderes Bild heraus. Lassen Sie mich dies mit sehr groben Linien skizzieren. Alles Weitere können Sie in meinem oben genannten Buch nachlesen.

Der Bibel zufolge gehört alle Autorität Gott und wird von diesem an Jesus delegiert. Der auferstandene Jesus sagt nicht: „Alle Gewalt im Himmel und auf Erden ist Folgendem gegeben: ... den Büchern, die ihr Jungs demnächst schreiben werdet." Vielmehr sagt er: „*Mir* ist gegeben alle Gewalt im Himmel und auf Erden." Der Ausdruck *Autorität der Schrift* kann also bestenfalls nur eine Kurzform von *Autorität Gottes in Jesus, wie sie uns durch die Schrift vermittelt wird,* sein. Warum reden wir überhaupt von der Autorität der Bibel? Warum sagen wir nicht: „Wir leben unter der Autorität von Jesus", und belassen es dabei? Wäre das nicht eigentlich der biblische Ansatz? Das könnte man tun, allerdings hat die Geschichte über die Jahrhunderte hinweg deutlich gemacht, dass *die Bibel Gottes Mittel ist, durch das wir wissen, wer Jesus ist.* Wenn wir die Bibel wegnehmen, verkürzen oder verwässern, dann kann sich jeder seinen eigenen Jesus erfinden, der jeweils ein bisschen anders ist als der im Alten Testament verborgene und im Neuen Testament offenbarte Jesus. Wir stehen unter der Schrift, weil wir auf diese Weise unter der Autorität leben, die Gott dem Messias Jesus, dem Herrn, übertragen hat.

Aber wofür gibt es die Autorität Gottes überhaupt? Bestimmt nicht dafür, damit wir einen Haufen wahrer, aber sehr unterschiedlicher Informationen erhalten. Salomon hat lange Listen mit Naturphänomenen zusammengestellt, die jedoch nicht in die Bibel aufgenommen wurden. Die Bibel ist keine frühe Version der *Encyclopedia Britannica*. Und das ist der Gedanke, um den es in der zweiten Hälfte dieses Kapitels an zentraler Stelle gehen wird: Der Schwerpunkt in Bezug auf die Autorität Gottes besteht darin, dass es in der ganzen Bibel um Gott geht, der sein Reich auf Erden wie im Himmel baut und damit das Projekt vollendet, das er in Genesis 1-3 angefangen, dann aber abgebrochen hat. Das ist die große, umfassende Geschichte, und wir müssen lernen, wie wir sie erzählen können. Es geht nicht nur um die Antwort auf die Frage, wie wir gerettet werden, in die hier und da ein bisschen Kosmologie eingestreut wird. Die Bibel erzählt eine organische, elementare Geschichte über Gott und die Welt. Gottes Autorität wird nicht dadurch ausgeübt, indem er seinem Volk eine Menge wahrer Informationen gibt, nicht einmal, indem er ihm wahre Informationen darüber gibt, wie man gerettet werden kann (obwohl das nebenbei auch geschieht). Bei Gottes Autorität, übertragen auf Jesus, den Messias, geht es um Gott, der seine rechtmäßige Herrschaft über die ganze Schöpfung wiedergewinnt. Und die Art und Weise, wie Gott von Anfang an seine Herrschaft über die Schöpfung ausüben wollte, ist *durch eine gehorsame Menschheit*. Die Bibel zeugt von Jesus, der erklärt, dass er, der gehorsame Mensch, das getan hat. Doch die Bibel ist auch die gottgegebene Ausrüstung, durch die *die Nachfolger von Jesus ermächtigt werden, gehorsame Haushalter und die königliche Priesterschaft zu sein, die die rettende Herrschaft Gottes in Christus in die Welt hineinträgt.*

Deshalb führt die Bibel aus, was Gott von ihr möchte, wenn sie durch die Kraft des Heiligen Geistes den Menschen ermöglicht, an Jesus zu glauben, ihm nachzufolgen und an seinem Reich zu bauen – natürlich nicht *durch eigene Anstrengungen* zu bauen, sondern, wie ich bereits in *Überrascht von Hoffnung* gesagt habe, *für* sein Reich zu bauen. Wir werden Teilhaber an Gottes Reichsarbeit, indem wir ihn mit Herz, Verstand, Seele und Kraft lieben, und die Bibel ist das primäre Mittel, das der

Heilige Geist benutzt, um die Erneuerung des Herzens und Lebens herbeizuführen. Die Autorität der Bibel ist deshalb das *dynamische*, nicht statische Mittel, durch das Gott Menschen in Nachfolger Jesu und damit auch Reich-Gottes-Arbeiter verwandelt.

Einer der wunderbarsten Züge an der Bibel ist die Tatsache, dass keine Generation die Aufgabe, sie zu studieren und zu verstehen, zu Ende führen kann. Wir kommen niemals an den Punkt, an dem wir sagen könnten: „Die Theologen haben jetzt alles ergründet, wir müssen uns also nur noch die Ergebnisse einstecken oder ins Bücherregal stellen, und die nächste Generation braucht sich keine Gedanken mehr zu machen – sie kann ja einfach alles wieder herausholen und nachschlagen." Nein, die Bibel scheint so konstruiert zu sein, dass sie jede Generation herausfordert und dazu provoziert, ihre eigenen Hausaufgaben zu machen und selbst mit dem Text zu kämpfen und zu ringen. Ich denke, das ist die wahre Bedeutung des buchstäblichen Sinnes, also dem, von dem Augustinus gesagt hat, das sei es, „was die Schreiber wirklich meinten": Wir müssen diese alten Augen bekommen, den historischen Blick, um Genesis und Matthäus und den Römerbrief in ihrem jeweiligen historischen Kontext zu verstehen. Ich weiß, dass sich viele Konservative heute mit aller Macht dagegen wehren, doch das ist absurd: Ohne historische Forschungen, Parallelen, Lexikografie und so weiter wären wir noch nicht einmal in der Lage, den Text zu übersetzen. Und ja, ich weiß, es gibt viele säkularisierende biblische Forscher und sicher auch ein paar Konservative, die von ihrer linken Hirnhälfte dominiert werden und eine Form von biblischer Forschung produzieren, die die Kirche entweder nicht braucht oder nicht gebrauchen sollte. Doch nur weil im Garten auch Unkraut wächst, bedeutet das nicht, dass wir alles zubetonieren sollten. Stattdessen sollten wir lieber neue Blumen pflanzen. Jede Generation muss die Bibel auf ihre Weise in historischer Hinsicht lesen, weil jede Generation *erwachsen* werden muss und nicht einfach nur die richtigen Antworten *nachschlagen* und dann in einer infantilen Haltung verweilen sollte. Das gehört auch zur Arbeit am Reich Gottes.

Schließlich (und hier möchte ich die Aufmerksamkeit auf mein Buch *How God Became King* lenken) besteht die Schwierigkeit bei allen tradierten Lösungswegen, den Glaubensregeln und sogar den großen Glaubensbekenntnissen darin, dass sie die zentrale Botschaft der Bibel ausblenden, die da lautet, dass das Reich Gottes kommt. Mit den Glaubensbekenntnissen und den Glaubensregeln an sich ist alles in Ordnung. Was sie sagen, ist wahr. Aber sie vereinfachen zu sehr, und wenn Menschen anfangen, auf zu große Vereinfachungen ganze Systeme aufzubauen, verfehlen sie den entscheidenden Punkt. Die Leute reden heute manchmal davon, dass man die Schrift kanonisch lesen soll, und meinen damit, dass man sie auf die klassisch orthodoxe Weise lesen soll. Aber die klassische Orthodoxie hat regelmäßig die zentrale Botschaft der Evangelien als auch von Jesus vergessen: Durch Jesus, durch sein Wirken, seinen Tod und seine Auferstehung wurde der lebendige Gott sowohl auf Erden als auch im Himmel König. Wenn wir diese Botschaft nicht aus der Bibel herauslesen, dann lesen wir nicht die Bibel selbst, sondern nehmen nur die traditionelle Lesart wahr, die lediglich an der Oberfläche eines Textes kratzt, der uns eigentlich etwas ganz anderes sagen möchte. Glaubensregeln und Glaubensbekenntnisse sind so etwas wie die Mittelleitplanken auf der Autobahn, die verhindern, dass man vom Weg abkommt und in den Gegenverkehr gerät. Die Leitplanken aber sagen einem nichts darüber, was man für die Fahrt oder über das Ziel wissen muss, sie füllen auch kein Benzin in den Tank. Das kann nur die biblische Botschaft über das Reich Gottes in Jesus Christus.

Ich glaube, all das ist der Grund, warum ich mich evangelikal nenne, und ich bin traurig darüber, dass dieses Wort so oft ein Ende des Bibellesens bedeutet und weniger ein Öffnen der Bibel. Die Bibel ist dazu da, um uns die Fragen und die Agenda zu geben, um uns so zu formen, dass wir Menschen werden, die den Mut und die Fähigkeiten haben, diese Fragen zu beantworten und dieser Agenda zu folgen. Allzu oft wurde das Wort *biblisch* dahingehend verengt, dass es heute nur noch „gemäß unserer Tradition, die wir für biblisch halten" bedeutet. Und wie Paulus in 1. Korinther 8 und Römer 14 fragt – woher wissen wir, welche Dinge wir beibehalten können, ohne unsere Gemeinschaft zu spalten?

Ich frage mich, ob wir es überhaupt verantworten können, die Junge-Erde-Position als zwar statthafte, wenn auch bedauerliche Alternative anzusehen, als etwas, von dem wir wissen, dass es sich unsere Vettern am anderen Ende der Straße ausgedacht haben, was uns aber nicht davon abhalten soll, gemeinsam mit ihnen Weihnachten zu feiern. Ja, natürlich muss jede Konfrontation höflich und liebevoll geschehen, freundlich und einfühlsam – wenn es allerdings um die Wahrheit geht, sollten wir einen Blick darauf werfen, wie Paulus in Antiochia Petrus entgegentrat ... Und wenn, wie ich vermute, viele von uns die Theologie der jungen Erde nicht für eine statthafte Alternative halten: geschieht das lediglich deshalb, weil diese Theorie uns das Christsein schwerer macht? Wenn unsere nichtchristliche Umwelt die Vertreter dieser Theorie betrachtet, könnte man uns in dieselbe Schublade stecken. Oder geschieht das nicht viel eher deshalb – und so sollte es meiner Meinung nach sein –, weil wir einen wichtigen Punkt richtig erkannt haben, den aber die Vertreter einer wortwörtlichen Junge-Erde-Theologie schlichtweg ausblenden? Das ist nämlich die Gefahr einer falschen Lehre: Sie bringt nicht nur die Dinge durcheinander, sondern das Durcheinander kann auch dazu benutzt werden, das zu verschleiern, was eigentlich dringend ans Licht gehört.

Meiner Meinung nach ist Folgendes geschehen. Die neoepikureische Lehre, die wir nur allzu gut kennen, der ganz groß geschriebene Evolutionismus hat eine bewiesene Hypothese über die natürliche Welt zu einer naturalistischen Weltanschauung aufgebläht. Doch diese modernistische Lehre *hat einen wunden Punkt offenbart, der vielleicht bloßgestellt werden musste.* Wenn es Angriffe auf den Glauben gibt, dann geschehen sie in der Regel an einer Stelle, an der die Kirche nicht auf ihre Deckung geachtet hat. Reformationen gab es, wenn die Kirche sich nicht damit zufriedengab, auf neue Herausforderungen mit den Slogans der Vergangenheit zu antworten, egal, wie wahr sie gewesen sein mögen, und sich stattdessen der Schrift zugewandt hat und dort engagiert und mit Eifer nach neuen Antworten suchte. Das führt nicht, wie besorgte systematische Theologen manchmal fürchten, zum willkürlichen Pseudo-Papsttum merkwürdiger Bibelausleger, sondern vielmehr in eine biblische Forschung hinein, die sich der demütigen, aber mächtigen Aufgabe stellt, dem ganzen Leib des Messias zu dienen, indem sie ihm die neuen Erkenntnisse liefert, die er jetzt braucht. Ich bin fest davon überzeugt, dass es in unserer Generation zu dieser Aufgabe gehört, die Gemeinde an das Thema „Reich Gottes" zu erinnern.

Die zentrale Botschaft der Bibel ist nicht einfach nur, dass wir Sünder sind, uns Gott aber durch Jesus Christus aus dieser sündigen Welt erlöst, damit wir mit ihm im Himmel sein können. Das ist ein Teil davon, aber das ist nicht die ganze biblische Story. In der Bibel geht es nicht darum, Menschen *aus* der Welt *heraus* zu erlösen, sondern darum, sie *für* die Welt zu erlösen, und in der Tat darum, dass Gott die Welt *durch* diese erlösten Menschen erlöst. An dieser Stelle wenden wir uns nun Genesis 1 zu und damit einem neuen Verständnis von Ebenbild und Tempel.

Eine Sache möchte ich noch unterstreichen, bevor wir uns der zweiten Hälfte dieser Betrachtungen zuwenden: Es reicht einfach nicht, schlichtweg die traditionellen Glaubenssätze zu bejahen. Ja, Jesus war und ist wahrer Mensch und wahrer Gott. Doch der *Schwerpunkt* seiner Göttlichkeit liegt in den Evangelien darauf, dass der lebendige Gott in Jesus und *als* Jesus König wird. Und der Schwerpunkt seiner Menschlichkeit liegt in den Evangelien darauf, dass in Jesus und als Jesus die Menschen endlich wieder ihrer göttlichen Berufung zur königlichen

Priesterschaft gerecht werden, durch die Gott seine weise, erlösende Ordnung in den Garten Eden bringt. Und ja, die gute Nachricht ist die gute Nachricht von der Erlösung. Doch in der Bibel werden wir nicht einfach nur erlöst, damit wir in den Himmel kommen und Gemeinschaft mit Gott haben, sondern damit wir seine wahre, menschliche, königliche Priesterschaft in dieser Welt sein können. „Du bist geschlachtet", singt die große Menge in Offenbarung 5 den Lobpreis des Lammes, „und hast mit deinem Blut Menschen für Gott erkauft ... *und hast sie unserm Gott zu Königen und Priestern gemacht, und sie werden herrschen auf Erden.*" Wenn es uns nur gelänge, dieses Bild richtig zu deuten, erschienen alle unsere Diskussionen über Adam, über die Anfänge, über die Auslegung von Genesis 1–3 in einem ganz anderen Licht.

Was Paulus über Adam schreibt

Im Zentrum dieses Puzzles stehen natürlich Römer 5 und 1. Korinther 15, wo Paulus auf Adam verweist. Besonders die Stelle in Römer 5 hat dazu geführt, dass viele Menschen sagen, wir müssten nicht allein deswegen an Adam und Eva glauben, weil die Genesis das einer wortwörtlichen Auslegung zufolge behauptet. Nein, wir müssten vielmehr auch deshalb an eine historische Persönlichkeit namens Adam glauben, weil Paulus das sagt und weil seine Gegenüberstellung von Adam und Christus das Herz seiner Soteriologie ausmacht. Die Aufgabe eines historischen Adam hätte somit, so meinen sie, auch die Bedeutungslosigkeit von Christus zur Folge. Darauf möchte ich zweierlei erwidern. Zum einen unterstützt Paulus mit seinem Verweis auf Adam in diesen Abschnitten explizit nicht die traditionelle Soteriologie, sondern das Reich Gottes. Zum Zweiten gibt es eine enge Parallele zwischen der biblischen Berufung Adams in der Genesis und der biblischen Berufung Israels, und wenn wir dies durchdenken, finden wir vielleicht neue Wege in das Herz unseres Puzzles hinein.

Zunächst wenden wir uns Adam und dem Reich Gottes zu. Obwohl viele Generationen den Römerbrief schlichtweg als ein Buch gelesen haben, in dem geschrieben steht, wie man erlöst wird, ist das nicht die zentrale Aussage der Kapitel 1–8 oder 5–8. Der große Höhepunkt von Römer 1–8 ist die Erneuerung der Schöpfung in 8,17–26, wo mit Verweis auf Psalm 2 Jesus als Messias die äußersten Enden der Erde zum Erbe gegeben werden. Für Paulus ist klar: *Die ganze Welt ist jetzt Gottes heiliges Land.* Das ist es, was die Bibel prophezeit hat, und das wurde in Jesus dem Messias erreicht. Doch dieses Erbe wird mit allen Nachfolgern von Jesus geteilt, und das passiert schließlich durch ihre Auferstehung. „Die Schöpfung", verkündet Paulus, „wird frei werden von der Knechtschaft der Vergänglichkeit, um die Freiheit zu genießen, die kommen wird, wenn die Kinder Gottes verherrlicht werden."

Hier gilt es genau hinzuschauen: Paulus sagt nicht, dass die Schöpfung *Anteil hat* an der Herrlichkeit, wie es manche Bibelausgaben irreführend übersetzen. Paulus arbeitet hier sowohl mit Psalm 8 als auch mit Psalm 2, und in Psalm 8 wird genau wie in der Genesis den Menschen die Herrlichkeit und die Herrschaft über die Welt gegeben. Hier ist nun das Problem, auf das der Römerbrief die Antwort gibt: Wir sind nicht einfach nur sündig und brauchen Erlösung, unsere Sünde bedeutet vielmehr, dass Gottes Projekt für die ganze Schöpfung (dass sie durch gehorsame Menschen regiert werden soll) abgebrochen wurde und aufgeschoben werden musste. Wenn wir nun erlöst werden, passiert das deshalb, damit, wie Paulus erläutert, das Projekt „Gesunde, heile Schöpfung" endlich wieder in die richtigen Bahnen gelenkt wird. Wenn Menschen erlöst werden, seufzt die ganze Schöpfung vor Erleichterung auf und sagt: „Gott sei Dank! Es wurde aber auch Zeit, dass ihr mit euch selbst ins Reine kommt!"

Wie Sie sehen, ist es das, worüber Paulus wirklich in Römer 5,12-21 spricht, obwohl hier natürlich kein Platz für eine ausgefeilte Exegese ist. Ich möchte allerdings Ihre Aufmerksamkeit auf die Verse 17 und 21 lenken. In Vers 17 überrascht Paulus uns: „Wenn wegen der Sünde des Einen der Tod geherrscht hat durch den Einen", sagt er, und wir erwarten, dass er fortfährt mit: „um wie viel mehr wird das Leben durch den Einen herrschen." Aber das sagt er nicht. Stattdessen sagt er: „Um wie viel mehr werden die, welche die Fülle der Gnade und der Gabe der Gerechtigkeit, der Mitgliedschaft im Bund, des ‚Im Recht Seins' empfangen, herrschen im Leben durch den Einen, Jesus den Messias." Adams Sünde bedeutete nicht nur, dass er sterben musste, sondern auch, dass er nicht mehr über die Welt herrschte. Gottes Schöpfung war so angelegt, dass sie durch menschliche Haushalterschaft funktionieren sollte, aber stattdessen produziert sie jetzt Dornen und Disteln. Menschen werden erlöst, um Gottes Schöpfungsprojekt wieder in die richtigen Bahnen zu lenken. Das Wort, in dem all das zusammengefasst wird, ist *herrschen*, „regieren", griechisch *basileuein*, mit anderen Worten, „Reich Gottes". Die paulinische Theologie über Adam ist also seine Theologie über das Reich Gottes, und der Autor der Genesis hätte gelächelt, weil er sie wiedererkannt hätte. Vers 21 weist, natürlich in sehr dichter Form, in dieselbe Richtung. Die Gnade herrscht *durch die Gerechtigkeit* zum Leben im kommenden Zeitalter. Gott bringt seine Leute in Ordnung, damit er durch sie die Welt in Ordnung bringen kann. Die Rechtfertigung durch den Glauben bedeutet, dass Menschen schon vorher in Ordnung gebracht werden, damit durch sie die Welt in Ordnung gebracht wird.

Wir entdecken dasselbe aus einem anderen Blickwinkel in 1. Korinther 15,20-28. Auch hier arbeitet Paulus wieder mit den Psalmen, in diesem Fall mit Psalm 110, und auch wieder mit Psalm 8. Was er sagen will, ist, dass Jesus schon auf dem Thron sitzt, schon König ist, schon regiert. Mit anderen Worten, *er ist endlich da, wo Adam hätte sein sollen.* Endlich gibt es einen gehorsamen Menschen in der Kommandozentrale des Universums. Natürlich gehört das zur paulinischen Theologie des Schon-jetzt-aber-noch-nicht; Jesus herrscht bereits, aber eines

Tages wird der letzte Feind schließlich besiegt werden, nämlich der Tod. Paulus orientiert sich im ganzen 15. Kapitel des 1. Korintherbriefes eng an Genesis 1, 2 und 3. Darüber, wie sich das auswirkt, könnte ich ein ganzes Buch schreiben. Grundlegend für seine Auslegung der Genesis ist Folgendes: dass Gott seine wunderbare Welt in menschliche Hände gelegt hat; dass diese menschlichen Hände das ganze Projekt durcheinandergebracht haben; und dass die menschlichen Hände von Jesus dem Messias es nun wieder aufgenommen, in Ordnung gebracht und in die richtige Bahn gelenkt haben. Man kann also nicht einfach von Paulus sagen: „Da, schau her, er glaubt an Adam, und das beweist doch, dass man die Genesis wörtlich nehmen muss." Was sich vielmehr zeigt, ist genau das *Versagen* der Tradition, sowohl die Genesis als auch Paulus richtig zu verstehen, weil Paulus' ganzer Schwerpunkt eigentlich darauf liegt, aus der Genesis den Gedanken der *Berufung Adams* aufzunehmen und zu zeigen, dass er sich im Messias erfüllt hat. Solange wir das nicht ins Zentrum rücken, ordnen wir uns nicht der Autorität dieser zentralen biblischen Texte unter.

Das bringt mich zurück zur Genesis und dahin, einen Blick auf die Berufung Adams zu werfen. Das Ebenbild Gottes, von dem dort die Rede ist, verweist nicht auf eine besondere geistliche Ausstattung, eine geheime Eigenschaft, die Menschen irgendwo in ihrer genetischen Veranlagung besitzen, auf etwas, was man durch wissenschaftliche Untersuchungen beim Menschen nachweisen kann, bei Affen oder Delfinen jedoch nicht. Das Ebenbild ist eine *Berufung*, ein Ruf. Es ist die Berufung, wie ein Winkelspiegel zu sein, der Gottes weise Ordnung in die Welt hinein reflektiert und das Lob der ganzen Schöpfung auf den Schöpfer zurück. Zur königlichen Priesterschaft zu gehören bedeutet zum einen, sich um Gottes Welt zu kümmern – das ist der königliche Teil. Zum anderen bedeutet es, das Lob der Schöpfung zum Ausdruck zu bringen – das ist der priesterliche Teil. Das Ebenbild ist für gewöhnlich das Letzte, was man in einem neu errichteten Tempel aufstellt, sodass

Gott in seinem Ebenbild unter seinem Volk gegenwärtig sein kann und sein Volk ihn in seinem Ebenbild anbeten kann. Eine der großen Errungenschaften der biblischen Forschung in dieser Generation, nicht zuletzt in Bezug auf unser Verständnis des Judentums im ersten Jahrhundert, ist, dass uns die Zentralität des Tempels in der jüdischen Weltsicht klar wurde.

Doch da gibt es ein Problem. Wir haben unser Ziel bisher darin gesehen, dass wir als Menschen erlöst werden, um Gemeinschaft mit Gott haben zu können, während die Bibel das Ziel darin sieht, dass Menschen erlöst werden, damit sie das Lob der Schöpfung zum Ausdruck bringen und sich als Gottes weise Haushalter um seine Schöpfung kümmern können. Die Genesis, die Evangelien, der Römerbrief und die Offenbarung, sie alle bestehen darauf, dass das Problem wie folgt aussieht: Die menschliche Sünde hat Gottes Absicht für die Schöpfung blockiert, aber Gott hat sich nicht von seiner Absicht für die Schöpfung abbringen lassen, die darin bestand und immer noch besteht, in seiner Schöpfung durch Menschen, seine Ebenbilder, zu wirken. Er hat seinen Plan nicht geändert. Durch sein wahres Ebenbild Jesus den Messias hat er Menschen von Sünde und Tod erlöst, damit sie sich wieder seinen ursprünglichen Absichten verschreiben, wozu die Ausbreitung seines heiligen Raumes auf die ganze Schöpfung gehört, bis die Erde tatsächlich von der Erkenntnis und der Herrlichkeit Gottes angefüllt ist, wie das Wasser das Meer bedeckt. Gott wird *in* und *mit* seiner ganzen Schöpfung sein; die ganze Schöpfung wird wie eine herrliche Ausweitung der Stiftshütte in der Wüste oder des Tempels in Jerusalem sein.

An dieser Stelle sehe ich eine starke Parallele zu der Berufung und dem Ruf des antiken Volkes Israel, und an dieser Stelle fällt auch neues Licht zurück auf Adam und die Frage nach den Anfängen. Die Genesis selbst zieht die Parallele: Das Gebot an Adam, fruchtbar zu sein und sich zu mehren, verwandelt sich in die Verheißung an Abraham, dass Gott ihn segnen wird, ihn fruchtbar machen und mehren wird. Statt des ursprünglichen Paradieses, in dem Gott unter seinem Volk gegenwärtig war, wird Israel ein Land verheißen und schließlich der Tempel als Ort von Gottes Gegenwart gegeben. Doch der Hauptgedanke ist folgender: Israel, ein kleines, seltsames, nomadisches Volk in einem obskuren Winkel der Welt, wird auserwählt, der Verheißungsträger zu sein: „In dir sollen gesegnet werden alle Geschlechter auf Erden." Israel soll eine königliche Priesterschaft sein (Exodus 19). Israel soll das Licht der Völker sein (Jesaja 42; 49). *Israel wurde aus dem Rest der Welt auserwählt, um Gottes seltsames Werkzeug zur Erlösung der Menschheit zu sein und so Gottes Schöpfungsprojekt wieder in die richtige Bahn zu lenken.* Gott erwählt Israel, obwohl er sehr genau weiß, dass, um mit Paulus zu sprechen, auch Israel „in Adam" ist; das Volk, das die Lösung in sich trägt, ist zugleich ein Teil des Problems.

Das ist der Schlüssel zu den schwierigsten Aspekten der paulinischen Theologie, zum Beispiel zum Problem des Gesetzes. Doch dazu ein andermal mehr. Schauen wir jedoch genau hin. Israel wurde erwählt, um diese göttliche Absicht zu erfüllen; Israel wird ins Heilige Land gesetzt, in den Garten der Freude Gottes, und gewarnt, dass es, wenn es die Torah nicht hält, hinausgeworfen und ins Exil geschickt wird. Es wird so aussehen, als ob das ganze Projekt wieder auf Eis liegt. Das ist das furchtbare Problem, vor dem nicht allein das Exil, sondern die ganze so genannte nachexilische Periode steht. Und es ist dieses komplexe Problem, das nach Ansicht des Neuen Testaments in Israels Messias, Jesus dem Herrn, in seinem Tod und seiner Auferstehung bearbeitet, ja herrlich gelöst wird. Er hat das Exil überwunden und jetzt ist die ganze Welt Gottes heiliges Land und Jesus und seine Nachfolger sind das Licht der Welt.

Statt uns nun weiter mit der Berufung Israels zu beschäftigen, lassen Sie uns auf die Berufung Adams zurückkommen, die so starke Parallelen aufweist. Ich weiß nicht, wann die Genesis ihre gegenwärtige Form bekam. Einige wollen sie immer noch mit Mose in Verbindung bringen, andere hingegen bestehen darauf, dass sie im Exil zumindest überarbeitet wurde. Doch als was auch immer wir die Sache betrachten, mit Sicherheit hatten die Juden zur Zeit des zweiten Tempels keinerlei Schwierigkeiten, in der Geschichte von Adam eine frühere Version ihrer eigenen Geschichte zu sehen: in einen Garten gesetzt; den Auftrag bekommen, sich darum zu kümmern; der Garten als der Ort, an dem Gott ruhen und seine souveräne Herrschaft ausüben wollte; das Volk, das gewarnt worden war, sich an die Gebote zu halten; das besonders dahingehend gewarnt worden war, dass eine Übertretung den Tod bedeuten und ins Exil bringen würde. Das alles hört sich sehr, sehr vertraut an.

Und das führt mich zu dem Gedanken, den ich Ihnen unterbreiten möchte: Genau so wie Gott Israel aus dem Rest der Menschheit für eine besondere, seltsame, herausfordernde Berufung erwählt hat, so erzählt uns vielleicht die Genesis, *dass Gott ein Paar aus dem Rest der frühen Hominiden zu einer besonderen, seltsamen, herausfordernden Berufung erwählt hat.* Dieses Paar (nennen wir es meinetwegen Adam und Eva) sollte zu den Repräsentanten der ganzen Menschheit werden. In ihnen sollte sich Gottes Absicht, die ganze Welt zu einem Ort des Wohlgefallens, der Freude und der Ordnung zu machen und mit ihnen die ganze Schöpfung zu besiedeln, verwirklichen. Gott der Schöpfer legte die fragile Aufgabe in ihre Hände, seine Ebenbilder zu sein. Wenn sie versagten, würden sie Gottes Plan für die gesamte Schöpfung, inklusive aller nichterwählten Hominiden, vereiteln. Sie sollten die Lebensbringer werden, doch wenn sie diese Aufgabe nicht meisterten, würde der Tod, der sich bereits in der bestehenden Welt eingenistet hatte, auch sie umschlingen.

Das ist vielleicht eine Möglichkeit, die Warnung in Genesis 2 zu verstehen:

An dem Tag, an dem du davon isst, *wirst auch du sterben* (nicht dass der Tod, die Verwesung und Auflösung von Pflanzen, Tieren und Hominiden bisher keine Realität gewesen wären). Doch *ihr*, Adam und Eva, seid auserwählt, das Volk zu werden, durch das Gottes lebenspendendes Spiegelbild in die Welt hinein reflektiert wird. Wenn ihr euch allerdings dafür entscheidet, statt des Schöpfers die Schöpfung anzubeten und ihr zu dienen, werdet ihr nur den Tod zurück in den Tod reflektieren, und dann werdet ihr selbst auch den Tod erfahren.

Ich weiß nicht, ob es genau das ist, was die Genesis sagen möchte oder was Paulus sagen will. Aber die engen und (für einen jüdischen Leser) offensichtlichen Parallelen zwischen der Berufung Israels und der Berufung Adams führen mich in diese Richtung.

Man könnte alles vielleicht folgendermaßen zusammenfassen: Israels Problem ist, dass es zum Werkzeug Gottes berufen ist, mit dem er die Welt erlösen will, doch Israel hat zugleich Anteil an Adams Problem, für das es doch eigentlich die Lösung bringen soll. In ähnlicher Weise – nicht genau parallel, aber ähnlich – sind Adam und Eva erwählt worden, um den ursprünglichen Plan des Schöpfers neu lebendig werden zu lassen. Doch wenn sie versagen – wenn sie von ihrer Berufung zurücktreten, Ebenbild zu sein, und den Sirenengesängen der Chaoselemente folgen, die es immer noch in der Schöpfung gibt – werden sie ein Teil der Entropie, der Unordnung werden, die bisher das Schicksal der Schöpfung ist. Das wurden sie allerdings, oh, und wie sie es wurden!

All das zeigt uns die Linien zu einer volleren und reicheren Christologie auf, jedoch nicht einfach nur einer, nach der Jesus wahrer Gott und wahrer Mensch ist – das ist selbstverständlich, das ist jedoch nur eine Kurzformel, ein Hinweis. Betrachten wir die paulinische Sprache: Jesus ist der Anfang, die Erstlingsfrucht, das wahre Ebenbild, der Tempel, in dem es Gott wohlgefiel, seine Fülle wohnen zu lassen. Er ist Israels Messias, der Israels Gehorsam am Kreuz zur Erfüllung bringt und damit sowohl Israel als auch die ganze Menschheit erlöst. Er tut für Israel, was Israel nicht für sich selbst tun konnte, und tut damit für die Menschen, was Israel für sie hätte tun sollen. *Er startet somit Gottes Projekt der neuen Schöpfung, der neuen Welt, über die er bereits als König herrscht.* Das ist die große, übergeordnete Erzählung, und wir müssen lernen, von ihr zu berichten.

An dieser Stelle stolpern wir über einen interessanten Punkt: Genauso wie die Biologen und Philosophen auf das komplexe Konzept des Altruismus als etwas verweisen, das einen Weg heraus aus dem geschlossenen Kontinuum der egoistischen Gene zeigt, so haben wir in der christlichen Botschaft das Kreuz, allerdings nicht nur als einen Akt des Altruismus (*Altruismus* ist ein dünnes, blutleeres Wort, eine Parodie der Wirklichkeit), sondern als obersten Akt der Liebe. „Der Sohn Gottes hat mich geliebt und sich selbst für mich dahingegeben", schrieb Paulus. „Wie er die Seinen geliebt hatte, die in der Welt waren", schrieb Johannes, „so liebte er sie bis ans Ende." Das Kreuz ist – und Jesus hat immer gesagt, dass es das ist – die Untergrabung aller menschlichen Machtsysteme. Das ist das zentrale Element, das die Unmöglichkeit einer metaphysisch aufgeblasenen Evolution herausstellt. Die Schwachheit Gottes ist stärker als die Stärke der Menschen. Und das führt, wie Jesus gesagt hat, zu einem Leben in seiner Nachfolge, was bedeutet, dass man selbst das Kreuz nimmt und so das Leben findet, und dass die Sanftmütigen das Erdreich besitzen werden. Worum es bei dem allen ein für alle Mal geht, ist die *Berufung*: Wenn wir die Genesis und die Anfänge der Menschheit studieren und *die Berufung, ein das Ebenbild Gottes tragender, in Jesus erneuerter Mensch zu sein*, nicht annehmen, dann schießen wir ganz weit am Ziel vorbei. Wir verfolgen dann vielleicht unseren eigenen Traum von einer außerweltlichen Erlösung, der nur den Mächten des Bösen in die Hände spielt, wie es der Gnostizismus immer tut.

Ich wurde einmal gefragt, wie ich all das predigen könne. Nun ja, daran muss vielleicht noch ein bisschen gefeilt werden, nicht nur, was den Inhalt betrifft, sondern auch am Stil. Vor dieser Herausforderung steht jeder gute Prediger immer wieder. Aber glauben Sie mir, dieses Thema wird ankommen. Das ist die großartigste Geschichte, die jemals erzählt wurde, und sie wird alle unsere Geschichten in sich aufsaugen. Ja, vielen Menschen, allerdings nicht allen, sind die Probleme in ihrem eigenen Leben sehr bewusst, die Schmerzen und die Ängste und die Sorgen und tief verwurzelten Rätsel, und das könnte sie durchaus zum Kreuz bringen. Trotzdem sollte sich die Botschaft niemals einfach nur um „mich und meine Erlösung" drehen. Sie sollte sich um Gott drehen und um Gottes Reich. Das ist es, was Jesus angekündigt hat, und das sollten wir auch verkünden. Die eigentliche gute Nachricht ist zutiefst, dass Gott in Jesus König der Welt geworden ist. Wenn wir uns die Welt ansehen, erblicken wir ein furchtbares Durcheinander und wir spüren in unseren Knochen, dass wir irgendetwas dagegen tun möchten. Doch unsere Sünde, unsere Gier, unser Stolz, unsere Arroganz stehen uns im Weg, und so legen wir los und versuchen es aus unserer eigenen Kraft heraus zu tun und (noch schlimmer) auf unsere Weise – so, wie Mose auf ägyptische Weise die Israeliten aus Ägypten befreien wollte. Doch er musste zuerst selbst befreit werden.

Wir Menschen spüren in unseren Knochen, dass wir dazu berufen sind, Gottes weise Ordnung in die Welt zu bringen, aber damit das Wirklichkeit werden kann, müssen wir selbst von den gleichen Schwierigkeiten erlöst werden, in denen auch der Rest der Welt verhaftet ist. Wir sind durch das Blut des Lammes erlöst, um eine königliche Priesterschaft zu sein, und nach dem Neuen Testament funktioniert das auf dieselbe Weise, wie es auch für Jesus funktioniert hat: indem man als leidender, aber freudiger Zeuge das Kreuz auf sich nimmt. Darin stecken die Predigtthemen für eine ganze Reihe Jahre. Das werden keine bequemen Predigten werden, weder für den, der die hält, noch für die, die sie hören. Aber darum ist es doch noch nie gegangen, oder? Lass die Toten ihre Toten begraben, sagte Jesus. Gehe du los und sage den Leuten, dass jetzt die Zeit ist, in der Gottes Königsherrschaft anbricht.

3. Kann ein Naturwissenschaftler an die Auferstehung glauben?

Eine Frage, die mit „Kann ein Naturwissenschaftler …" anfängt, ist für jemanden wie mich gefährlich. Denn ich kann von mir nicht behaupten, dass ich irgendeine Ahnung von den Naturwissenschaften habe. Physik und Chemie hatte ich in der Schule nur ein einziges Jahr lang. Und weil ich schon vorher gewusst hatte, dass ich beides so schnell wie möglich wieder aufgeben würde, um mich auf die alten Sprachen zu konzentrieren, habe ich nur so viel Energie in beides investiert, wie unbedingt nötig war, um wirklich negative Konsequenzen zu vermeiden. Im Sommer 1963 konnte man in meinem Zeugnis in Chemie sogar lesen: „Sein Rang in der Lerngruppe ist unverändert" – also Platz vierundzwanzig von vierundzwanzig – „wobei er hin und wieder gelegentliche Anzeichen von Interesse erkennen lässt." Die Mathematik mit ihrer Eleganz und Harmonie habe ich jedoch geliebt. Das war das Fach, das ich nur sehr ungern aufgegeben habe, doch das ist eine andere Geschichte.

Natürlich ist es einfach, eine kurze und triviale Antwort auf die Frage zu geben: „Kann ein Naturwissenschaftler an die Auferstehung glauben?" Die würde dann ungefähr so ausfallen wie bei dem Mann, der einmal gefragt worden ist, ob er an die Säuglingstaufe glaube. „Aber sicher!", hat er geantwortet, „ich habe sie schon einmal mitbekommen!" Daran kann man natürlich eines der Probleme erkennen, die mit dem Ausdruck *glauben* verbunden sind: Meinen wir damit „glauben, dass etwas so sein *kann*", oder eher „glauben, dass etwas so sein *sollte*"? Und wie wir sehen werden, gibt es noch weitere Möglichkeiten, diesen Begriff zu gebrauchen. In ähnlicher Weise könnte also die Frage „Kann ein Naturwissenschaftler an die Auferstehung glauben?“ mit einem schlichten „Aber sicher! Ich habe sie schon einmal mitbekommen!“ beantwortet werden. Ich kenne sehr viele Naturwissenschaftler, die von der Auferstehung felsenfest überzeugt sind, und einige von ihnen können auch sehr gut begründen, warum sie das sind. Vor ihnen ziehe ich meinen Hut, auch wenn ich jetzt nicht den verschiedenen Wegen nachgehen möchte, die sie vorgezeichnet haben. Erkunden möchte ich stattdessen die Bruchlinien, die die unterschiedlichen Arten von Erkenntnis voneinander trennen, besonders die zwischen naturwissenschaftlicher und historischer Erkenntnis und die Bruchlinie zwischen diesen beiden und jenen anderen Arten des Erkennens, denen wir die Namen Glaube, Hoffnung und Liebe geben.

Es wird Sie sicher nicht überraschen, wenn ich sage, dass sich diese Arten der Erkenntnis meiner Ansicht nach überlappen und miteinander in Verbindung stehen, und zwar weit mehr, als man normalerweise vermutet – auf jeden Fall weit mehr, als uns eine bestimmte Art der Rhetorik glauben machen möchte: Ein Kennzeichen der letzten zweihundert Jahre war es ja, so etwas wie die von allen Aufklärern geteilte Auffassung hochzuhalten, wonach uns die Methoden und Ergebnisse der modernen Naturwissenschaften vom finsteren Aberglauben der Vergangenheit, der manchmal als „mittelalterlich“ bezeichnet wird, befreit hätten. Nach dieser Auffassung ist alles, was vor dem Jahr, sagen wir, 1750 passierte, abgesehen von ein paar glorreichen Ausnahmen nur Ignoranz und Stochern im Nebel gewesen, während alles danach nach oben hin zum Licht geführt hat. Mir wird manchmal vorgeworfen, ich sei gegen die Aufklärung, und darin findet sich tatsächlich ein Körnchen Wahrheit, weil ich wirklich glaube, dass die Postmoderne ein paar wichtige Punkte unterstreichen müsste. Ich versichere Ihnen jedoch, dass ich gar kein Interesse daran habe, in Bezug auf die zahnärztliche Heilkunde, die Medizin im Allgemeinen oder die Fortbewegung, um nur ein paar Bereiche zu nennen, in die Zeit vor der Aufklärung zurückzukehren. Ich möchte hier nur feststellen, dass mit der Aufklärung nicht nur massive Vorteile, sondern auch einige zwiespältige Errungenschaften verbunden sind. Dieselbe Bewegung, die uns das Penicillin beschert hat, brachte uns auch Hiroshima. Wie viele zugeben würden und vermutlich alle im Stillen ahnen, war die bloße Naturwissenschaft noch nie ausreichend, um das menschliche Leben in all seinen Dimensionen zum Blühen und zur Erfüllung zu bringen.

Die Frage richtet sich damit allerdings wieder auf das Wort *Glauben*, und da gibt es einige Rätsel zu lösen. Platon verkündete, dass Glauben so etwas wie ein zweitrangiges Wissen sei, quasi die Mitte zwischen Wissen und Nichtwissen. Somit führen die Dinge, die geglaubt werden, auch nur so etwas wie eine Zwischenexistenz, irgendwo in der Mitte zwischen Existenz und Nichtexistenz. Diese Denkweise spiegelt sich darin, wie wir im Alltag mit dem Wort umgehen. Wenn wir etwa sagen: „Ich glaube, es regnet", dann sichern wir uns damit gegen die Möglichkeit ab, in dieser Hinsicht falsch zu liegen. Wenn wir hingegen sagen: „Ich weiß, dass es regnet", sind wir offen für einen direkten Widerspruch. Dieser Gebrauch hat sich allerdings in den letzten Jahrhunderten dahingehend verändert, dass wir nun in einer Art von implizitem Positivismus *wissen* und *Wissen* für das benutzen, was wir in irgendeiner Weise beweisen können, und mit *glauben* und den damit verbundenen Begriffen die Dinge belegen, von denen wir annehmen, dass sie nur so etwas wie eine private Meinung sind, die für den Rest der Welt nicht von Bedeutung ist.

Der Anspruch des Christentums bestand freilich von Anfang an darin, dass es sich bei der Auferstehung Jesu nicht um eine Frage der inneren mentalen oder geistlichen Verfassung der Jünger Jesu drei Tage nach seiner Kreuzigung handelte. Nein, die Auferstehung ereignete sich in der realen Welt in einem öffentlichen Rahmen. Sie hinterließ überdies physische Erinnerungsstücke – ein leeres Grab, ein gebrochenes Brot in

Emmaus oder Fußabdrücke am Ufer des Sees Genezareth. Und dann gab es da noch die Jünger Jesu, die zwar eine Menge zu erklären hatten, dabei aber ein verändertes Weltbild vertraten, welches sich wiederum nur durch die Annahme erklären lässt, dass wirklich etwas geschehen sein musste – wenn auch etwas, was ihre existierenden Weltbilder so sehr überdehnt hatte, dass sie fast zerrissen. Dazu in Kürze mehr. Doch zunächst müssen wir diesen frühchristlichen Anspruch näher untersuchen und uns fragen, was man darüber historisch sagen kann. Danach beschäftigen wir uns mit der Frage, von welcher Art der Erkenntnis oder Glauben wir reden, wenn wir fragen, ob ein Naturwissenschaftler an das glauben kann, was das Wort „Auferstehung" anscheinend tatsächlich meint.

Unterschiedliche Arten der Erkenntnis

Zunächst ein paar Überlegungen – oder eigentlich eher unzusammenhängende Gedanken – über die unterschiedlichen Arten der Erkenntnis. Ich vermute einmal, dass wir, wenn wir danach fragen, ob ein Naturwissenschaftler an irgendetwas glauben könne, auf zwei verschiedenen Ebenen fragen. Zum einen fragen wir danach, welche Arten von Dingen man mit der naturwissenschaftlichen Methodik erforschen kann und wie man bestimmte Dinge wissen oder glauben kann. Zum anderen fragen wir danach, welche Art von Engagement und Hingabe man von jemandem, der sich der naturwissenschaftlichen Form des Erkennens verpflichtet fühlt, in anderen Bereichen des Lebens erwarten kann.

Kann man von einem Naturwissenschaftler zum Beispiel erwarten, dass er Musik auf naturwissenschaftliche Weise hört? Oder so einem Fußballspiel zuschaut? Oder sich auf diese Weise verliebt? Die Frage unterstellt, dass Auferstehung und vielleicht besonders die Auferstehung Jesu etwas ist, das zu den Dingen gehört, die einen Naturwissenschaftler in etwa so sehr beschäftigen wie die Frage danach, ob die Sonne zweimal am

Tag aufgehen oder eine Motte zum Mond fliegen kann. (Ich habe übrigens tatsächlich einmal an *einem* Tag die Sonne *zweimal* aufgehen sehen – ich bin an einem Winterabend kurz nach Sonnenuntergang in Aberdeen gestartet, und als das Flugzeug aufstieg, ging die Sonne wieder auf, nur um dann kurze Zeit später zum zweiten Mal wieder unterzugehen. Doch es ist natürlich unfair, das hier anzuführen.) Mit anderen Worten, eine solche Frage unterscheidet sich deutlich von einer wie: „Kann ein Naturwissenschaftler glauben, dass Schubert schöne Musik komponiert hat?", oder: „Kann ein Naturwissenschaftler glauben, dass seine Frau ihn liebt?" Es gibt natürlich Menschen, die die Frage nach der Auferstehung eher im letzteren Bereich ansiedeln und nicht mehr im ersteren, indem sie aus ihr einfach ein geistiges Erleben im Inneren der Herzen und Köpfe der Jünger machen. Das wird freilich, wie wir sehen werden, durch den Gebrauch des Wortes im ersten Jahrhundert vollkommen ausgeschlossen. *Auferstehung* bedeutete im ersten Jahrhundert, dass Menschen, die körperlich in jeder Hinsicht tot waren, wieder körperlich in jeder Hinsicht lebendig wurden – sie überlebten nicht nur einfach oder traten in eine rein geistige Welt ein, als was auch immer man sich die vorzustellen hätte. Und damit gehört die Auferstehung notwendigerweise in den Bereich der Öffentlichkeit.

Hierbei geht es allerdings nicht um die Öffentlichkeit des Naturwissenschaftlers, sondern um die des Historikers. Oder um es etwas gröber auszudrücken, und dies wiederum ohne all die Fußnoten und Nuancen, die hier nötig wären: Während naturwissenschaftliche Forschungen das Wiederholbare untersuchen, studieren historische Forschungen das Nicht-Wiederholbare: Cäsar hat nur einmal den Rubikon überschritten, und selbst wenn er ihn noch einmal überschritten hätte, hätte es beim zweiten Mal etwas anderes bedeutet. Es gab nur eine einzige erste Landung auf dem Mond, eine zweite erste ist nicht möglich. Die Zerstörung des zweiten Tempels in Jerusalem geschah im Jahr 70 n. Chr. und wird nie wieder geschehen. Historiker sehen darin natürlich kein Problem und normalerweise schrecken sie auch nicht vor der Behauptung zurück, diese Ereignisse hätten mit Sicherheit stattgefunden, obwohl sie sie nicht im Labor wiederholen können. Wenn allerdings manche sagen: „So etwas wie die Auferstehung kann gar nicht passiert sein, weil wir wissen, dass *diese Art von Dingen* nicht wirklich passieren", dann verweisen sie auf eine Art pseudonaturwissenschaftliches Prinzip in der Geschichtswissenschaft, nämlich das Prinzip der *Analogie*.

Das Problem mit Analogien besteht darin, dass sie einen nicht wirklich weit bringen, weil gerade die Geschichte voll von unwahrscheinlichen Dingen ist, die einmal und nur einmal geschehen sind, sodass sich Analogien im besten Fall nur teilweise finden lassen. Zudem sind sie noch davon abhängig, wie man den Einwand „Wer sagt das?" beantwortet, wenn es um Dinge geht, die normalerweise nicht passieren. In unserem Fall kommt de facto noch die offensichtliche, aber oft übersehene Tatsache hinzu, dass die ersten Christen die Auferstehung Jesu *nicht* für etwas gehalten haben, was sich hier und da immer wieder einmal ereignet. Vielmehr sahen sie sie als ein erstes, vorgezogenes Modell für etwas an, das schlussendlich mit allen geschehen würde, allerdings haben sie diese zukünftige Hoffnung nicht als Analogie benutzt, um zu beweisen, dass es dieses eine Mal schon geschehen sei.

Wie geht also ein Historiker vor, wenn die Hinweise auf Dinge schließen lassen, die außerhalb unseres normalen Erwartungshorizontes liegen? Die Auferstehung ist ein erstklassiges Beispiel dafür, wie schwer es ist, auf der Metaebene Analogien für eine solche Problematik zu finden. Denn früher oder später lauern die Fragen nach dem Weltbild im Hintergrund, denn die Frage, welcher Art von Material ein Historiker die Bühne überlassen möchte, ist unweigerlich mit dem Weltbild verbunden, das er oder sie vertritt. An dieser Stelle sind wir also wieder bei dem Problem des Naturwissenschaftlers, der auf die Frage „Was geschieht mit toten Körpern" mit jeder

Menge Anschauungsmaterial und wiederholbarer Experimente aufwarten kann und dann lauthals verkündet, die Beweislage sei so erdrückend, dass man unmöglich gleichzeitig an die Auferstehung glauben und Naturwissenschaftler bleiben könne.

Das ist allerdings der Punkt, an dem wir die Spur wechseln und uns die Hinweise selbst betrachten müssen. Was kann im Rahmen einer wissenschaftlichen Geschichtsschreibung über die Behauptung gesagt werden, Jesus von Nazareth sei leiblich von den Toten auferweckt worden?

Der überraschende Charakter der frühchristlichen Hoffnung

An anderer Stelle habe ich die verschiedenen antiken Vorstellungen über ein Leben jenseits des Grabes skizziert. Im antiken Heidentum kursierten die unterschiedlichsten Theorien; wenn es allerdings um die Auferstehung ging, bestand die Antwort aus einer entschiedenen Verneinung: Wir wissen, dass so etwas nicht passiert. (Im heutigen Kontext ist es wichtig, das zu unterstreichen. Manchmal kommen einem ja Geschichten zu Ohren, wonach die Menschen vor dem Aufkommen der modernen Naturwissenschaften alle möglichen merkwürdigen Dinge geglaubt hätten, wie eben die Auferstehung, während wir heute nach zweihundert Jahren naturwissenschaftlicher Forschung wissen, dass Tote tot bleiben. Das ist absurd. Die Beweislage war auch in der Antike schon genauso erdrückend und die daraus gezogenen Schlüsse waren ebenso universal wie heute.)

Das antike Judentum ist freilich in dem Glauben verwurzelt, wonach Gott der Schöpfer der Welt ist und eines Tages die Welt in Ordnung bringen wird; dieser zweifache Glaube hat, nachdem er nicht zuletzt in Zeiten der Verfolgung und des Martyriums durchdacht und durchgearbeitet worden war, zur Zeit Jesu zu der mehrheitlich vertretenen Vorstellung von einer leiblichen Auferstehung geführt. Der frühchristliche Glaube an eine Hoffnung über den Tod hinaus gehört daher, wie sich zeigen lässt, in den jüdischen, nicht den heidnischen Bereich. Grundlage meiner Ausführungen zu der Frage, was an Ostern geschehen ist, ist jedoch der Gedanke, dass diese jüdische Hoffnung in der frühen Christenheit einige bemerkenswerte Modifikationen oder Mutationen erfahren hat, die man in den ersten beiden Jahrhunderten durchgehend finden kann. Und diese Mutationen sind so auffallend und geschahen darüber hinaus in einem Bereich der menschlichen Erfahrung, in dem Gesellschaften in eine sehr konservative Richtung tendieren, dass sie den Historiker oder zumindest den Historiker, der gern wissenschaftlich sein möchte, mit der Frage konfrontieren: „Warum sind sie geschehen?"

Die Mutationen selbst passieren in einem strikt jüdischen Kontext. Die ersten Christen hatten wie die meisten ihrer jüdischen Zeitgenossen eine zweistufige Zukunftserwartung: Zuerst kam der Tod und was immer unmittelbar danach kam; als Zweites erfolgte eine neue, körperliche Existenzweise in einer erneuerten Welt. *Auferstehung* ist kein trendiges Wort für „Leben nach dem Tod"; es geht vielmehr um ein Leben *nach* dem „Leben nach dem Tod". (Über dieses Thema müsste noch viel mehr gesagt werden, allerdings nicht an dieser Stelle; detailliert findet sich alles in *Die Auferstehung des Sohnes Gottes* und in *Von Hoffnung überrascht.*) Im Heidentum gab es nichts, was auch nur entfernt daran erinnert hätte. Dieser Glaube ist also so jüdisch, wie es nur ein Glaube sein kann. Doch innerhalb dieses jüdischen Glaubens gibt es sieben frühchristliche Mutationen, von denen uns jede einzelne bei Verfassern begegnet, die so unterschiedlich sind wie Paulus und der Seher Johannes, Lukas und Justin der Märtyrer oder Matthäus und Irenäus.

Die erste Modifikation besteht darin, dass es in dieser Frage innerhalb der frühen Christenheit praktisch kein Glaubensspektrum gibt. Die ersten Christen kamen aus verschiedenen Richtungen innerhalb des Judentums und aus sehr unterschiedlichen heidnischen Hintergründen, also aus Kreisen, die in Bezug auf das Leben nach dem Tod ganz verschiedenartige Auffassungen vertreten haben müssen. Sie alle modifizierten jedoch ihren Glauben so weit, dass er sich auf *einen* Punkt innerhalb des Spektrums konzentrierte. In dieser Hinsicht erscheint das Christentum daher wie eine Variante des pharisäischen Judentums. Von sadduzäischen Vorstellungen oder denen eines Philo von Alexandria fehlt jede Spur. Nahezu die vollen ersten zwei Jahrhunderte hindurch nimmt die traditionelle Auferstehungsvorstellung auf der Bühne des christlichen Glaubens nicht nur eine zentrale Stellung in Bezug auf die Frage ein, wie man sich die Zukunft zu denken habe, sondern besetzt praktisch die gesamte Bühne.

Das führt uns zur zweiten Mutation. Für das Judentum des zweiten Tempels war die Auferstehung zwar wichtig, aber nicht so wichtig. In einer ganzen Reihe umfangreicher Werke wird nicht einmal die damit verbundene Problematik erwähnt, geschweige denn in dieser Richtung beantwortet. So ist es zum Beispiel immer noch schwierig, darüber Gewissheit zu bekommen, welche Theologie zu dieser Thematik in den Schriftrollen vom Toten Meer vertreten wird. In der frühen Christenheit rückte die Auferstehung jedoch von einem Randthema ins Zentrum. Ohne sie ist die paulinische Theologie nicht vorstellbar. Auch die von Johannes sollte man sich ohne sie nicht vorstellen, obwohl manche das versucht haben. Wenn man sich also die Geschichten über die Geburt Jesu wegdenkt, verliert man vier Kapitel aus den Evangelien. Wenn man sich die Auferstehung wegdenkt, verliert man das gesamte Neue Testament und die meisten der Kirchenväter im zweiten Jahrhundert.

Die dritte Mutation hat mit der Frage zu tun, was Auferstehung genau *bedeutet*. Im Judentum wird man in der Regel im Unklaren darüber gelassen, welche Art von Körper die Auferstandenen haben werden. Einige halten den Auferstehungsleib für eine Art wiederbelebten, aber im Grunde identischen Körper, während andere von einem leuchtenden Stern sprechen.

Die ersten Christen glaubten dagegen von Anfang an, dass der Auferstehungsleib ein verwandelter Körper sein würde, dessen Beschaffenheit, obwohl er mit Sicherheit immer noch ein Körper im Sinne eines körperlichen Objektes *sein* würde, aus dem alten Material bestünde, das mit neuen Eigenschaften versehen wäre. Das ist es, was Paulus mit einem „geistlichen Leib" meint: nicht einen Leib, der aus einem nichtkörperlichen Geist gemacht ist, sondern einen körperlichen Leib, der vom Heiligen Geist belebt wird, einen geist*geleiteten* Körper, wenn man so möchte – immer noch das, was wir körperlich nennen, aber anders belebt. Und das Besondere an diesem neuen Körper ist, dass er unverweslich ist, während das gegenwärtige Fleisch und Blut verweslich sind, zu Verfall und Tod verdammt sind. In 1. Korinther 15, dem längsten zusammenhängenden Abschnitt, in dem Paulus diese Fragen anspricht, und dem Höhepunkt des ganzen Briefes, geht es um den Schöpfergott, der seine Schöpfung erneuert – und sie nicht im Stich lässt, wie es sich die Platoniker aller Couleur inklusive der Gnostiker gewünscht hätten.

Die vierte überraschende Mutation im Auferstehungsglauben der ersten Christen besteht darin, dass aus dem einen Ereignis der Auferstehung *zwei* geworden sind. Kein Jude des ersten Jahrhunderts hätte vor Ostern geahnt, dass die Auferstehung etwas anderes sein könnte als ein großangelegtes Ereignis, das am Ende der Zeiten mit allen Angehörigen des Gottesvolkes oder vielleicht sogar mit der gesamten Menschheit gleichzeitig geschehen würde. Natürlich gab es auch andere jüdische Bewegungen, die an so etwas wie eine inaugurierte Eschatologie glaubten. Doch außerhalb des Christentums finden wir nichts von dem, was innerhalb von ihm zum zentralen Wesenszug geworden ist: den Glauben, dass die Auferstehung selbst einem Menschen in der Mitte der Menschheitsgeschichte passiert sei, womit die endgültige Auferstehung seiner Nachfolger am Ende der Geschichte vorweggenommen und garantiert worden sei.

Bei der fünften Mutation des jüdischen Auferstehungsglaubens geht es um etwas, auf das John Dominic Crossan hingewiesen hat. In einer öffentlichen Diskussion sprach Crossan von einer „kollaborativen Eschatologie“. Weil die ersten Christen glaubten, die Auferstehung habe mit Jesus begonnen und werde in der großen allgemeinen Totenauferstehung am letzten Tag vollendet, glaubten sie auch, Gott habe sie dazu berufen, in der Kraft des Heiligen Geistes mit ihm zu arbeiten, um die Errungenschaften Jesu umzusetzen und dabei die endgültige Auferstehung im persönlichen und politischen Leben, in der Mission und der Heiligung zu antizipieren. Wenn der Messias Jesus das zukünftige Erscheinen Gottes bereits in der Gegenwart vorweggenommen hatte, dann waren diejenigen, die zu Jesus gehörten und ihm in der Kraft seines Geistes nachfolgten, damit beauftragt, die Gegenwart im Licht dieser Zukunft zu transformieren, soweit es ihnen möglich war.

Die sechste Mutation innerhalb des jüdischen Glaubens besteht in einem neuartigen metaphorischen Gebrauch des Wortes *Auferstehung*. Ich habe darüber schon an anderer Stelle geschrieben. Im Grunde geht es darum, dass *Auferstehung* an einer bekannten Stelle im Alten Testament (Hesekiel 37) als Metapher für die Rückkehr aus dem Exil gebraucht wird. Im Neuen Testament ist diese Verbindung völlig verschwunden. Stattdessen ist ein neuer metaphorischer Gebrauch entstanden, bei dem *Auferstehung* mit Taufe und Heiligung in Verbindung gebracht wird (Römer 6; Kolosser 2-3), allerdings ohne dass dabei – und das ist wichtig – die Verbindung zur zukünftigen Totenauferstehung vernachlässigt wird (Römer 8).

Die siebte und letzte Mutation innerhalb des jüdischen Auferstehungsglaubens hängt mit der Vorstellung vom Messias zusammen. Im Judentum erwartete niemand, dass der Messias sterben würde, und aus diesem Grund hat natürlich auch niemand damit gerechnet, dass er von den Toten auferstehen müsste. Das bringt uns zu einer bemerkenswerten Modifikation nicht nur des Auferstehungsglaubens, sondern auch der

Messiasvorstellungen. Wo immer messianische Erwartungen existierten (um es noch einmal zu sagen: längst nicht alle jüdischen Texte sprachen von einem Messias, trotzdem wurde diese Erwartung im frühen Christentum zentral), erwartete man, dass der Messias Gottes siegreichen Kampf gegen die bösen Heiden kämpfte, den Tempel wiederaufrichtete und reinigte und Gottes Gerechtigkeit in die Welt brachte. Wie es schien, hat Jesus nichts davon getan. Kein Jude, der auch nur eine leise Ahnung davon hatte, wie die messianische Terminologie in jener Zeit funktionierte, hätte sich nach der Kreuzigung vorstellen können, dass Jesus von Nazareth tatsächlich der von Gott Gesalbte gewesen sein könnte. Wie wir allerdings aus vorpaulinischen Bekenntnisfragmenten wie zum Beispiel Römer 1,3-4 wissen, haben Christen von frühester Zeit an behauptet, Jesus sei in der Tat der Messias, und das geschah mit Hinweis auf seine Auferstehung.

An dieser Stelle sei eine wichtige Nebenbemerkung angebracht: Wie wir sehen, ist es unmöglich, ohne die Auferstehung den frühchristlichen Glauben an Jesus als den Messias zu erklären. Wir wissen von einigen anderen jüdischen Bewegungen, messianischen oder prophetischen Bewegungen in den beiden Jahrhunderten vor und nach Jesu öffentlichem Auftreten. In der Regel endeten sie mit dem gewaltsamen Tod ihres zentralen Vertreters. Die Mitglieder dieser Bewegungen standen dann vor der Wahl (vorausgesetzt, sie waren mit heiler Haut davongekommen), entweder den Kampf aufzugeben oder sich einem neuen Messias anzuschließen. Wenn die ersten Christen den zweiten Weg hätten gehen wollen, hätte es sogar einen offensichtlichen Kandidaten gegeben: Jakobus, den Bruder des Herrn, einen großartigen und bedeutenden Lehrer, die zentrale Gestalt der ersten Gemeinde in Jerusalem. Allerdings hat niemand jemals gedacht, Jakobus könnte der Messias sein.

Damit ist die revisionistische Position in Bezug auf Jesu Auferstehung erledigt, auch wenn sie in den letzten Jahren in so vielen Büchern vertreten worden ist. Nehmen wir einmal an, wir könnten ins Rom des Jahres 70 n. Chr. zurückreisen und dort der Geißelung und Hinrichtung von Simon bar Giora beiwohnen, dem selbst ernannten König der Juden, der im Triumphzug des Titus nach Rom gebracht worden war. Und dann treffen wir drei Tage oder drei Wochen später auf ein paar jüdische Revolutionäre.

Der erste Revolutionär sagt: „Wisst ihr, ich glaube, dass Simon wirklich der Messias gewesen ist – und er ist es immer noch!"

Die anderen wären verwirrt. „Natürlich ist er das nicht. Die Römer haben ihn geschnappt, so wie immer. Wenn du einen Messias brauchst, dann suche dir lieber einen anderen."

„Ah", antwortet der Erste, „ich glaube aber, dass er von den Toten auferweckt worden ist."

„Wie meinst du das?", fragt sein Freund. „Er ist tot und begraben worden."

„Oh nein", erwidert der Erste, „ich glaube, dass er in den Himmel aufgefahren ist."

Die anderen sehen noch verwirrter aus. „Alle gerechten Märtyrer sind bei Gott; das weiß doch jeder. Ihre Seelen sind in Gottes Hand, aber das bedeutet doch nicht, dass sie *jetzt schon* von den Toten auferstanden sind. Wie dem auch sei, die Auferstehung ist etwas, was mit uns allen am Ende der Zeiten geschehen wird, nicht mit einer Person in der Mitte der Weltgeschichte."

„Nein", antwortet der Erste und nimmt damit eine Position der existentialistischen Theologie des zwanzigsten Jahrhunderts vorweg, „ihr versteht es nicht. Ich habe den starken Eindruck, dass Gottes Liebe mich umgibt. Ich habe gespürt, wie Gott mir vergibt – uns allen vergibt. Ich habe gemerkt, wie mein Herz auf eine merkwürdige Weise warm geworden ist. Und dazu kommt, dass ich letzte Nacht Simon gesehen habe. Er war bei mir ..."

Die anderen unterbrechen ihn ärgerlich: „Wir haben alle Visionen. Viele Leute träumen von kürzlich gestorbenen Freunden. Manchmal sogar sehr lebhaft. Das bedeutet aber nicht, dass sie von den Toten auferweckt worden sind. Mit Sicherheit bedeutet es nicht, dass einer von ihnen der Messias ist. Und wenn es dir warm ums Herz geworden ist, dann sing um Gottes willen einen Psalm, aber fang nicht an, wilde Behauptungen über Simon aufzustellen!"

So etwas wäre zu jedem gesagt worden, der eine Behauptung in dieser Art aufgestellt hätte. Nach Ansicht der Revisionisten allerdings hat sich tatsächlich irgendeiner am Anfang ein solches Statement ausgedacht, aus dem dann die Vorstellung von einer Auferstehung Jesu wurde. Diese Lösung ist jedoch nicht nur unglaubwürdig, sie ist schlichtweg unmöglich. Wenn irgendjemand das gesagt hätte, was die Revisionisten vorschlagen, hätte es zu einem Gespräch wie dem oben erwähnten geführt. Ein kleines Quäntchen historischer Vorstellungskraft reicht also aus, um einen enormen Haufen sogenannter „historischer Kritik" wegzufegen.

Noch ein Gedanke, um diese letzte Mutation innerhalb des jüdischen Glaubens abzurunden: Die ersten Christen entwickelten schon sehr früh die Vorstellung, Jesus sei der Herr und der Kaiser könne es deshalb nicht sein, weil sie daran glaubten, dass Jesus der Messias ist. Hierzu könnte man zu einem anderen Zeitpunkt noch sehr viel mehr sagen. Der Tod ist die letzte Waffe des Tyrannen. Bei der Auferstehung geht es jedoch trotz aller Missverständnisse ganz zentral darum, dass der Tod besiegt ist.

Wir können also sieben beachtliche Mutationen innerhalb des jüdischen Auferstehungsglaubens feststellen, von denen jede für das frühe Christentum von zentraler Bedeutung ist. Der Glaube an die Auferstehung bleibt dabei nachdrücklich innerhalb der jüdischen Vorstellungswelt und eben nicht der heidnischen. Innerhalb der jüdischen Theologie hat er jedoch in Bezug auf Monotheismus, Erwählung und Eschatologie ganz neue Wege eröffnet, wie wir Geschichte, Hoffnung und Hermeneutik betrachten können. *Und das verlangt nach einer historischen Erklärung*. Warum hat das frühe Christentum die jüdische Auferstehungsterminologie in der genannten siebenfachen Hinsicht modifiziert und warum hat es das auf eine so einheitliche Weise getan? Wenn wir den ersten Christen diese Frage stellen könnten, hätte ihre Antwort etwas mit dem zu tun, was ihrer Ansicht nach mit Jesus am dritten Tag nach seinem Tod geschehen ist. Das wiederum wirft die Frage auf, was wir selbst zu diesen merkwürdigen Geschichten zu sagen haben, die sie über diesen denkwürdigen Tag erzählten.

Die Ostergeschichten des ersten Jahrhunderts

Wenn wir uns in die Geschichten über das erste Osterfest hineinstürzen – die Berichte finden wir in den Abschlusskapiteln der vier kanonischen Evangelien –, werden wir schnell feststellen, dass diese Berichte kein harmonisches Bild ergeben, egal, wie man es dreht und wendet. Wie viele Frauen sind zum Grab gegangen, und wie viele Engel haben die Männer dort getroffen? Haben die Jünger Jesus in Jerusalem oder in Galiläa getroffen oder an beiden Orten? Und so weiter. An dieser Stelle würde ich gerne die wunderbare Geschichte über den Oktober 1946 in Erinnerung rufen, an dem Karl Popper am King's College, an dem auch Wittgenstein lehrte, einen Gastvortrag gehalten hat. Sie wird in dem Buch *Wie Ludwig Wittgenstein Karl Popper mit dem Feuerhaken drohte: Eine Ermittlung* erzählt. Einige hochintelligente Männer – Männer, die in aller Bescheidenheit zugegeben hätten, dass sie zu den weltweit intelligentesten Menschen ihrer Zeit gehörten – waren in einem Zimmer versammelt, als Wittgenstein einen Schürhaken schwang und dann plötzlich den Raum verließ. Allerdings waren sich hinterher keine zwei von ihnen mehr darüber einig, was denn da nun genau passiert war. Was für das Cambridge des Jahres 1946 gilt, gilt natürlich auch für das Jerusalem des Jahres 30 (oder wann auch immer es geschehen ist): Aus oberflächlichen Unterschieden kann man nicht schließen, dass nichts geschehen ist. Tatsächlich haben wir begründete Hinweise darauf, dass etwas Bemerkenswertes passiert sein muss.

Innerhalb des längeren Argumentationsganges, den ich an anderer Stelle angeführt habe, möchte ich hier die Aufmerksamkeit auf vier denkwürdige Aspekte lenken, die die Berichte in den vier kanonischen Evangelien gemeinsam haben. Diese Aspekte zwingen uns meiner Ansicht nach dazu, sie als sehr frühe Berichte ernst zu nehmen und nicht, wie es oft behauptet wird, als spätere Erfindungen.

Zunächst ist auffällig, dass das Alte Testament in den Geschichten seltsamerweise keine Rolle spielt. Bis zur Auferstehung beziehen sich alle vier Evangelisten ausgiebig auf alttestamentliche Zitate, machen Andeutungen und Anspielungen auf das Alte Testament. Doch in den Auferstehungserzählungen finden wir in dieser Hinsicht nahezu gar nichts. Das ist umso auffälliger, als die allgemein verbreitete Bekenntnisformel schon seit der Zeit des Apostels Paulus verkündete, die Auferstehung sei „gemäß der Schrift" geschehen, und weil Paulus und andere die Psalmen und Propheten plünderten, um Texte zu finden, die erklärten, was passiert war, das Geschehene in die lange Geschichte von Gott und Israel einordneten und als ihren Höhepunkt betrachteten. Warum tun das nicht auch die Auferstehungsgeschichten in den Evangelien?

Wir können natürlich sagen, dass diejenigen, die die Geschichten in die vorliegende Form gebracht haben, so geschickt gewesen sind, sie entsprechend zu überarbeiten und Material herauszunehmen, *um sie sehr alt aussehen zu lassen* – also in etwa so, als wenn jemand alle Stromleitungen aus einem Haus herausreißt, damit es so aussieht, wie es vor ungefähr hundert Jahren ausgesehen hätte. Das könnte vielleicht plausibel sein, wenn wir nur einen Bericht hätten oder wenn die vier Berichte offensichtlich voneinander abhängig wären. Das haben wir aber nicht, und das sind sie auch nicht. Wir müssen also entweder davon ausgehen, dass sich vier sehr unterschiedliche Autoren entschieden haben, jeweils eine Auferstehungsgeschichte zusammenzuschreiben, die zwar auf der Theologie der frühen Kirche aufbaute, aus der aber alle biblischen Bezüge entfernt worden waren. Oder man muss zugeben, dass diese Geschichten, obwohl sie erst sehr viel später aufgeschrieben worden sind, auf eine äußerst frühe mündliche Tradition zurückgehen, die geformt worden war und sich in den Köpfen derer, die sie erzählten, festgesetzt hatte, bevor die biblische Reflexion einsetzte – was sehr viel wahrscheinlicher ist.

Der zweite denkwürdige Zug der Ostergeschichten ist eher bekannt: die Gegenwart von Frauen als Hauptzeugen. Ob es einem nun gefällt oder nicht, in der Antike wurden Frauen nicht als glaubwürdige Zeugen angesehen. Niemand hätte sie sich ausgedacht. Hätte die Tradition in der nur männlichen Form begonnen, die wir in 1. Korinther 15 finden, hätte sie sich niemals – und auf so unterschiedliche Weise – in die Frauen-zuerst-Version weiterentwickelt, die wir in den Evangelien vorliegen haben. In den Evangelien müssen wir es also mit der frühesten Fassung der Geschichte zu tun haben und in 1. Korinther 15 mit einer späteren Revision.

Der dritte seltsame Aspekt hat damit zu tun, wie Jesus selbst porträtiert wird. Wenn die Geschichten in den Evangelien, wie es viele Revisionisten behaupten, tatsächlich in der Weise entstanden sind, dass ein paar Leute über der Heiligen Schrift gebrütet haben und dabei den Tod Jesu oder eine neue Erfahrung innerer Erleuchtung verarbeitet haben, dann sollte man erwarten, dass der auferstandene Jesus wie ein Stern leuchtet. Denn das ist es, was nach dem Buch Daniel geschehen wird. Wir haben eine solche Geschichte in der Verklärung vorliegen. Allerdings behauptet keines der Evangelien so etwas über den österlichen Jesus. Vielmehr erscheint er stattdessen als Mensch mit einem Körper, der in vielerlei Hinsicht ziemlich normal zu sein scheint und sogar mit dem Gärtner oder einem zufälligen Wanderer auf der Straße verwechselt werden kann. Dennoch enthalten die Geschichten auch mysteriöse, aber sehr eindeutige Hinweise darauf, dass dieser Körper verwandelt worden ist. Er ist eindeutig physisch, benutzt weiterhin (wenn man das so sagen darf) dieselbe Materie wie der gekreuzigte Körper, weshalb das Grab auch leer gewesen ist. Trotzdem geht er gleichermaßen durch verschlossene Türen ein und aus, er wird nicht immer erkannt und verschwindet am Ende in die Sphäre Gottes, also in den Himmel, geht durch den dünnen Vorhang hindurch, der in der Vorstellung vieler Juden Gottes Bereich von dem der Menschen trennt.

Diese Art von Bericht ist sowohl in Bezug auf die Bibel als auch auf die Umwelt beispiellos, und man hat den Eindruck, die Verfasser wissen das auch. Und damit hat sich der alte Gedanke erledigt, wonach die lukanischen und johanneischen Berichte, in denen die Leiblichkeit des Auferstandenen am stärksten betont wird, aus dem späten ersten Jahrhundert stammen und ein Versuch sein müssen, den Doketismus zu bekämpfen (eine Lehre, wonach Jesus nicht wirklich Mensch gewesen ist, sondern nur so ausgesehen hat). Wenn sich Lukas und Johannes gegen den Doketismus gewandt hätten, hätten sie niemals erzählt, dass der auferstandene Jesus auftauchte und verschwand, obwohl die Türen verschlossen waren, dass er manchmal erkannt wurde und manchmal nicht und dass er schließlich in den Himmel auffuhr.

Lassen Sie mich hier noch eine Nebenbemerkung anfügen: In einer Rezension meines Buches *Die Auferstehung des Sohnes Gottes* im *Scottish Journal of Theology* beschuldigt mich niemand Geringeres als Prof. Dr. Dr. Michael Welker – obwohl er auch einige sehr schmeichelhafte Dinge sagt –, dass ich im Grunde nur behaupte, Jesus sei „wiederbelebt" worden. Das hat mich sehr zum Nachdenken gebracht, weil ich schließlich alles darangesetzt habe, deutlich zu machen, dass es einen enormen Unterschied zwischen einem gibt, der von den Toten in denselben, vergänglichen Körper zurückkehrt, der dann wieder sterben muss, und einem, der durch den Tod hindurchgegangen und auf der anderen Seite in einer neuen Form der Leiblichkeit wieder zum Vorschein gekommen ist. Diese neue Form der

Körperlichkeit wird, so scheint es, besonders zwei Eigenschaften aufweisen: Zum einen war und wird sie vermutlich gleichermaßen auf Erden wie im Himmel zu Hause sein; zum zweiten war und ist sie, obwohl sie nach unserem Verständnis fest und physisch ist, nicht mehr dem Verfall unterworfen und wird nicht mehr sterben können.

Der vierte denkwürdige Aspekt an den Auferstehungsgeschichten besteht darin, dass nirgendwo die zukünftige Hoffnung der Christen auch nur ansatzweise thematisiert wird. Nahezu überall sonst wird im Neuen Testament von der Auferstehung Jesu in Verbindung mit der letztgültigen Hoffnung gesprochen, dass diejenigen, die zu Jesus gehören, eines Tages genauso wie er auferstehen werden. Das beinhaltet natürlich, dass dies in der Gegenwart durch die Taufe und das entsprechende Verhalten antizipiert werden muss. Wenn das Osterereignis interpretiert wird, geschieht das also sehr diesseitig mit Blick auf das gegenwärtige Zeitalter: Jesus ist auferweckt worden, also ist er der Messias, der wahre Herrscher der Welt. Die lang ersehnte neue Schöpfung hat begonnen – wir haben also eine Aufgabe zu erfüllen, nämlich als die Herolde Jesu in die Welt hinauszugehen. Um es noch einmal zu sagen: wenn diese Geschichten erst gegen Ende des ersten Jahrhunderts erfunden worden wären, hätten sie mit Sicherheit die Auferweckung des ganzen Gottesvolkes am letzten Tag nicht nur erwähnt, sondern auch interpretiert.

Was sollen wir aus all dem schließen? Dass die Geschichten, obwohl sie später überarbeitet und niedergeschrieben wurden, im Grunde sehr, sehr alt sind. Es handelt sich nicht, wie so oft behauptet wurde, um Legenden, sie sehr viel später verfasst wurden, um dem, was im Grunde nur ein privates Erlebnis war, so etwas wie eine pseudohistorische Basis zu geben. Und wenn wir fragen, warum es überhaupt solche Geschichten gibt, liegt die Antwort, die alle ersten Christen geben würden, auf der Hand: weil etwas in der Art tatsächlich geschehen war, so schwer es auch zu beschreiben sein mag und so sehr einem bei der Interpretation auch später noch die Sinne schwinden. Und nun ist es schließlich an der Zeit, die Frage noch einmal zu stellen: Was kann ein heutiger Historiker zu all dem sagen? Und was kann ein Naturwissenschaftler dazu sagen?

Was die Geschichts- und die Naturwissenschaften über Ostern zu sagen haben

Die einzige Möglichkeit, wie wir die Phänomene erklären können, mit denen wir uns beschäftigt haben, besteht in einer zweiteiligen Hypothese: zum einen in der Annahme, dass Jesu Grab tatsächlich leer gewesen ist; zum anderen darin, dass die Jünger ihm tatsächlich in einer Weise begegnet sind, die sie davon überzeugt hat, es nicht einfach nur mit einem Geist oder einer Halluzination zu tun zu haben. Zu beidem noch ein paar Worte.

Wenn die Jünger einfach nur jemanden getroffen hätten oder einfach nur *gedacht* hätten, sie hätten jemanden getroffen, der so aussieht wie Jesus, hätte das allein noch nicht ausgereicht, um die Geschichten zu generieren, die uns vorliegen. In der Antike wusste jeder (so wie heute viele), dass Menschen manchmal seltsame Erlebnisse haben, zu denen gelegentlich auch Begegnungen mit Toten gehören, erst recht, wenn diese erst vor Kurzem verstorben sind. Egal, wie viele solcher Visionen sie hatten, sie hätten niemals behauptet, dass Jesus wirklich von den Toten auferweckt worden ist – denn sie haben so eine Totenauferweckung nicht erwartet. In jedem Fall war die Bestattung Jesu eine Standardbeisetzung gewesen, mit der man Tote vorläufig zur Ruhe bettete, die aber nach einiger Zeit eine weitere Bestattung in einem Ossuar (einem Knochenkasten) erforderte. Irgendjemand musste zum Grab gehen, die Gebeine Jesu einsammeln und sie in ein Ossuar betten. Innerhalb des Judentums wäre niemand auf den Gedanken gekommen, von solch einer Person als bereits von den Toten auferstanden zu reden. Ohne leeres Grab hätte man damals genauso schnell von „Halluzinationen" gesprochen wie heute.

Auf der anderen Seite beweist auch ein leeres Grab an sich noch gar nichts. Es hätte einfach (wie manche behaupten) das falsche Grab sein können, obwohl man das sicher schnell hätte herausfinden können. Die Soldaten, die Gärtner, die Hohepriester, andere Jünger oder wer auch immer – sie alle hätten den Leichnam fortgeschafft haben können. Das war die Schlussfolgerung, die Maria Magdalena im Johannesevangelium gezogen hat, und die Geschichte, die die jüdischen Anführer nach dem Matthäusevangelium haben verbreiten lassen. Wenn zu dem Auffinden des leeren Grabes nicht auch ein *Sehen* des auferstandenen Jesus und Begegnungen mit ihm hinzugekommen wären, hätten alle diesen Schluss gezogen. Beides ist also notwendig, sowohl die Begegnungen als auch das leere Grab, wenn wir die Entstehung der Auferstehungsbotschaft und die uns vorliegenden Geschichten erklären wollen. Für sich selbst genommen reicht keines von beidem aus; wenn wir aber beides zusammen betrachten, erhalten wir eine hinreichende und vollständige Erklärung für den frühchristlichen Glauben.

All das führt uns direkt zu der entscheidenden Frage. Das leere Grab und die Erscheinungen von Jesus ergeben, miteinander kombiniert, die einzig mögliche Erklärung für die Geschichten und Glaubensvorstellungen, die sich so schnell unter seinen Nachfolgern verbreitet haben. Wie erklären wir nun *sie* im Gegenzug? Was kann ein Historiker dazu sagen? Was kann ein Naturwissenschaftler dazu sagen?

Bei jeder anderen historischen Untersuchung wäre die Antwort so offensichtlich, dass man kaum einen Satz wie „Die bestmögliche Erklärung ist, dass es auf diese oder jene Weise geschehen ist" beifügen müsste. Hier ist die Erklärung allerdings so schockierend, so weltbewegend, dass wir zu Recht einen Augenblick innehalten, bevor wir einen Sprung ins Ungewisse wagen. Und wie mir ein paar skeptische Freunde netterweise gesagt haben, ist es an dieser Stelle natürlich immer auch möglich, dem Argumentationsgang bis zu diesem Punkt zu folgen und dann schlichtweg einzuwenden: „Ich habe zwar keine gute Erklärung für das leere Grab und die Erscheinungen Jesu, trotzdem bin ich nicht bereit, von meiner Überzeugung abzuweichen, dass Tote nicht auferstehen. Deshalb muss ich zu dem Schluss kommen, dass irgendetwas anderes geschehen sein muss, auch wenn wir nicht sagen können, was." Das ist in Ordnung. Ich respektiere diesen Standpunkt, möchte allerdings darauf hinweisen, dass es sich dabei um eine Entscheidung handelt und eben *nicht* um eine Erklärung, die auf einer sogenannten wissenschaftlichen Geschichtsschreibung beruht.

Denn an diesem Punkt der Argumentationskette deuten alle Hinweise nur in eine Richtung. Ich habe an anderer Stelle alle alternativen Erklärungsmodelle untersucht, seien sie nun antik oder modern, und ich muss sagen, dass die bei Weitem plausibelste historische Erklärung für den Aufstieg der frühen Kirche darin besteht, dass Jesus von Nazareth, der wirklich und wahrhaftig tot und begraben gewesen war, tatsächlich am dritten Tage mit einer *neuen Form* des physischen Körpers zum Leben auferweckt worden war und dabei ein leeres Grab hinterließ, weil sein neuer Körper das gesamte physische Material des alten übernommen hatte. Dieser neue Körper besaß nun neue Eigenschaften, die niemand erwartet hatte oder sich hatte vorstellen können, die jedoch zu signifikanten Mutationen im Denken derer führten, die damit zu tun hatten. Wenn also etwas in dieser Richtung passiert wäre, dann würde es vollkommen einleuchtend erklären, warum das Christentum seinen Anfang nahm und sich so entwickelte, wie es sich entwickelt hat.

An dieser Stelle möchte ich freilich auch die Mahnungen der Theologen sehr ernst nehmen, die vor jedem Versuch warnen, der auf rationalistischer Grundlage, sozusagen auf mathematische Weise, etwas zu beweisen versucht, das, sollte es tatsächlich passiert sein, nicht nur das Zentrum der Geschichte wäre, sondern auch der Epistemologie – also nicht nur das Zentrum dessen, *was* wir wissen, sondern auch dessen, *wie* wir es wissen. An dieser Stelle kommt das dritte Element des Erkennens, diese verwirrenden Aspekte jenseits von Geschichtsschreibung und Naturwissenschaft, die aber immer noch mit beiden interagieren, unweigerlich in den Blick.

Um zu unterstreichen, was ich meine, habe ich mir einmal ein Fantasieszenario ausgemalt: Ein reicher Absolvent schenkt einer Universität ein wunderschönes, großartiges Gemälde, das jedoch nirgendwo in der Universität einen angemessenen Platz finden kann. Das Gemälde ist so unglaublich schön, dass die Universität schließlich entscheidet, alle ihre Gebäude abzureißen und rund um dieses großartige und unerwartete Geschenk herum wieder aufzubauen. Während sie das tut, entdeckt sie, dass alles, was an der bisherigen Universität gut gewesen ist, innerhalb der neuen Gebäude noch besser möglich ist, und dass alle Probleme, die sich bisher ergeben hatten, nun gelöst sind. Der entscheidende Punkt an dieser Illustration, so hinkend dieser Vergleich auch sein mag, ist, dass es so etwas wie einen Ort geben muss, an dem das Gemälde von der bereits existierenden Universität in Empfang genommen wird, also so etwas wie eine epistemologische Überlappung, die es der Universitätsleitung überhaupt erst ermöglicht, ihre folgenschwere Entscheidung zu fällen. Der Stifter kommt ja nicht einfach so vorbei, reißt ungefragt das Gebäude ein, überreicht sein Gemälde und sagt: „Jetzt denkt einmal darüber nach, was ihr zu tun habt."

Damit möchte ich sagen, dass die Auferstehung Jesu, die sich selbst als die offensichtliche Antwort auf die Frage „Wie kann man den Aufstieg des frühen Christentums erklären?" präsentiert, auf dieselbe Weise mit ernsthafter historischer Forschung *innerhalb der gegenwärtigen Welt* zu tun hat und deshalb sowohl die Historiker als auch die Naturwissenschaftler in Bezug auf ihre allgemeine Weltsicht vor dieselbe Art von

Herausforderung stellt. (Mit anderen Worten: Diese Art von ultra-barthianischer Apologetik, die einfach behauptet: „Hier ist die neue Welt, nehmt sie einfach hin, denn wir können euch darüber innerhalb eurer Welt überhaupt nichts sagen", läuft ins Leere. Das tut allerdings auch die rationalistische Apologetik, die mit ihrer Beweisführung nicht nur in den Denkmodellen der gegenwärtigen Schöpfung anfängt, sondern *auch in ihnen endet* und deshalb nur eine übernatürliche Erklärung anzubieten hat, die genau die Trennung innerhalb unseres Denkens bestärkt, die sie eigentlich infrage stellen sollte.)

Die Herausforderung besteht tatsächlich in der *neuen Schöpfung*. Um es einmal so grundlegend wie möglich zu sagen, stellt die Auferstehung Jesu sowohl für den historischen als auch den naturwissenschaftlichen Forscher, aber ebenso für Christen und Theologen nicht einfach nur ein sehr seltsames Ereignis innerhalb unserer Welt dar, so *wie sie ist*, sondern das absolut charakteristische, prototypische und grundlegende Ereignis innerhalb unserer Welt, *wie sie anfängt zu sein*. Die Auferstehung ist kein absurdes Ereignis innerhalb der alten Welt, sondern das Symbol und der Ausgangspunkt der neuen Welt. Der Anspruch, der uns im Christentum entgegentritt, hat diese enorme Tragweite: dass sich mit Jesus von Nazareth nicht einfach nur eine neue religiöse Möglichkeit eröffnet hat, nicht einfach nur eine neue Ethik oder ein neuer Weg zum Heil, sondern eine neue Schöpfung.

Nun, das scheint so etwas wie ein epistemologischer, aber auch theologischer Erstschlag zu sein. Wenn hier wirklich eine neue Schöpfung freigesetzt wurde, dann haben die Historiker keine Analogien dafür und die Naturwissenschaftler sind nicht in der Lage, das Geschehnis in Beziehung zu anderen charakteristischen Ereignissen zu setzen, die man dann ebenfalls untersuchen könnte. Was sollen wir also tun? Während zweitausend Jahren hochmütigem Skeptizismus gegenüber dem christlichen Zeugnis wurde keine andere Erklärung geliefert, die zufriedenstellend erläutert, warum das Grab leer war, wie die Jünger Jesus gesehen haben, und weshalb ihr Leben und ihre Vorstellungswelt transformiert wurden. Wenn wir uns jedoch allein auf die Geschichtsschreibung verlassen wollen, wie sie innerhalb der modernen westlichen Welt betrieben wird, in der sie in das Prokrustesbett einer Naturwissenschaft gepresst wird, die (berechtigterweise) die Welt betrachtet, wie sie ist, dann ergeht es uns wie den Kindern Israels, die schaudernd am Ufer des Meeres stehen. So eine Geschichtswissenschaft kann die Frage formulieren, auf die die christlichen Vorstellungen die naheliegendste Antwort sind. Doch wenn sich jemand dafür entscheidet, zwischen dem Pharao des Skeptizismus und dem tiefen Meer des Glaubens zu verweilen, kann ihn auch die Geschichtswissenschaft nicht vorantreiben.

Alles hängt also von dem Kontext ab, in dem die Geschichtswissenschaft betrieben wird. Die wichtigsten Entscheidungen, die wir im Leben treffen, treffen wir nicht nur durch die postaufklärerische Rationalität der linken Gehirnhälfte. Ich würde nicht sagen, dass man sich zu den zentralen Wahrheiten des christlichen Glaubens hinaufargumentieren kann, wenn man sich mit rein menschlicher Vernunft auf die schlichte Beobachtung der Welt verlässt. Es sollte in der Tat offensichtlich sein, dass so etwas nicht geht. In gleicher Weise würde ich aber auch nicht sagen, dass eine derartige historische Untersuchung keinerlei Rolle zu spielen habe, weil allein ein blinder Glaubensschritt gefragt sei. Gott hat uns einen Verstand zum Denken gegeben; die Fragen sind in angemessener Weise gestellt worden; das Christentum will sich vor der Geschichte verantworten, also muss es sich auch vor ihr verantworten. Die Frage nach der Auferstehung Jesu bleibt innerhalb der Grenzen der Historie, auch wenn sie sie in mancher Hinsicht sprengt. Genau aus diesem Grund ist diese Frage ja auch so wichtig, so verstörend, so sehr eine von Leben und Tod. Wir könnten damit umgehen – die Welt könnte damit umgehen –, wenn Jesus letztlich nicht mehr wäre als eine wundervolle Idee in den Köpfen und Herzen seiner Jünger. Die Welt kann aber nicht mit einem Jesus umgehen, der aus dem Grab zurückkommt, der Gottes neue Schöpfung mitten in der alten inauguriert.

Aus diesem Grund müssen wir, wenn wir die Frage umfassend angehen wollen, sowohl historische und tatsächlich auch naturwissenschaftliche Forschungen anstellen. Dies sollte aber innerhalb des größeren, komplexeren Bereichs menschlicher, persönlicher und gemeinschaftlicher Kontexte geschehen, und das wiederum stellt nicht nur Historiker, stellt nicht nur Naturwissenschaftler, sondern alle Menschen vor eine Herausforderung, egal, in welchem Weltbild sie eigentlich zu Hause sind. Die Geschichte vom ungläubigen Thomas in Johannes 20 kann für all das ein Gleichnis sein. Wie ein guter Historiker möchte Thomas sehen und anfassen. Jesus präsentiert sich ihm sichtbar und lädt ihn ein, ihn anzufassen, aber er tut es nicht. Er transzendiert vielmehr den Erkenntnistyp, den er benutzen wollte, und lässt ihn zugunsten eines höheren und reicheren hinter sich. Plötzlich tut sich vor ihm eine neue, schwindelerregende Möglichkeit auf: eine neue Schöpfung. Thomas holt tief Luft und bringt mit einem Schlag Geschichtsschreibung und Glaube zusammen. „Mein Herr", sagt er, „und mein Gott!"

Das ist kein antihistorisches Statement, denn der Herr, um den es hier geht, ist genau der, der den Höhepunkt der Geschichte Israels und den Anfang einer neuen Geschichte darstellt. Sobald man verstanden hat, was die Auferstehung eigentlich ist, erkennt man zudem auch, dass die Geschichte Israels voller Analogien ist, die diesen Moment teilweise und vorbereitend abbilden, sodass das epistemologische Gewicht nicht allein von der zukünftigen allgemeinen Totenauferstehung und der neuen Schöpfung getragen werden muss, sondern auch von den Erzählungen über Gottes machtvolles Handeln in der Vergangenheit. Thomas' Ausruf ist auch kein antinaturwissenschaftliches Statement, weil die Welt der neuen Schöpfung eben genau das ist, die Welt der neuen *Schöpfung* und als solche offen ist für das Wirken der Menschen. Ja, in gewisser Weise fordert sie uns sogar dazu auf, jedoch nicht dazu, sie mit magischen Tricks zu manipulieren, auch nicht, sich ihr zu unterwerfen, so als sei die geschaffene Welt selbst göttlich, sondern dazu, sich in ihr als Haushalter zu betätigen. Und Haushalter müssen das, was sie zu verwalten haben, ganz genau im Blick behalten, um ihm besser dienen zu können und es ihm zu ermöglichen, zur vollen Reife zu gelangen.

Damit möchte ich sagen, dass der Glaube an den von den Toten auferstandenen Jesus das, was wir Geschichte, und das, was wir Naturwissenschaften nennen, *sowohl transzendiert als auch mit einschließt*. Diese Art von Glauben ist kein blindes Vertrauen, das mit Geschichtsschreibung und Naturwissenschaft nichts zu tun haben möchte. Auch ist es nicht schlichtweg nur – obwohl das sehr viel sicherer wäre! – ein Glaube, der in einer vollkommen anderen Sphäre zu Hause ist, die mit keiner der beiden etwas zu tun hätte. Diese Art von Glauben, die alle Formen der Erkenntnis schätzt, mit denen die Natur ihres Objektes näher bestimmt wird, ist vielmehr ein Glaube an den Schöpfergott, den Gott, der verheißen hat, am Ende alle krummen Wege gerade zu machen. Den Gott, der (an dieser Stelle kommen beide Bereiche zusammen) Jesus *innerhalb der Geschichte* von den Toten auferweckt hat, wobei er Spuren hinterließ, die sowohl von den Historikern als auch von den Naturwissenschaftlern und jedem anderen eine Erklärung verlangen. Soweit ich die naturwissenschaftliche Vorgehensweise verstehe, verhält es sich doch so: Sobald etwas auftaucht, was sich mit dem Paradigma, innerhalb dessen man arbeitet, nicht erklären lässt, besteht zumindest die letzte Option – die, zu der man greift, wenn alle anderen versagt haben – darin, dass man das Paradigma wechselt. Man leugnet also nicht einfach alles, was man bisher an Erkenntnissen gewonnen hat, sondern führt vielmehr das alte mit dem neuen zu einem größeren Ganzen zusammen. Darin besteht, wenn Sie so möchten, die „Thomas-Herausforderung".

Wenn Thomas eine *Epistemologie des Glaubens* repräsentiert, die historische wie naturwissenschaftliche Erkenntnisse sowohl transzendiert als auch einschließt, könnte man auch argumentieren, dass Paulus an dieser Stelle eine *Epistemologie der Hoffnung* repräsentiert. In 1. Korinther 15 trägt er skizzenartig vor, wie eine zukünftige Totenauferstehung als Teil einer neuen Schöpfung Gottes aussehen wird, dasselbe macht er in Römer 8 in Bezug auf die Erlösung des ganzen Kosmos. Für einen Christen ist Hoffnung weder ein reines Wunschdenken noch ein schlichter blinder Optimismus. Sie ist vielmehr eine Form der Erkenntnis, eine Form, in der neue Dinge möglich sind, Optionen nicht von vornherein ausgeschlossen werden und eine neue Schöpfung geschehen kann. Darüber müsste man noch mehr sagen, allerdings nicht an dieser Stelle.

Ich möchte mit einem Blick auf Petrus schließen. Epistemologien des Glaubens und der Hoffnung, die beide historische als auch naturwissenschaftliche Erkenntnisse transzendieren und mit einschließen, weisen auf eine Epistemologie der Liebe hin – ein Gedanke, der mir zuerst bei dem jesuitischen Theologen und Religionsphilosophen Bernard Lonergan begegnet ist – allerdings hat der ihn nicht zuerst gedacht. Die Geschichte von Johannes 21 tritt uns vor Augen. Petrus hat auf berühmt-berüchtigte Weise Jesus verleugnet. Er hat sich dafür entschieden, in der normalen Welt weiterzuleben, in der die Tyrannen am Ende gewinnen und wo es besser ist, sich rechtzeitig von den Menschen zu distanzieren, die am Ende auf der falschen Seite stehen. Doch jetzt, an Ostern, wird Petrus dazu berufen, in einer neuen und anderen Welt zu leben; während Thomas zu einem neuen Glauben berufen wird und Paulus zu einer radikal erneuerten Hoffnung, wird Petrus zu einer neuen Art von Liebe berufen. Hier möchte ich noch einmal auf Wittgenstein zurückkommen, dieses Mal aber nicht auf seinen Schürhaken zu sprechen kommen, sondern einen berühmten Aphorismus von ihm zitieren: „Es ist die *Liebe*, die an die Auferstehung glaubt." – „Simon, Sohn des Johannes", fragt Jesus, „hast du mich lieb?" In dieser Frage steckt eine ganze Welt. Eine Welt, in der er persönlich eingeladen und herausgefordert wird, in der ein Mensch nach Vertrauensbruch und Desaster neu werden kann, in der die Epistemologie – die Frage, wie wir etwas erkennen können –, selbst überdacht wird, um sie mit der neuen Ontologie in Einklang zu bringen, der Frage nämlich, wie Gottes neue Welt aussieht.

Die Wirklichkeit der Auferstehung kann man innerhalb der alten Welt des Verfalls und der Verleugnung, der Tyrannen und der Folter, des Ungehorsams und des Todes nicht einfach erkennen. Doch genau darum geht es. Wie ich gesagt habe, ist die Auferstehung, so wie sie war, kein höchst merkwürdiges Ereignis innerhalb der *gegenwärtigen* Welt, obwohl sie das auch ist. Sie ist das maßgebende, zentrale, prototypische Ereignis der *neuen* Schöpfung, der Welt, die mit Jesus geboren wird. Wenn wir diese Welt auch nur sehen wollen, geschweige denn betreten, dann brauchen wir eine andere Art von Erkenntnis. Eine Erkenntnis, bei der wir auf eine neue Weise beteiligt sind, eine Epistemologie, die uns nicht nur die kühle Zustimmung zu einer unbeteiligten, quasi-naturwissenschaftlichen Forschung abverlangt, sondern das ganzheitliche Engagement und die ganzheitliche Beteiligung, die man am ehesten unter dem Begriff „Liebe" zusammenfasst, der *agapē* im vollsten johanneischen Sinne. Wenn ich mit Kollegen aus dem Bereich der Naturwissenschaften spreche, habe ich den Eindruck, dass so etwas, auch wenn es schwer zu beschreiben ist, schon in ihnen am Werk ist – wenn nämlich ein Wissenschaftler sich ganz seinem Bereich hingibt, sodass eine neue Hypothese nicht in erster Linie dadurch entsteht, dass ein abstraktes Gehirn (ein Computer aus Fleisch?) irgendwelche Daten zusammenträgt und verarbeitet, sondern eher durch eine sanfte und geheimnisvolle Symbiose von Erkennendem und Erkanntem, von Liebendem und Geliebten.

Die Skeptiker werden an dieser Stelle einwenden, dass damit letztendlich die Wahrheit von Ostern zu einem bloßen Subjektivismus zusammensinkt. Keineswegs. Nur weil man *agapē* braucht, um an die Auferstehung zu glauben, bedeutet das nicht, dass nichts weiter geschehen ist, als dass Petrus und die anderen ein komisches Gefühl der Wärme im Herzen gehabt hätten. Weil es eben *Liebe* ist, worüber wir reden, und nicht Lust, muss es außerhalb des Liebenden eine korrelierende Realität geben. Liebe ist die tiefste Weise des Erkennens, weil nur die Liebe sich einerseits vollkommen auf eine Wirklichkeit außerhalb des eigenen Selbsts einlässt und andererseits diese Realität des Anders-als-man-selbst-Seins bestätigt und feiert. Das ist die Weise der Erkenntnis, die notwendig ist, wenn wir in der neuen öffentlichen Welt leben wollen, der Welt, die an Ostern ihren Anfang genommen hat, der Welt, in der Jesus der Herr ist und nicht der Kaiser.

Aus diesem Grund sollten wir niemals erwarten, dass die historischen Argumente für die leibliche Auferstehung Jesu, so überzeugend sie auch sein mögen, die Menschen weiter bringen als zu den Fragen, mit denen sich auch Thomas und Petrus auseinandersetzen mussten, den Fragen des Glaubens und der Liebe. Eine scheinbar objektive historische Epistemologie kann niemals den letzten Grund für die Wahrheit von Ostern bilden. So etwas anzustreben ist gleichbedeutend mit dem Versuch, eine Kerze anzuzünden um zu erkennen, ob die Sonne schon aufgegangen ist. Was uns die Kerze der historischen Forschung offenbart, ist Folgendes: Der Raum wurde verändert, sodass er nicht mehr so aussieht wie am Abend zuvor. Die üblichen Erklärungen dafür helfen nicht mehr weiter. Vielleicht, denken wir, nachdem die historischen Argumente ausgedient haben, vielleicht ist der Morgen da und die Welt erwacht. Aber um das herauszufinden, müssen wir das Risiko eingehen und die Vorhänge aufziehen, um die aufgehende Sonne hereinzulassen. Wenn wir das tun, haben wir keine Kerzen mehr nötig, nicht, weil wir nicht mehr an überzeugende Argumente und wissenschaftliche Diskussionen glauben, nicht, weil wir nicht mehr der Geschichts- und Naturwissenschaft vertrauen, sondern weil sie überholt worden sind von der größeren Wirklichkeit, aus der sie geschöpft haben, auf die sie hingewiesen haben und in der sie ein neues und größeres Zuhause finden werden. Alle Erkenntnis ist ein Geschenk Gottes, die historische und naturwissenschaftliche nicht weniger als die von Glaube, Hoffnung und Liebe. Aber die größte unter ihnen ist die Liebe.

4. Das biblische Plädoyer für die Frauenordination

Für nicht wenige Menschen in den heutigen Gemeinden ist die Frauenordination eine Frage, an der sich alles entscheidet. Dafür gibt es viele, sehr unterschiedliche Gründe: Der theologische und gesellschaftliche Druck zwingt manche, sich dafür auszusprechen, bei anderen wiederum bewirkt er gerade das Gegenteil. Über diesen Druck könnte man sehr viel sagen, meine Aufgabe hier besteht jedoch darin, einen Blick auf die für diese Frage relevanten biblischen Texte zu werfen.

In diesem Kapitel geht es mir dabei nicht um das Verhältnis zwischen den Geschlechtern im Allgemeinen, auch nicht um das in der Ehe, sondern nur um die Frage nach dem Dienst der Frau in der Gemeinde. Das ist eine willkommene Einschränkung meines Themas, ja, ich werde es sogar noch weiter einschränken, möchte allerdings meine Bemerkungen innerhalb eines bestimmten Rahmens biblischer Theologie machen, der mit Genesis 1 zusammenhängt. Wie viele, nicht zuletzt ich selbst wiederholt festgestellt haben, bildet die Erschaffung von Mann und Frau in ihren beiden Geschlechtern einen entscheidenden Bestandteil ihrer Gottesebenbildlichkeit. Ich halte das mittlerweile für falsch. Denn die Genesis selbst sieht diese Zweigeschlechtlichkeit nicht nur im Tierreich als gegeben an, sondern auch die Pflanzenwelt kennt männlich und weiblich, wie der Hinweis auf die Samen deutlich macht. Die Zweigeschlechtlichkeit ist somit nichts Menschenspezifisches, sondern ist auch in der übrigen Schöpfung zu finden.

Das bedeutet nicht, dass es sich dabei um ein unbedeutendes Thema handelt – in der Tat ist es eher so, dass dadurch das Thema noch bedeutender wird. Männlich sein und weiblich sein und darum zu ringen, was das bedeutet – das ist eine Herausforderung, vor die der größte Teil der Schöpfung gestellt ist. Und wenn wir nicht in eine Art Gnostizismus verfallen wollen, der die Schöpfung für zweitrangig und schäbig hält, weil wir uns nur dafür interessieren, wie wir sie verwerten können, dann müssen wir diese Berufung Gottes zu einem Leben in der Welt, die er geschaffen hat, und dazu, das Volk zu sein, das er geschaffen hat, erkennen. Wir müssen diese Berufung ernst nehmen und uns ihr stellen. Ich wollte nur darauf hinweisen, dass die Gottesebenbildlichkeit des Menschen nicht unbedingt im engeren Sinne darin besteht, als Mann und Frau geschaffen zu sein. Das wiederum führt uns auf direktem Weg zu Galater 3,28, und mit dieser Bibelstelle möchte ich auch meine Überlegungen beginnen.

Frauen sind ein Teil der Familie Gottes

Das Erste, was gesagt werden muss, ist ziemlich offensichtlich, es muss aber trotzdem gesagt werden: In Galater 3 geht es nicht um den Dienst in der Gemeinde. Auch handelt es sich nicht um die einzige Stelle, an der sich Paulus darüber äußert, was es bedeutet, männlich beziehungsweise weiblich zu sein. Anstatt die Texte in ein Vakuum zu verschieben, in dem man sie dann in Form einer Hierarchie anordnen kann, indem man zum Beispiel diesen Vers nimmt und dann behauptet, er übertrumpfe alle anderen Verse so wie ein überlegener Bulle die anderen in einer Herde (was ist das überhaupt für eine maskuline Art der Auslegung!), müssen wir dem gerecht werden, was Paulus an dieser Stelle tatsächlich sagen möchte.

Paulus geht es in dem größeren Abschnitt darum, dass Gott nur eine Familie hat und nicht zwei und dass zu dieser Familie alle gehören, die an Jesus glauben. Es geht also um die Familie, die Gott Abraham verheißen hat, und darum, dass nichts in der Torah dieser Einheit im Weg steht, die jetzt durch die Treue des Messias offenbar geworden ist. Es geht nicht darum, wie wir innerhalb dieser einen Familie miteinander umgehen. Es geht vielmehr darum, dass „der Boden rund ums Kreuz eben ist“, dass alle ohne Unterschied zu Gott kommen können. Lassen Sie mich zu Anfang noch eine Bemerkung zur Frage der Übersetzung und Auslegung machen. Dieser Vers wird oft falsch übersetzt, so als laute er: „Weder Jude noch Grieche, weder Sklave noch Freier, weder Mann noch Frau (weder männlich noch weiblich).“ Das ist genau das, was Paulus *nicht* sagt. Weil es aber das ist, was wir von ihm erwarten, sollten wir sorgfältig hinsehen, was er stattdessen gesagt hat, denn vermutlich hat er sich etwas dabei gedacht, etwas, das unter den Tisch fällt, wenn wir den Vers in der üblichen Weise übersetzen. Er sagt: Hier ist weder Jude noch Grieche, weder Sklave noch Freier, *kein „männlich und weiblich“*. Ich glaube, der Grund dafür, dass er „kein männlich und weiblich“ anstatt „weder männlich noch weiblich“ sagt, ist darin zu finden, dass er an dieser Stelle Genesis 1 zitiert, was bedeutet, dass wir den Ausdruck „männlich und weiblich“ als Zitat verstehen müssen.

Behauptet Paulus also, in Christus werde die Schöpfungsordnung selbst aufgehoben? Sagt er also, wie es manche betonen, dass wir zu einer Art Chaos zurückkehren sollten, in dem die Ordnungen der Schöpfung keine Rolle mehr spielen? Oder sagt er, dass wir uns von der ersten, eher schäbigen Schöpfung wegentwickelt haben (wie es die Gnostiker tun), sodass so unsinnige Dinge wie Geschlechtsunterschiede keine Rolle mehr spielen, weil wir uns in eine neue Welt begeben haben, in der wir alle als Hermaphroditen leben – was wiederum manche behaupten und was möglicherweise interessante ethische Nebenwirkungen hat? Nein. Paulus ist ein Theologe der neuen Schöpfung, und dabei geht es immer um die Erneuerung und Wiederherstellung der existierenden Schöpfung, niemals um ihre Verleugnung, wie nicht nur in Galater 6,15-16, sondern auch in Römer 8 und in 1. Korinther 15 überdeutlich wird. In der Tat sind und bleiben die Kapitel 1–3 in der Genesis für Paulus und seine Schriften enorm wichtig.

Was sagt er also? Erinnern wir uns daran, dass er sich besonders mit denen auseinandersetzt, die jüdische Regeln durchsetzen wollten und die aus dem Heidentum stammenden Christen sogar zu Juden machen wollten. Erinnern wir uns an das in den Synagogen gesprochene Gebet, in dem der Mann dafür dankt, dass Gott ihn nicht zum Heiden, zum Sklaven oder zu einer Frau gemacht hat – an dieser Stelle danken die Frauen in der Gemeinde Gott dafür, „dass du mich nach deinem Willen geschaffen hast". Ich denke, dass Paulus hier ganz bewusst die im Messias reformierte Familie Abrahams zu einem Volk macht, das dieses Gebet nicht mitsprechen kann, denn in dieser Familie sind solche Unterscheidungen nun irrelevant.

Das ist jedoch, so denke ich, noch nicht alles. Erinnern wir uns daran, dass das Thema, das den Galatern unter den Nägeln brannte, die Beschneidung war, natürlich nur die Beschneidung der Männer. Wir vermuten ja oft, dass die Beschneidung ein schmerzhaftes Hindernis für eine Bekehrung dargestellt haben musste, und das war sie in gewisser Weise in der Tat. Doch für diejenigen, die sich ihr unterzogen hatten, war sie eine Frage des Stolzes und des Vorrechts. Mit ihr unterschied sich nicht nur der Jude vom Nichtjuden; sie zeichnete die Männer auch auf eine Weise aus, die ihnen automatisch ein Vorrecht gab. Im Gegensatz dazu kann man sich gut die Aufregung vorstellen, die die Taufe als „Gleichmacher" mit sich brachte. Der Ritus war identisch und für jeden offen, ob es sich nun um Jude oder Nichtjude, Sklaven oder Freien, Mann oder Frau handelte.

Und das ist noch nicht alles. Obwohl wir uns jetzt ein wenig in den Bereich der Spekulationen begeben, müssen wir doch feststellen, dass in der Geschichte von Abrahams Familie die männliche Abstammungslinie bevorzugt wird: Isaak, Jakob und so weiter. Bei Paulus hingegen finden wir, und zwar sowohl in Galater 4 als auch in Römer 9, dass den Frauen in dieser Geschichte eine große Aufmerksamkeit gewidmet wird – so auch in Matthäus 1, allerdings aus einem anderen Blickwinkel.

Wenn diejenigen, die in Christus sind, die wahre Familie Abrahams sind, dann markiert die Art und Weise, wie diese Identität und Einheit dargestellt wird, gegenüber der Art, wie sie im Judentum des ersten Jahrhunderts konstruiert wurde, einen Quantensprung – sie stellt Mann und Frau genauso sicher und gleich nebeneinander wie Juden und Nichtjuden. Es geht Paulus also in diesem Abschnitt darum, jeden Versuch zu unterbinden, die männlichen Privilegien durch einen Verweis auf Genesis 1 strukturell und in anderer Hinsicht zu untermauern, etwa indem einer sagt: „Aber es geht natürlich nur um die männliche Linie, und ebenso natürlich zählt ausschließlich die Beschneidung der Männer, schließlich hat Gott die Menschen als Mann und Frau erschaffen.“ Nein, sagt Paulus, in Bezug auf die Mitgliedschaft in dem erneuerten Volk Abrahams spielt nichts von dem eine Rolle.

Sobald wir allerdings diesen Punkt verstanden haben, sollten wir einen Schritt zurücktreten und darüber nachdenken, was Paulus *nicht* getan hat, und nicht nur, was er getan hat. In Bezug auf die Unterscheidung von Juden und Nichtjuden bedeutet das von Paulus mit Feuereifer und Kompromisslosigkeit vorgetragene Bestehen auf der Gleichheit in Christus alles andere, als dass von nun an die besonderen Merkmale dieser unterschiedlichen kulturellen Hintergründe für das Zusammenleben innerhalb der Gemeinde vollkommen gleichgültig wären. Römer 14 und 15 sind das beste Beispiel dafür; wir sehen es aber auch im Galaterbrief, wo Paulus in der Regel „wir“ schreibt, wenn er die Judenchristen meint, und „ihr“ oder „sie“, wenn es um die Heidenchristen geht. Sie haben dasselbe Ziel erreicht, sind aber auf sehr unterschiedlichen Routen dorthin unterwegs gewesen und pflegen immer noch sehr unterschiedliche kulturelle Erinnerungen und Vorstellungen. Die Unterschiede zwischen ihnen sind also nicht aufgelöst, weswegen man in der gemeindlichen Praxis Rücksicht darauf nehmen sollte. Sie sind nur da irrelevant, wo es um die Zugehörigkeit zu Abrahams Familie geht.

In gleicher Weise verhält es sich meiner Ansicht nach auch da, wo Paulus sich mit der Frage von Männern und Frauen in der christlichen Familie beschäftigt. Die Unterschiede sind irrelevant in Bezug auf den Mitgliederstatus und die damit verbundenen Zeichen. Aber sie spielen immer noch eine Rolle, wenn es um die gemeindliche Praxis geht. Durch die Taufe werden wir nicht zu Hermaphroditen oder etwa zu genderlosen, geschlechtslosen Wesen. Paulus wäre der Erste, der die gnostischen Vorstellung zurückweisen würde, wonach die ursprüngliche Schöpfung nur ein erster, mangelhafter Versuch gewesen ist und wir nach Wegen suchen müssten, um das zu transzendieren, was Gott nach Genesis 1 aber als „sehr gut" bezeichnet hat.

An dieser Stelle müssen wir vor dem gegenwärtig wenigstens hier und da in Amerika gepflegten Trend warnen, bei dem Schriften wie das sogenannte „Evangelium der Maria" in hohem Kurs stehen und auf gnostische und feministische Weise gelesen werden. Auf diese Weise scheint sich zwar so etwas wie eine Abkürzung zu einer frauenfreundlicheren Agenda aufzutun, allerdings eine, für die historisch und theologisch gesehen ein hoher Preis bezahlt wird. Darüber hinaus stellt sie auch einen äußerst zweischneidigen Segen dar, wenn man bedenkt, dass die in vielen Bereichen des antiken Gnostizismus vorherrschende Tendenz, die Unterschiede zwischen Männern und Frauen kleinzumachen, nicht dadurch erreicht wurde, dass man beide Geschlechter als gleich wichtig ansah, sondern indem man die Frauen im Grunde zu Männern machte. Die letzte Aussage im sogenannten Thomasevangelium behauptet: „Maria wird gerettet werden, wenn sie sich zu einem Mann macht." Das ist ein radikal anderer Ansatz als der, den wir im Neuen Testament finden.

Leitende Frauen in den ersten Gemeinden

Zu den vielen Dingen, die über die Evangelien gesagt werden müssen, gehört auch, dass wir nichts gewinnen, wenn wir die Tatsache leugnen, dass Jesus zwölf Männer zu Aposteln berufen hat. Ohne jeden Zweifel gab es nicht nur in Bezug auf die Symbolwelt, innerhalb derer Jesus operierte, sondern auch in Bezug auf die praktische und kulturelle Welt, in der die Apostel leben und arbeiten würden, viele Gründe dafür. Doch jedes Mal, wenn diese Sache festgestellt wird – und nach meiner Erfahrung passiert das sehr oft –, müssen wir sofort auch anmerken, dass interessanterweise die Jünger in der Not Jesus allesamt verließen und wegrannten; lange vor der Rehabilitation von Petrus und den anderen waren es die Frauen, die zuerst zum Grab gekommen waren, die als Erste den auferstandenen Jesus gesehen hatten und die zuerst mit der Botschaft betraut worden waren, er sei von den Toten auferstanden.

Das hat eine unermessliche Bedeutung. Maria Magdalena und die anderen waren die *Apostel für die Apostel*. Es sollte uns also nicht überraschen, dass Paulus eine Frau namens Junia in Römer 16,7 „Apostel" nennt. Wenn ein Apostel ein Zeuge der Auferstehung ist, dann gab es Frauen, die diesen Titel lange vor den Männern verdient hatten. (Ich erinnere daran, dass es bei der Übersetzung und Überarbeitung der *New International Version* eine Riesendiskussion darüber gegeben hat, ob Junia eine Frau gewesen sein könne. Von denen, die darauf bestanden haben, dass es sich bei ihr um einen Mann namens Junias gehandelt habe, konnte jedoch nicht ein einziges historisches oder exegetisches Argument dafür vorgebracht werden. Die Gründe dafür liegen auf der Hand.)

Die Hervorhebung von Frauen geschieht übrigens nicht erst bei der Auferstehung. Wie in vielerlei anderer Hinsicht auch hat das, was da geschehen ist, nur fortgeführt, was sich schon in Jesu öffentlichem Wirken abzeichnete. Ich denke dabei besonders an die Frau, die Jesus gesalbt hat (ohne hier näher auf die Frage einzugehen, welche Frau es nun war und ob Jesus mehr als einmal gesalbt worden ist). Wie manche klargestellt haben, handelte es sich dabei um einen priesterlichen Dienst, den Jesus auch als solchen akzeptierte.

Ich denke auch an die bemerkenswerte Geschichte von Maria und Martha in Lukas 10. Die meisten von uns sind mit der Vorstellung aufgewachsen, Martha repräsentiere den aktiven und Maria den passiven oder kontemplativen Typ und Jesus habe unterstreichen wollen, dass beides wichtig ist – die Hingabe an ihn sogar noch ein bisschen wichtiger. Diese Hingabe ist zweifellos ein Aspekt, der die Geschichte wichtig macht. Für einen Leser aus dem ersten Jahrhundert oder der heutigen Türkei, dem Vorderen Orient und vielen anderen Teilen der Welt ist jedoch die Tatsache noch wichtiger, dass Maria *im männlichen Teil des Hauses* Jesus zu Füßen saß und sich nicht zusammen mit den anderen Frauen im hinteren Teil des Hauses aufhielt. Ich bin mir absolut sicher, dass es eigentlich *das* gewesen ist, was Martha so zu schaffen gemacht hat. Zweifellos war sie auch wütend, weil Maria sie auf der ganzen Arbeit sitzen gelassen hatte, doch dass sie sich einfach so über eine der grundlegendsten sozialen Konventionen hinwegsetzte, war das eigentliche Problem. Das ist so, als würden Sie mich in der heutigen modernen Welt einladen, als Gast in Ihrem Haus zu übernachten, und wenn dann die Schlafenszeit heranrückt, gehe ich einfach in Ihr Schlafzimmer und schlage dort mein Feldbett auf. Zu der Frage, welcher Raum von wem genutzt werden darf, haben wir unsere eigenen eindeutigen, wenn auch ungeschriebenen Regeln. So war es damals auch, doch Maria hat sich einfach darüber hinweggesetzt. *Und Jesus verkündet, dass sie damit richtig liegt.* Sie „setzte sich dem Herrn zu Füßen" – das ist ein Satz, der in jener Zeit etwas anderes ausdrückte als heute. Wir denken sofort an den bewundernden Schüler, der mit Verehrung und Liebe zu einem wunderbaren Lehrer aufschaute. Doch wie an anderen Stellen des Neuen Testaments deutlich wird, wo dieser Ausdruck ebenfalls vorkommt (denken wir zum Beispiel an Paulus und Gamaliel), ist das „Sitzen zu Füßen des Lehrers" ein Begriff, mit dem gesagt werden soll, dass man selbst ein *Schüler* ist, der die Weisheit eines Lehrers in sich aufsaugt und von ihr lernt. In jener sehr praktisch orientierten Welt tat man so etwas nicht nur, um sich über bestimmte Dinge zu informieren und sich dann darüber zu freuen, sondern weil man selbst ein Lehrer, ein Rabbi, werden wollte.

Wie so vieles andere in den Evangelien ist auch diese Geschichte kryptisch, jedenfalls in Bezug auf unser Thema, allerdings zweifle ich keinen Augenblick daran, dass ein Leser des ersten Jahrhunderts den entscheidenden Punkt verstanden hätte. Zweifellos stellt das wenigstens einen Teil der Antwort auf die Frage dar, warum wir in den ersten Gemeinden so viele Frauen in leitenden und verantwortungsvollen Positionen finden. Früher dachte ich, Römer 16 sei das langweiligste Kapitel des Briefes; wenn ich jedoch heute die Namen studiere und über sie nachdenke, bin ich immer wieder überrascht darüber, auf welch eindrückliche Weise die Lehren von Jesus und Paulus in die Praxis umgesetzt worden sind.

Lassen Sie mich noch eine Bemerkung zur Apostelgeschichte machen und eine Erkenntnis weitergeben, die ich wie so viele von Professor Kenneth E. Bailey übernommen habe, der lange Jahre im Nahen Osten gearbeitet hat. Es ist auffallend, dass bei der Kreuzigung die Frauen diejenigen sind, die kommen und gehen konnten, ohne Angst vor den Autoritäten haben zu müssen. Sie wurden offensichtlich nicht als Bedrohung verstanden und dachten selbst auch nicht daran, dass man sie so verstehen könnte. Bailey weist darauf hin, dass sich dieses Muster bis in die heutige Zeit im Nahen Osten wiederholt. So waren es auf dem Höhepunkt des Bürgerkriegs im Libanon die Frauen, die hingehen konnten, wohin sie wollten. Sie gingen einkaufen und bewegten sich mit ihren Kindern ungehindert im Freien, während sich die Männer der verschiedenen Bürgerkriegsparteien entweder bekämpften oder voreinander verstecken mussten und sich insgesamt nur sehr vorsichtig bewegten. Vor diesem Hintergrund ist es faszinierend, dass wir in der Apostelgeschichte ein anderes Bild finden: Nachdem mit dem Tod des Stephanus die Verfolgung einsetzte, waren die Frauen davon genauso betroffen wie die Männer. Saulus von Tarsus war unterwegs nach Damaskus, um Männer und Frauen gleichermaßen gefangen zu nehmen und ins Gefängnis zu werfen. Auf dem Hintergrund seiner kulturellen Parallelen macht Bailey darauf aufmerksam, dass so etwas nur dann Sinn macht, wenn auch die Frauen als leitende Persönlichkeiten betrachtet worden sind, als einflussreiche Figuren innerhalb der Gemeinschaft.

Wie kann man die herausfordernden Abschnitte im 1. Korintherbrief entschlüsseln?

Enorm viel Arbeit ist in den letzten Jahren in die Erforschung des sozialen und kulturellen Kontextes des 1. Korintherbriefes investiert worden. Ich kann jedem, der sich dafür interessiert, was Paulus *wirklich* gemeint hat, nur empfehlen, diese Arbeiten eingehend zu studieren. Es gibt so vieles im alltäglichen Leben des ersten Jahrhunderts, das ein erhellendes Licht auf die Themen wirft, mit denen sich Paulus beschäftigt. Damit sollten wir uns eingehend auseinandersetzen.

„Die Frauen sollen schweigen"

Ich möchte mich gleich auf einen der beiden Abschnitte stürzen, die uns so viele Schwierigkeiten bereiten – jene Verse am Ende des 14. Kapitels des 1. Korintherbriefes, in denen Paulus darauf besteht, dass die Frauen in der Gemeinde schweigen sollen. Ich bin hin- und hergerissen, wenn es um die Frage geht, ob diese Verse nicht eine spätere und unpaulinische Interpolation sind. Einer der besten Textkritiker unserer Zeit, Gordon Fee, hat sich überzeugend in dieser Richtung geäußert, und das allein auf Grundlage der textlichen Überlieferung. Ich kann Ihnen nur empfehlen, sich seine Argumente näher anzuschauen und sich selbst ein Urteil zu bilden.

Allerdings hat mich persönlich eher die Erklärung angesprochen, die Ken Bailey liefert. Wir können davon ausgehen, so meint er, dass im Vorderen Orient Männer und Frauen im Gottesdienst in getrennten Blöcken saßen, so wie das heute immer noch in manchen Kreisen der Fall ist. Genauso wichtig ist, dass der Gottesdienst (etwa im Libanon, in Syrien oder in Ägypten) in einem formellen oder klassischen Arabisch gehalten wurde, das die Männer alle verstanden, die Frauen jedoch nur teilweise, weil Frauen in der Regel nur den lokalen Dialekt oder die Mundart sprachen. Das mag uns vielleicht nicht gefallen, jedoch lernt man in der wirklichen Gemeindearbeit – anders als im Elfenbeinturm der akademischen Theorien –, dass man eine Gemeinschaft nicht in einem großen Schritt von dem Ort, wo sie sich gerade noch befindet, dorthin bringen kann, wo man sie gerne haben möchte.

Irgendwann während des Gottesdienstes, besonders während der Predigt, fingen die Frauen an, sich zu langweilen und miteinander zu plaudern. So wie Bailey eine solche Gemeinde beschreibt, wird das Gemurmel auf der Frauenseite während des Gottesdienstes ständig lauter, so lange, bis der für den Gottesdienst Verantwortliche von vorne laut sagt: „Könnten die Frauen bitte still sein!“, worauf das Gemurmel für ein paar Minuten leiser wird. Nach einer Weile müssen die Frauen wieder ermahnt werden, leise zu sein, und dabei wird der Verantwortliche ihnen vorschlagen, doch lieber zu Hause ihre Männer zu fragen, wenn sie wissen wollten, was im Gottesdienst gesagt worden sei. Ich weiß, dass es auch noch andere Erklärungen für diesen Abschnitt gibt, und einige von ihnen halte ich auch für sehr plausibel. Die eben genannte ist jedoch eine, die ich schon seit Jahren für die überzeugendste halte, wenn es um den Kontext geht, in den hinein Paulus seine Worte gesprochen hat. Schließlich sind Ordnung und Anstand im Gottesdienst das zentrale Anliegen von 1. Korinther 14. Und hierzu würde diese Erklärung extrem gut passen.

Dieser Abschnitt spricht jedenfalls mit Sicherheit nicht davon, dass Frauen im öffentlichen Gottesdienst keine leitenden Positionen einnehmen durften, weil sie ja dazu hätten reden müssen. Diese Behauptung wird durch den anderen relevanten Abschnitt im 1. Korintherbrief widerlegt. In 1. Korinther 11,2-11 gibt Paulus nämlich Anweisungen, wie sich Frauen bei solchen Gelegenheiten anzuziehen haben, was offensichtlich überflüssig wäre, wenn Frauen in der Gemeinde die ganze Zeit über geschwiegen hätten. Das ist jedoch die einzige Sache, deren wir uns sicher sein können. Nahezu alles andere in diesem Abschnitt lässt sich meiner Meinung nach nur sehr schwer auslegen. Im Folgenden möchte ich Ihnen jedoch eine Erklärung anbieten, die ich in *Paul for Everyone: 1 Corinthians* gegeben habe. Man könnte sicher noch mehr dazu sagen, aber wahrscheinlich sollte es auch nicht weniger sein.

Die paulinischen Anweisungen zur Kopfbedeckung

Paulus hat in seinen Ausführungen natürlich nicht die sozialen Fragen unserer heutigen Zeit angesprochen. Wenn man eine andere Kultur besucht, entdeckt man selbst heutzutage, wie viele unterschwellige Annahmen, Zwänge und Beschränkungen eine Gesellschaft prägen. Bei manchen geht es durchaus darum, wie sich Menschen anzuziehen haben und welche Frisuren sie tragen dürfen. In der westlichen Kultur würde kein Mann in Badekleidung auf einen Gala-Abend gehen, ebenso wenig würde eine Frau in einem Brautkleid an einem Picknick am Strand teilnehmen. In den meisten westlichen Gemeinden werden Frauen nicht mehr dazu gezwungen, im Gottesdienst eine Kopfbedeckung zu tragen (und dabei geht es um westliche Kopfbedeckungen, nicht um das, worüber Paulus hier schreibt), allerdings finden wir es in der Regel nicht seltsam, wenn darauf bestanden wird, dass Männer im Gottesdienst *keine* Kopfbedeckung tragen dürfen.

Zur Zeit des Paulus (wie auch in mancher Hinsicht in unserer) wurde die Geschlechtszugehörigkeit durch Frisuren und Kleidung deutlich gemacht. Anhand von Statuen, Vasenmalereien und anderer Kunstwerke aus dieser Zeit können wir erkennen, wie so etwas praktisch ausgesehen hat. Es gab einen sozialen Druck, die entsprechenden Unterscheidungsmerkmale beizubehalten. Hat jedoch nicht sogar Paulus selbst gelehrt, „hier ist nicht Mann noch Frau; denn ihr seid allesamt einer in Christus Jesus“ (Galater 3,28)? Mag sein, dass das tatsächlich eine der Traditionen gewesen ist, in die er die korinthische Gemeinde eingeführt hat, deren Gottesdienstbesucher wissen sollten, dass Juden und Griechen, Sklaven und Freie, Männer und Frauen gleichermaßen im erneuerten Gottesvolk willkommen und gleichwertig sind. Vielleicht hat das gerade zu der Situation geführt, mit der er sich hier auseinandersetzt. Vielleicht hatten ihn einige Frauen in Korinth allzu wörtlich verstanden, sodass sie, wenn sie während der Gemeindeversammlungen laut weissagten oder beteten (was Paulus von ihnen auch regelmäßig erwartete; das hilft uns, wie wir gesehen haben, 1. Korinther 14,34-35 etwas besser zu verstehen), ihre übliche Kopfbedeckung ablegten, vielleicht sogar ihre Haare offen trugen, um zu zeigen, dass sie im Messias frei waren von den normalen sozialen Konventionen, mit denen sich Männer und Frauen voneinander unterschieden.

Das sind eine Menge *Vielleichts*. Über die sozialen Dynamiken in dieser Situation können wir nur spekulieren – Historiker können nie anders vorgehen. An dieser Stelle tappen wir allerdings vermutlich noch etwas mehr im Dunkeln, als das sonst der Fall ist. Die Korinther wird es vielleicht überrascht haben, dass Paulus die Frauen nicht zu ihrem neuen Ausdruck der Freiheit beglückwünscht hat. Stattdessen besteht er darauf, dass während des Gottesdienstes die Geschlechtsunterschiede gewahrt bleiben.

Eine andere Dimension des Problems besteht vielleicht darin, dass die einzigen Frauen im zeitgenössischen Korinth, die ohne Kopfbedeckung in der Öffentlichkeit auftraten, Prostituierte waren. Wir finden hier keine direkte Anspielung darauf, Paulus hatte es aber möglicherweise im Hinterkopf. Wenn die aufmerksam zuschauende Umwelt entdeckt hätte, dass während der Gottesdienste der Christen die Frauen ihre Haare offen trugen, hätte das denselben Effekt auf die Reputation der Gemeinde gehabt, wie es heute im modernen Westen der Fall wäre, wenn jemand in eine Kirche käme und die Frauen dort alle Bikinis trügen.

Die Schwierigkeit besteht natürlich darin, dass wir mit unseren Erklärungen Paulus möglicherweise etwas in den Mund legen, was (vielleicht) in unseren Augen Sinn macht, das aber ignoriert, was Paulus tatsächlich gesagt hat. Die Versuchung, das zu tun, ist groß, weil wir in unserer heutigen westlichen Welt die Implikationen fürchten, die mit einer Aufrechterhaltung der Unterscheidung nach 1. Korinther 11,3 verbunden wären. Danach ist der Messias das Haupt eines jeden Mannes, jeder Ehemann das Haupt seiner Frau, und das Haupt des Messias ist Gott. Das scheint den Mann in eine Position zu bringen, die genau der behaupteten Überlegenheit entspricht, gegen die die Frauen rebelliert haben, wobei sie nicht selten Galater 3,28 als Schlachtruf benutzt haben.

Doch was meint Paulus mit *Haupt*? Er gebraucht diesen Begriff an einigen Stellen metaphorisch, so zum Beispiel in 1. Korinther 11,3, und manchmal im wörtlichen Sinne, zum Beispiel da, wo er darüber spricht, was mit echten menschlichen Köpfen zu geschehen habe (vgl. die Verse 4-7 und 10). Das Wort kann jedoch verschiedene Bedeutungen annehmen, und sehr viel spricht dafür, dass er es in Vers 3 nicht im Hinblick auf Herrschaft, sondern im Sinne von „Quelle" gebraucht. In der Tat verweist er in den Schlüsselversen, in denen er seine Ansicht erläutert (Verse 8, 9 und 12a), explizit auf die Schöpfungsgeschichte in Genesis 2, nach der die Frau aus der Seite des

Mannes geschaffen worden ist. Ich vermute, dass hier tatsächlich ein anderer Gebrauch des Begriffes Haupt vorliegt als in Epheser 5, wo er sich auf Eheleute bezieht und etwas anderes unterstrichen werden soll. Das bedeutet jedoch nicht, dass Paulus eine von beiden Stellen nicht geschrieben haben kann, sondern nur, dass er manchmal etwas freier mit Metaphern umgeht, als wir vermuten, um sie an den jeweiligen Kontext anzupassen.

Der grundlegende Gedanke scheint hier darin zu bestehen, dass es für die Anbetung wichtig ist, dass Männer und Frauen ihr wahres geschaffenes Selbst sind, dass sie Gott ehren, indem sie sind, was sie sind, und nicht das Bild verwischen, indem sie so tun, als seien sie etwas anderes. Einer der unausgesprochenen Schlüssel für diesen Abschnitt könnte in der paulinischen Annahme bestehen, dass die Schöpfung in der Anbetung wiederhergestellt wird, oder vielleicht darin, dass wir in der Anbetung die endgültige Wiederherstellung antizipieren (15,27-28). Gott schuf die Menschen als Mann und Frau und gab ihnen Macht über das, was auf Erden ist, wie es Jesus Sirach 17,3-4 ausdrückt, wobei er Genesis 1,26-28 zusammenfasst und auf Psalm 8,4-8 anspielt (Jesus Sirach wurde um 200 v. Chr. verfasst). Wenn die Menschen diese Macht über die Welt wiedererlangen sollen, wird das geschehen, indem sie den wahren Gott ehren, in seinem Namen beten und weissagen und zu seinem Ebenbild erneuert werden. Es wird geschehen, indem sie werden, wozu sie geschaffen wurden, indem sie die Geschlechter feiern, die Gott ihnen gegeben hat.

Wenn es das ist, was Paulus meint, dann besteht sein entscheidender Gedanke darin, dass ein Mann sein Haupt entehrt, wenn er es während der Anbetung bedeckt, und eine Frau ihres entehrt, wenn sie es *nicht* bedeckt. Er begründet das hauptsächlich auf der Grundlage, dass die Schöpfung selbst dahingehend tendiert, dass Männer kürzere Haare haben und Frauen längere (1. Korinther 11,5-6.13-15). Die Tatsache, dass einige Kulturen und einige Menschen in dieser Hinsicht auffällige Ausnahmen von der Regel darstellen, hätte ihn vermutlich nicht bekümmert. Seine Hauptaussage besteht darin, dass die Männer während der Anbetung der Kleider- und Frisurenordnung folgen sollen, die sie als Männer kennzeichnet, und die Frauen den Ordnungen, die sie als Frauen auszeichnen.

Aber warum sagt er dann, „die Frau soll eine Macht auf dem Haupt haben um der Engel willen“ (Verse 10)? Das ist einer der rätselhaftesten Verse in einem rätselhaften Abschnitt; ein wenig Hilfe bieten uns jedoch die Schriftrollen vom Toten Meer. Darin wird angenommen, dass die Engel dabei sind, wenn sich Gottes Volk zum Gottesdienst trifft (was auch viele Liturgien und Theologen immer noch bestätigen). Für die Autoren der Schriftrollen bedeutet das, dass die Engel, die heilig sind, durch nichts in der Versammlung beleidigt werden sollten, das unheilig erscheint. Paulus teilt die Annahme, dass die Engel zusammen mit den Menschen anbeten, zieht aber vielleicht einen anderen Schluss daraus.

Wenn die Menschen im Messias erneuert und von den Toten auferweckt werden, werden sie Autorität über die Engel bekommen (6,3). In der Anbetung antizipiert die Gemeinde, wie es in dieser neuen Zeit sein wird. Wenn eine Frau betet oder weissagt (vielleicht in der Sprache der Engel, wie in 13,1 erwähnt), muss sie wahrhaftig das sein, was sie ist, denn die Welt, inklusive der Engel, wird Männern und Frauen gleichermaßen in ihrer Interdependenz als Gottes ebenbildliche Geschöpfe untertan werden. Gottes Schöpfung braucht Menschen, die durch und durch, herrlich und wahrhaftig Menschen sind, was bedeutet, dass sie durch und durch, wahrhaftig männlich und weiblich sind. Das und natürlich noch vieles mehr soll im Gottesdienst durchscheinen.

Die Korinther haben also wahrscheinlich aus der Tradition, die Paulus ihnen beigebracht hat, zunächst die falschen Schlussfolgerungen gezogen. Paulus aber zielt darauf ab, dass das, was die Unterschiede zwischen den Geschlechtern markiert, in der Anbetung nicht beiseitegeschoben werden soll.

Dies erscheint mir bei diesem zugegebenermaßen schwierigen Abschnitt als die einleuchtendste Auslegung.

Wir haben es heute mit anderen Themen zu tun, aber wir wollen immer noch sicherstellen, dass unser Gottesdienst entsprechend geordnet ist, Gottes Schöpfung ehrt und ihre Erfüllung in der neuen Schöpfung antizipiert. An dieser Stelle gibt es kein „Vielleicht". Wenn wir das auf die Frage des Dienstes von Frauen in der Gemeinde anwenden, dann bedeutet das meiner Ansicht nach, dass wir mit Sicherheit die Gleichheit in der Rollenverteilung betonen sollten, aber gleichzeitig sehr vorsichtig sein müssen, damit keine Identität zu implizieren. Dieser Abschnitt unterstützt wenigstens in meinen Augen sehr stark diejenigen, die im Dienst der Frau einen signifikant anderen Dienst sehen als in dem der Männer und deshalb darauf bestehen, dass wir beide Geschlechter in ihrer jeweiligen Identität brauchen, anstatt dass beide jeweils der Klon des anderen werden.

All das bringt uns zu dem letzten und schwierigsten Abschnitt von allen, zu 1. Timotheus 2.

Wie kann man die herausfordernden Abschnitte im 1. Timotheus-Brief entschlüsseln?

> Das ist es, was ich möchte: Die Männer sollen an allen Orten beten, die heiligen Hände erhoben, ohne Zorn und Streit. Auf dieselbe Weise sollen sich auch die Frauen anständig kleiden und dabei bescheiden und vernünftig sein. Sie sollen nicht mit aufwendigen Frisuren oder mit Gold, Perlen oder in teurer Kleidung herumlaufen. Stattdessen sollen sie sich mit guten Werken schmücken, wie es sich für Frauen gehört, die behaupten, gottesfürchtig zu sein. Sie sollen ungestört lernen, in voller Unterordnung Gott gegenüber. Ich sage nicht, dass Frauen Männer unterweisen oder versuchen sollen, ihnen etwas vorzuschreiben; sondern dass sie in Ruhe gelassen werden

> sollen. Seht ihr, Adam wurde zuerst geschaffen und dann Eva; und Adam ist nicht versucht worden, sondern die Frau ist versucht worden und hat eine Übertretung begangen. Trotzdem wird sie durch den Prozess des Kinderbekommens bewahrt bleiben, wenn sie mit Besonnenheit in Glauben, Liebe und Heiligkeit fortfährt. (1. Timotheus 2,8-15; Übersetzung nach N. T. Wright)

Für heute möchte ich die Frage, wer den 1. Timotheusbrief geschrieben hat, völlig außer Acht lassen. Dieses Schreiben unterscheidet sich zwar in verschiedener Hinsicht sehr von den anderen Paulusbriefen, sogar von den anderen beiden Pastoralbriefen und vom 2. Thessalonicherbrief. Das ist für mich jedoch noch kein Grund, es für unpaulinisch zu halten; viele von uns schreiben in verschiedenen Stilen, um sich den jeweiligen Gegebenheiten und Lesern anzupassen, und obwohl damit noch nicht alle Probleme geklärt sind, sollten wir sie doch im Kontext betrachten. Worum es eigentlich geht, worum es eigentlich in der großen Mehrheit der Debatten geht, ist natürlich die Frage, was dieser Abschnitt aussagt. Ich übertreibe vermutlich nicht, wenn ich sage, dass es meist dieser Abschnitt ist, der so etwas wie den Notanker für diejenigen darstellt, die sich dagegen aussprechen, Frauen in der Gemeinde zu ordinieren und ihnen die volle Verantwortung für die Predigt, die Einsetzung des Abendmahls und die Leitung innerhalb einer Gemeinde oder sogar Diözese zu übertragen.

Wieder einmal ist die Angelegenheit komplex und umstritten, ich habe auch nicht mehr als einen Bruchteil der unüberschaubaren Literatur gelesen, die zu diesem Abschnitt produziert worden ist. Ich kann hier also nur meine Meinung äußern, nicht mehr und nicht weniger. Und wieder einmal schöpfe ich hier aus meinem populärwissenschaftlichen Kommentar zu diesem Abschnitt (*Paul for Everyone: The Pastoral Epistels*). Dieser Kommentar baut auf meiner Übersetzung des Abschnittes auf, die dort auch erläutert wird, wobei in diesem Zusammenhang die unterschiedlichen Bedeutungen angesprochen werden, die Worte haben können. Manche drücken nämlich etwas signifikant anderes aus, als wir gemeinhin vermuten.

Frauen, die Männer unterweisen

Wenn manche sagen, die Bibel überliefere patriarchalische Vorstellungen und Haltungen, dann wird als häufigstes Beispiel dafür dieser Abschnitt angeführt, und dabei besonders auf Vers 12 verwiesen. Frauen ist das Lehren nicht gestattet, scheint der Vers zu sagen; sie dürfen keine Autorität über Männer ausüben; sie sollen still sein. So wird es zumindest in vielen Übersetzungen wiedergegeben. Das ist der Hauptabschnitt, der zitiert wird, wenn jemand unterstreichen möchte, dass das Neue Testament die Frauenordination verbietet. Als ich irgendwann einmal diese Verse in einem Gottesdienst vorgelesen habe, ist eine Frau im vorderen Bereich der Kirche geradezu vor Ärger explodiert, was wiederum den Rest der Gemeinde ziemlich verärgert hat (obwohl einige ihrer Meinung gewesen sind). Der ganze Abschnitt scheint auszusagen, dass Frauen in jeder Hinsicht Bürger zweiter Klasse sind. Sie sind die Töchter Evas, und Eva war diejenige, die schon ganz am Anfang Schwierigkeiten gemacht hat. Das Beste, was Frauen also tun können, ist, Kinder zu bekommen, sich ordentlich zu benehmen und den Mund zu halten.

Nun ja, ungefähr so ist dieser Abschnitt von den meisten Menschen in unserem Kulturkreis bis vor Kurzem verstanden worden. Ich gebe zu, dass sich die sehr andere Lesart, die ich hier vorschlage, auf den ersten Blick so anhört, als wollte ich mich um die eigentlichen Probleme herumdrücken und Paulus so zurechtstutzen, dass er in unsere Kultur passt. Hinter dem, was ich sage, steht jedoch eine gute, solide Forschungsarbeit und deshalb bin ich wirklich davon überzeugt, dass das die richtige Auslegung sein könnte.

Wenn man sich Comicstrips, B-Movies, Groschenromane

und -gedichte anschaut, bekommt man eine Ahnung von den Standardvorstellungen, was das Verhalten von Männern und Frauen angeht: Männer sind Machos, großspurige, arrogante Schlägertypen, die immer kämpfen und ihren Willen durchsetzen wollen. Frauen sind alberne Geschöpfe mit wenig Hirn, die an nichts anderes denken können als an Kleidung und Schmuck. Von beidem gibt es auch christliche Versionen: Männer halten die Dinge am Laufen, sind immer vorne dabei, sagen allen, was sie zu tun haben; Frauen sollen zu Hause bleiben und die Kinder erziehen. Wenn Sie nach einer biblischen Begründung für diese Vorstellungen suchen, nun ja, wie wäre es denn mit Genesis 3? Adam hätte niemals gesündigt, wenn Eva nicht zuerst eingeknickt wäre. Eva hat ihre Strafe bekommen, und die besteht darin, dass das Kinderbekommen Schmerzen bereitet (Genesis 3,16).

Man muss sich nicht mit jedem Aspekt der Frauenbewegung anfreunden, um mit einer solchen Interpretation Probleme zu bekommen. Uns stößt nicht nur die Art und Weise auf, wie hier mit der Hälfte der Menschheit umgegangen wird, sondern es passt auch nicht zu dem, was wir im Rest des Neuen Testamentes erkennen, in den Abschnitten nämlich, die wir bereits betrachtet haben.

Der Schlüssel zu unserem Text besteht nun in folgender Erkenntnis: Hier wird angeordnet, dass auch Frauen erlaubt werden muss, zu studieren und zu lernen und dass man sie davon nicht zurückhalten soll (Vers 11). Sie sollen sich „vollkommen unterordnen“. Das wird oft so verstanden, als sollten sie sich „den Männern“ oder „ihren Ehemännern“ unterordnen – genauso gut kann es aber auch auf eine Lernhaltung bezogen sein, die sich Gott oder dem Evangelium unterordnet – was natürlich ebenso für die Männer gelten würde. In diesem Fall würde der entscheidende Vers 12 nicht als: „Einer Frau gestatte ich nicht, dass sie lehre, auch nicht, dass sie über den Mann Herr sei“, zu lesen sein – eben jene Übersetzung, die uns in den letzten Jahren so viel Kopfschmerzen bereitet hat. Er kann genauso gut Folgendes aussagen (und im Kontext macht das viel mehr Sinn): „Ich will damit nicht sagen, dass ich in der gleichen Weise, wie vorher Männer über die Frauen geherrscht haben, nun Frauen als neue Autorität über Männer einsetze." Warum hat sich Paulus genötigt gesehen, das zu betonen?

Einige Anzeichen in dem Brief sprechen dafür, dass er versandt wurde, während Timotheus in Ephesus war. Und wir wissen über das religiöse Leben in Ephesus, dass die Hauptreligion dieser Stadt – der größte Tempel, das berühmteste Heiligtum – ein rein weiblicher Kult war. Der Tempel der Artemis (das ist ihr griechischer Name, bei den Römern hieß sie Diana) war ein gewaltiges Gebäude, das die Gegend dominierte. Und wie es sich für die Verehrer einer Göttin gehörte, bestand auch die Priesterschaft nur aus Frauen. Sie hatten das Sagen und verwiesen die Männer auf ihre Plätze.

Und nun schrieb also jemand einen Brief an eine kleine, neue religiöse Bewegung in Ephesus und teilte ihren Anhängern mit, aufgrund des Evangeliums von Jesus müsste das alte Rollendenken in Bezug auf Männer und Frauen von Grund auf überdacht werden. Er schrieb, dass einer der Aspekte darin bestünde, Frauen zum Studieren, Lernen und Leiten zu ermutigen. Gleichzeitig jedoch musste er gut darauf achten, dass kein falscher Eindruck entstand. Denn die Leute hätten sich fragen können, ob der Apostel Paulus die Frauen deshalb ausgebildet wissen will, damit das Christentum nach und nach wie der Kult der Artemis werden würde, wo die Frauen in der Leitung waren und die Männer hintanstanden. Diesen Bedenken, so scheint es mir, widerspricht Paulus mit Vers 12. Das Wort, das ich mit „ihnen etwas vorschreiben" übersetzt habe, ist ungewöhnlich, hat aber den Unterton von „herumkommandieren" oder „die Kontrolle übernehmen". Wie Jesus (siehe Lukas 10) sagt auch Paulus, dass die Frauen Raum und Gelegenheit haben sollen, um auf ihre Weise zu studieren und zu lernen – aber nicht, damit sie sich hereindrängen und die Leitung übernehmen so wie beim Kult der Artemis, sondern so, dass Männer und Frauen gleichermaßen die unterschiedlichen Gaben der Lehre, des Lernens und der Leitung, die Gott ihnen gegeben hat, entwickeln können.

Worum geht es nun in den anderen Versen dieses Abschnitts? Vers 8 ist eindeutig: Die Männer sollen sich dem hingegebenen Gebet widmen und dürfen nicht den normalen Stereotypen männlichen Verhaltens folgen, indem sie Ärger oder Streit heraufbeschwören. Die Verse 9 und 10 übertragen das dann auf die Frauen: Auch sie sollen von ihren Stereotypen befreit werden, also sich nicht die ganze Zeit um Frisuren, Schmuck und schicke Kleidung kümmern – aber nicht, damit sie nachlässig gekleidete, unauffällige, graue Mäuse werden, sondern damit sie einen kreativen Beitrag für ihre Umwelt leisten können. Der Begriff „gute Werke" in Vers 10 klingt in unseren Ohren erst einmal nichtssagend. Damit wird allerdings einer der Begriffe gebraucht, die man normalerweise benutzte, wenn es jemand als seine soziale Verpflichtung empfand, hilfsbedürftigen Menschen mit Zeit und Geld zu helfen oder ein Wohltäter zu werden, der die Bildungs- und Kunsteinrichtungen seiner Stadt unterstützte.

Warum beendet Paulus seine Argumentation mit dem Hinweis auf Adam und Eva? Erinnern wir uns daran, dass seine Hauptstoßrichtung darin bestand, darauf zu insistieren, dass es auch Frauen erlaubt werden müsse, als Christinnen zu lernen und zu studieren, und dass sie nicht zu einem Zustand des Analphabetismus, der ungebildeten Langeweile und Plagerei verdammt werden dürften. Die Geschichte von Adam und Eva unterstreicht diesen Punkt sehr gut: Schaut euch an, was passiert ist, als Eva versucht wurde. Deshalb müssen Frauen genauso lernen dürfen wie die Männer. Adam hat ganz bewusst gesündigt. Er hat *gewusst*, was er tat und dass es falsch war, aber er hat trotzdem weitergemacht. Das Alte Testament ist in Bezug auf ein solches Verhalten sehr klar und strikt.

Und was ist mit der Stelle, die sich auf das Gebären bezieht? Paulus sieht es nicht als Bestrafung an. Obwohl das Kinderkriegen in der Tat schwierig, schmerzhaft und gefährlich ist und sicher den herausforderndsten Augenblick im Leben einer Frau darstellt, versichert Paulus, dass es kein Fluch ist, den man als ein Zeichen von Gottes Missfallen verstehen sollte. Gott hat allen Menschen die Erlösung versprochen, Frauen wie Männern, wenn sie Jesus im Glauben, in Liebe, Heiligung und Besonnenheit nachfolgen. Die Erlösung wurde denen verheißen, die durch das Gebären von Kindern zu Gottes Schöpfung beitragen, genauso, wie sie allen anderen auch verheißen wurde. Gott weiß, dass es hart genug ist, eine Mutter zu werden, selbst wenn man nicht so tut, als sei das etwas Böses. Lassen wir also nicht länger zu, dass wir die Menschen durch falsche Interpretationen des Textes verwirren. Lassen Sie uns lieber diesen Text so lesen, wie er meiner Meinung nach gemeint war – als einen Text, der Gottes Gemeinde aufbauen möchte, also sowohl die Frauen wie die Männer, die Männer wie die Frauen. Und genauso, wie Paulus Anstrengungen unternommen hat, um das auf eine bestimmte Situation hin anzuwenden, so müssen auch wir sorgfältig darüber nachdenken und beten, wohin uns unsere eigenen Kulturen, Vorurteile und Ressentiments führen, und sicherstellen, dass wir uns nicht den Stereotypen anpassen, die die Welt uns anbietet, sondern der heilenden, befreienden und menschlich machenden Botschaft des Evangeliums von Jesus.

Es ist höchste Zeit, das alles zusammenzufassen. Ich habe wohl genug gesagt, damit Sie verstehen, worauf meiner Meinung nach die Hinweise deuten. Ich glaube, dass wir die relevanten Abschnitte des Neuen Testaments ernsthaft falsch verstanden haben, und das nicht zuletzt aufgrund eines langen Prozesses von Annahmen, Traditionen und allen möglichen nachbiblischen und nebenbiblischen Haltungen, die sich ins Christentum eingeschlichen haben. Genauso wie wir unsere traditionellen Vorstellungen vom Leben nach dem Tod meiner Ansicht nach radikal verändern müssen, weg von den mittelalterlichen

Gedanken zurück zu den biblischen, so müssen wir auch unsere traditionellen Vorstellungen in Bezug auf Männer und Frauen verändern, sowohl davon, was Männer und Frauen sind und wie sie miteinander in der Gemeinde umgehen sollten, als auch in der Tat darüber, was die Bibel zu diesem Thema sagt. Ich frage mich manchmal, ob diejenigen, die eine radikale Herausforderung für das Christentum darstellen, nicht vor allem deshalb darauf hinweisen, dass die Bibel bestimmte Dinge über Frauen sagt, weil sie aufzeigen wollen, dass das Christentum insgesamt abgeschafft werden sollte. Natürlich gibt es eine Menge Christen, die Außenstehenden Anlass zu solchen Bemerkungen geben. Doch vielleicht haben wir in unserer Generation die Gelegenheit zu einem großen Schritt zurück in die richtige Richtung.

5. Jesus kommt wieder – pflanze einen Baum!

Wie überall ist es auch in diesem Kapitel meine Intention, den biblischen Texten die größtmögliche Aufmerksamkeit zu widmen, sowohl in Bezug auf die Details als auch auf die großen Linien, damit die biblischen Autoren ihre Themen entfalten können, anstatt dass wir ihnen ein Gedankenschema aufpressen, das ihnen nicht gerecht werden würde. Diese Aufgabe wird noch dadurch erschwert, dass in verschiedenen Teilen der Gemeinde unterschiedliche Traditionen der Denkmuster, des Gebets, der Spiritualität und der Ethik gepflegt werden. Auch hier ist es wieder mein Ziel, die Schrift in einen Dialog mit den Traditionen zu bringen – wozu auch die Traditionen gehören, die sich selbst für biblisch halten – und sie zu kritisieren, wenn sie nicht im vollen Einklang mit der Schrift stehen. Ich bin der Ansicht, dass der breite Strom der westlichen Theologie in seinem Umgang mit dieser machtvollen Themenkombination, mit Eschatologie und Ökologie, aus Quellen außerhalb der Bibel geschöpft hat, und das nicht nur lange vor der Reformation, sondern auch nach dem sechzehnten Jahrhundert sowohl im römischen Katholizismus als auch in den verschiedenen Zweigen des Protestantismus.

Im nizänischen Glaubensbekenntnis bekennen wir, dass Jesus Christus „wiederkommen wird in Herrlichkeit, zu richten die Lebenden und die Toten; seiner Herrschaft wird kein Ende sein“. Allerdings hat weder der Mainstream der katholischen Theologie noch der Mainstream des Protestantismus entfaltet, was wir damit genau aussagen wollen, und so haben wir ein Vakuum geschaffen, das mit allen möglichen Versionen des Dualismus gefüllt wird. Das westliche Christentum hat im Besonderen einem Dualismus Tür und Tor geöffnet, demzufolge die letztliche Bestimmung des Gottesvolkes im Himmel liegt, einem Ort, der mit der Erde nichts zu tun hat. Somit wird das Ziel des Christentums als Ganzem und das Ziel von Bekehrung, Rechtfertigung, Heiligung und Rettung darin gesehen, diese Erde hinter sich zu lassen und zu einem Ort namens Himmel heimzukehren.

Diese Vorstellung ist in weiten Teilen der gemeindlichen Predigten, Liturgien und des Liedgutes so vorherrschend, dass viele Menschen schockiert sein werden, wenn man ihnen eröffnet, dass die ersten Christen die Dinge schlichtweg nicht so gesehen haben. Für die ersten Christen begann mit der Auferstehung Jesu bereits die neue Schöpfung Gottes, begann sich also das Gebet zu erfüllen, das Jesus seinen Jüngern beigebracht hatte, nämlich dass Gottes Reich kommen würde „wie im Himmel, so auf Erden" (Matthäus 6,10), womit der „neue Himmel und die neue Erde" (Jesaja 65,17; 66,22; 2. Petrus 3,13; Offenbarung 21,1) antizipiert werden, die von Jesaja und erneut im Neuen Testament verheißen wurden. Aus diesem Blickwinkel betrachtet, ist der Himmel zwar wichtig, aber nicht das Ende der Welt – wie ich an verschiedenen Stellen gesagt habe (obwohl diese Formulierung ursprünglich nicht von mir stammt). Die ersten Christen waren an dem, was mit Menschen unmittelbar nach ihrem Tod passiert, nicht sehr interessiert, jedenfalls nicht so sehr wie unsere Umwelt an dieser Frage interessiert ist. Sie waren stattdessen extrem an einem Thema interessiert, das viele westliche Christen in den letzten paar Jahrhunderten nahezu vergessen haben, nämlich an der vollendeten neuen Schöpfung, in der der neue Himmel und die neue Erde zusammenkommen, und an der Auferstehung des Leibes, mit der die neuen Menschen geschaffen und in dieser Welt leben werden.

Die Frage, was man über die letztgültige Zukunft denkt, hat zweifellos direkte Konsequenzen für die Frage, worin die Aufgabe der gegenwärtigen Gemeinde besteht. Um es pointiert zu sagen, vielleicht sogar zu karikieren: Wenn man die gegenwärtige Welt aus Raum, Zeit und Materie für eine durch und durch schlechte Sache hält, dann besteht die Aufgabe der Gemeinde darin, aus dieser Welt zu entfliehen und so viele wie möglich mitzunehmen. Wenn wir uns auf diesen Pfad begeben, dann werden wir sehr wahrscheinlich in irgendeiner Variante des Gnostizismus enden, denn ein Gnostiker hat keinerlei Interesse daran, das Los der Menschen in der Gegenwart zu verbessern, geschweige denn den Zustand des physischen Universums. Warum sollte man heute ein Haus neu tapezieren, wenn es morgen sowieso abgerissen wird?

Am entgegengesetzten Ende des Spektrums gibt es einige Theologen, die von der Gegenwart und dem Wirken Gottes in der gegenwärtigen Welt so beeindruckt sind, dass sie annehmen, Gott wolle einfach so weitermachen wie bisher, die Welt also immer weiterverbessern, bis sie schließlich der vollkommene Ort wird, den er sich vorstellt. Aus diesem Blickwinkel betrachtet besteht die Aufgabe der Christen darin, sich für soziale und kulturelle Verbesserungsprogramme einzusetzen, wozu auch der Umweltschutz gehört, sodass Gottes Reich auf Erden in einer Art evolutionärem Prozess aufgerichtet wird, wie es Teilhard de Chardin gesehen hat. Oder man hofft, dass harte menschliche Arbeit in der gegenwärtigen Welt zu den Resultaten führt, die Gott sich letztlich wünscht.

Wie ich bereits gesagt habe, sind das etwas überzogene Darstellungen von zwei Positionen, die aber hier und da tatsächlich so existieren. Diejenigen, die dem einen oder anderen Extrem zuneigen, werden das in der Regel dadurch begründen, dass sie auf den Aberwitz der jeweils anderen Position hinweisen. Es überrascht Sie vermutlich nicht, wenn ich sage, dass ich keine der beiden Extrempositionen vertrete. Ich möchte auch nicht einfach nur den Mittelweg gehen, sondern eher den überlegenen Weg einer biblischen Eschatologie, die eine solche Art von Entweder-oder-Denken in jeder Hinsicht transzendiert.

Doch bevor ich mich an diese Aufgabe mache, würde ich die Problemstellung gerne ein wenig beleuchten. Das Thema, mit dem ich mich hier beschäftige, ist mir zum ersten Mal während eines Wochenendseminars in Thunder Bay, Ontario (Kanada), begegnet – ich glaube, das war im Jahr 1982 oder 1983. Damals arbeitete ich in Montreal und wurde gebeten, einen Vortrag über Jesus in seinem historischen Kontext zu halten, also ein Thema, über das ich schon viele Vorträge gehalten hatte, deren Inhalte ich schließlich in dem Buch *Jesus und der Sieg Gottes* veröffentlicht habe. Doch zu meiner großen Überraschung haben sich die Zuhörer seinerzeit nicht in erster Linie für die Auslegung der Gleichnisse, das Kreuz oder die Inkarnation interessiert, sondern vor allem für ökologische Fragen: Ein paar Leute in der Gemeinde hatten behauptet, es mache keinen Sinn, sich Sorgen um Bäume, sauren Regen, Flüsse, Seen und Wasserverschmutzung zu machen oder den Klimawandel und seine Auswirkungen auf Saat und Ernte, weil Jesus wiederkommt und die gegenwärtige Welt sowieso bei der großen Schlacht von Harmageddon zerstört werden wird. Es mache also nicht nur keinen Sinn, sich um den Zustand des Ökosystems zu kümmern, es wäre vielmehr sogar „ungeistlich“, so etwas zu tun – eine Form der Weltlichkeit, die uns von der eigentlichen Aufgabe des Evangeliums ablenke, die eben darin bestehe, Seelen für eine rein geistliche Ewigkeit zu erlösen und zuzubereiten. Ich weiß heute nicht mehr, welche Art von Antworten ich auf diese Fragen gegeben habe, aber die Fragen selbst habe ich seitdem nicht mehr vergessen.

Wo sollen wir also anfangen, wenn wir die vielschichtige und tiefe Eschatologie des Neuen Testaments erklären wollen, die uns hilft, die christliche Verantwortung für die gegenwärtige Welt zu verstehen? Wir beginnen mit einem Text, der aus allen anderen heraussticht. Einem Kapitel, das wie eine Burg über den meisten anderen thront und ohne das ich mich in meiner Weltsicht ziemlich verloren fühlen würde: beim 8. Kapitel des Römerbriefes.

Das 8. Kapitel des Römerbriefes

Römer 8 ist ein so vielschichtiger und dichter Text, so voller Trost und Herausforderungen, dass man sich leicht in ihm verlieren kann, indem man den Wald vor lauter Bäumen nicht mehr erkennt und in manchen Fällen einzelne Bäume schon für den Wald hält. Ich beginne zunächst mit dem Schlüsseltext, den Versen 18-27. Dann zoome ich etwas heraus und erweitere das Blickfeld, sodass wir die größere Perspektive sehen können, innerhalb derer diese Verse den Höhepunkt darstellen.

> Folgendermaßen ist es meiner Überzeugung nach: Die Leiden, durch die wir in der Gegenwart hindurchgehen, sind es nicht wert, in die Waagschale geworfen zu werden, wenn man sie mit der Herrlichkeit vergleicht, die für uns enthüllt werden wird. Ja: Die Schöpfung selbst ist voller Vorfreude, sie kann den Augenblick kaum noch abwarten, an dem die Kinder Gottes offenbar werden. Die Schöpfung, versteht ihr, wurde zielloser Sinnlosigkeit unterworfen, nicht aufgrund ihrer eigenen Willensentscheidung, sondern wegen des Einen, der sie in diese Unterwerfung verwiesen hat, in der Hoffnung, dass die Schöpfung selbst davon befreit würde, Sklave der Vergänglichkeit zu sein, um die Freiheit zu genießen, die kommt, wenn die Kinder Gottes verherrlicht werden. Lasst mich das erklären: Wir wissen, dass die ganze Schöpfung insgesamt stöhnt und insgesamt durch Geburtswehen hindurchgeht, bis zum gegenwärtigen Zeitpunkt. Aber nicht nur das, auch wir, die wir die Erstlingsfrüchte des Lebens des Geistes in uns haben, stöhnen innerlich, während wir sehnsüchtig auf unsere Adoption warten, die Erlösung unseres Leibes. Wir sind gerettet, versteht ihr, auf Hoffnung. Aber Hoffnung ist keine Hoffnung, wenn man sie sehen kann! Wer hofft auf etwas, das er sehen kann? Doch wenn wir auf etwas hoffen,

> das wir nicht sehen, warten wir sehnsüchtig darauf – aber ebenso auch geduldig. Auf dieselbe Weise kommt auch der Geist an unsere Seite und hilft uns in unserer Schwachheit. Wir wissen nicht, was wir beten sollen, um so zu beten, wie wir es sollten; doch derselbe Geist bittet an unserer Stelle mit einem Stöhnen, das zu tief gehend ist für Worte. Und der, der die Herzen erforscht, weiß, was der Geist denkt, weil der Geist für Gottes Leute bittet, wie Gott es will. (Römer 8,18-27; Übersetzung von N. T. Wright)

Wie ich bereits gesagt habe, ist das der bisherige Höhepunkt des Briefes, und schon das ist vermutlich umstritten. Als ein Mensch, der sein Leben lang den Römerbrief und die Kommentare zu ihm studiert hat, bin ich beeindruckt – und auch frustriert! – darüber, wie sehr die Kraft der Tradition diese Verse im Endeffekt marginalisiert hat. Folgt man einfach nur dem paulinischen Argumentationsgang, stehen die Verse 18-27 ganz klar in der Nähe dessen, was man unter rhetorischen Gesichtspunkten als den Höhepunkt dieses zentralen Abschnittes von Paulus' längstem und kompliziertesten Brief verstehen muss. Und trotzdem sehen Prediger, Kommentatoren und Theologen der westlichen Tradition, und zwar sowohl Katholiken als auch Protestanten, in diesem Abschnitt immer wieder lediglich so etwas wie eine Abschweifung. Wie es scheint, wissen wir bereits, dass es im Römerbrief grundlegend darum geht, wie Individuen gerettet werden, also wie sie schließlich ihren Weg in den Himmel finden, indem sie nämlich durch Glauben gerechtfertigt werden und vom Geist zu einem heiligen Leben angeleitet werden. Unsere Augen springen also über die schwierigen Formulierungen in den Versen 19-23, dem Kernstück dieses Abschnittes, hinweg und hüpfen vom Aufruf zu einem heiligen Leben in den Versen 13-17 sofort zu der Gewissheit der Errettung in den Versen 28-30, genießen dann den einzigartigen Schlussakkord in 31-39 und vergessen diese seltsamen Zeilen in der Mitte. Doch es ist hier wie überall: Wenn wir so etwas mit Paulus anstellen, dann verlieren wir etwas absolut Essenzielles, in diesem Fall etwas, was unsere gesamte Weltsicht infrage stellt.

Gottes gute Schöpfung

Paulus redet über die Herrlichkeit, die, so sagt er, „für uns" offenbart wird (Vers 18). Was er damit meint, wird sofort erklärt, wie es seine Art ist, und zwar im nächsten Vers, der wiederum in den beiden darauf folgenden Versen entfaltet wird. Die ganze Schöpfung, der gesamte Kosmos, kann es kaum noch abwarten, dass die Kinder Gottes offenbar werden. Herrlichkeit ist nicht einfach nur so etwas wie ein Leuchten, so als bestünde das Ziel des Heils darin, schließlich so zu leuchten wie eine elektrische Glühbirne. *Herrlichkeit* bedeutet unter anderem Herrschaft, Macht und Autorität. Wie andere Autoren (besonders der Johannes, der die Offenbarung verfasst hat) klarstellen, erlöst Gott seine Leute nicht, damit sie schlichtweg einen ewig langen, entspannten Urlaub genießen, sondern weil sie dazu bestimmt sind, Gottes Haushalter zu sein, indem sie durch Heilung und wiederherstellende Gerechtigkeit und Liebe über die ganze Schöpfung herrschen. Die Verse 20 und 21 machen das deutlich. Die ganze Schöpfung ist durch Gottes Willen der Vergänglichkeit und dem Verfall unterworfen, und zwar auf zweierlei Weise – als moralischer und physischer Verfall. Wir stellen uns das Universum aus Raum, Zeit und Materie oft als etwas vor, das von vornherein vergänglich ist, doch Paulus besteht darauf, dass das nicht die ursprüngliche Intention des Schöpfers war. Wie immer, wenn er sich mit der letztgültigen Zukunft beschäftigt, geht er wieder zurück zu Genesis 1, 2 und 3, sodass seine Eschatologie in einer festen Überzeugung von der Schöpfung als Gottes gutem Werkstück verwurzelt ist.

Dann, in Vers 21, kommt das großartige Statement über die letztgültige Zukunft: Die Schöpfung selbst wird von der Sklaverei befreit werden, die aus der Vergänglichkeit besteht. Diese Freiheit wird kommen, wenn Gottes Kinder verherrlicht werden. Viele Übersetzungen verschleiern das, indem sie eine allgemeine Freiheit implizieren und eine Herrlichkeit, die gleichermaßen von den Erlösten und der Schöpfung geteilt wird. Das ist jedoch nicht das, was Paulus schreibt, und mit Sicherheit nicht das, was er meint. In den Versen 18 und 19 möchte er z. B. Folgendes sagen: Wenn Gottes Leute endlich gerettet werden – was, wie wir gleich sehen werden, bedeutet, dass wir Auferstehungsleiber bekommen – werden sie eine „Herrlichkeit" erhalten, die ihnen die souveräne Herrschaft als Gottes ebenbildliche Kinder (vgl. Vers 29) über die ganze Schöpfung ermöglicht. Dann endlich wird Gottes Projekt da angekommen sein, wo es schon ganz am Anfang hätte sein sollen, als Gott die Menschheit in sein Ebenbild erschaffen hat, um fruchtbar zu sein und sich um den Garten Eden zu kümmern. Wenn die Menschen wieder in Ordnung gebracht werden, wird die Schöpfung wieder in Ordnung gebracht werden. Das ist der grundlegende Punkt, die herrliche, große Linie der paulinischen Soteriologie.

An dieser Stelle sei eine kurze Reflexion im Dialog mit der westlichen Tradition gestattet: Paulus kritisiert seine jüdischen Zeitgenossen, weil sie nicht gesehen haben, dass Gott sie überhaupt nur deswegen berufen hat, damit er durch sie die ganze Menschheit erlösen kann. Mit ihrer Vorstellung, dass ihre Berufung unwiderruflich war, lagen sie richtig, allerdings dachten sie falsch, weil sie glaubten, es ginge nur um sie. Dasselbe scheint auf der nächsten Ebene passiert zu sein, nämlich im Hauptstrom dessen, wie Christen Paulus lesen. Wir liegen richtig, goldrichtig damit, wenn wir denken, dass Paulus sich sehr für die Erlösung von Menschen mit allem, was dazu gehört, interessiert: den Sühnetod Jesu, die Rechtfertigung aus Gnade durch Glauben und so weiter. Doch wir dachten fälschlicherweise, es ginge Paulus ausschließlich um die Erlösung von Menschen – mit dem Ziel, sie aus der Welt herauszuholen, aus der gesamten geschaffenen Ordnung heraus. Doch so wie Israel innerhalb Gottes grundlegender Absichten einen Bezug zur ganzen Menschheit hatte, so haben auch die Menschen einen Bezug zur gesamten geschaffenen Ordnung. So ist es seit Genesis 1 und 2 gewesen, und diesen Zustand wird Gott dem Apostel Paulus zufolge auch wiederherstellen.

Aus diesem Grund heraus beschreibt Paulus in dem nachfolgenden Abschnitt in konzentrischen Kreisen das „Stöhnen“: Die Welt stöhnt in Wehen wie eine Frau, die unter Geburtsschmerzen auf ihr Kind wartet; die Gemeinde stöhnt mit unaussprechlichem Seufzen und sehnt sich nach der Auferstehung des Leibes; und – das ist bei Weitem das bemerkenswerteste von allem – der Geist stöhnt in uns auf eine Weise, die so tief geht, dass sie sich nicht mit Worten ausdrücken lässt. Wie ich anderswo geschrieben habe, ist das keine nebensächliche Bemerkung über das Gebet und das Wirken des Geistes. Ganz zentral ist der Gedanke, dass wir keine fernstehenden oder schwächlichen Bittsteller sind, wenn wir beten. Wir fangen vielmehr an, uns unserer Verantwortung als Gottes ebenbildliche Menschen zu stellen, indem wir teilhaben an Gottes Herrschaft über die Schöpfung. Weil wir jedoch in unserem nichtauferstandenen Zustand schwach und verdorben sind, ist das Ausüben dieser Herrlichkeit immer geheimnisvoll und manchmal sogar schmerzhaft, wenn wir uns mit unserem Gebet mitten ins Zentrum des Schmerzes der Welt begeben. Und dennoch entdecken wir dort, dass Gottes Geist in uns stöhnt und uns „vertritt mit unaussprechlichem Seufzen“.

Das ist ein entscheidender Teil unserer gegenwärtigen Berufung und für unser Thema sehr wichtig. Wir sollen in der Gegenwart Verantwortung für Gottes stöhnende Schöpfung übernehmen. Diese Verantwortung wird teilweise aufs Gebet fokussiert sein, selbst dann, wenn wir unsere tiefsten Sorgen nicht in Worte fassen können. Diese Verantwortung ruht auf einer Analyse von Gottes Welt, der ganzen Schöpfung (der „grausamen Natur“, wie wir sie nennen). Wir sollen die geschaffene Ordnung nicht als ein Produkt des Zufalls betrachten, noch das in ihr herrschende gegenwärtige Durcheinander als etwas sehen, was irgendwie ihr eigener Fehler ist, sondern sie als eine ursprünglich gute Schöpfung verstehen, die jetzt grundlegend verdorben ist, aber auf ihre Erlösung wartet. Mit Raum, Zeit und Materie ist nichts falsch; falsch aber ist das, was mit dieser guten Schöpfung passiert ist. Sie ist versklavt, und was ein Sklave braucht, ist Befreiung.

Erlösung aufgrund von Gottes Gerechtigkeit

Die Assoziation mit einem Sklaven, der befreit wird, liefert uns einen Schlüssel, mit dem wir das größere Bild entschlüsseln können. Jenes Bild nämlich, das Paulus in den Kapiteln davor entfaltet hat und das den Hintergrund darstellen sollte, wenn wir über eine christliche Perspektive in Bezug auf die gesamte geschaffene Ordnung in der Zukunft und der Gegenwart nachdenken. Wie die meisten Juden durch die Geschichte hindurch hatte Paulus – weitaus mehr, als wir es jemals könnten – die Geschichte im Blick, nicht nur die der Schöpfung, sondern auch die des Exodus, der Zeit also, in der der Schöpfergott in Ägypten herabfuhr, um sein Volk aus der Sklaverei zu befreien und es durch die Wüste nach Hause ins Gelobte Land zu führen. Persönlich und höchstselbst brachte er das Volk in den Besitz des Erbteils, das ihm zustand. Zwei der Schlüsseltexte für dieses göttliche Wirken sind zum einen der über den Durchzug durch das Schilfmeer, der beschreibt, wie die Menschen durch das Wasser hindurch aus der Sklaverei in die Freiheit gebracht wurden. Zum anderen ist es der Text über die Ankunft am Berg Sinai, wo das Volk das Gesetz empfing. All das geschah als Erfüllung der Verheißungen, die Gott Abraham vor langer Zeit gegeben hatte (Genesis 15). Mit ihm und seiner Familie hatte er einen Bund geschlossen, der Abraham auf den Glauben verpflichtet hatte, dass Gott tatsächlich der Schöpfer und Lebensspender war, der eine, der die Toten zum Leben erweckt und das Nicht-Seiende ins Dasein ruft.

Dieser Aspekt von Gottes Charakter, seine die Verheißungen wahrmachende Bundestreue, durch die er seine Welt in Ordnung bringen wird, kann in einem einzigen Ausdruck zusammengefasst werden: *Gottes Gerechtigkeit.* Und wenn wir uns, ausgehend von den Formulierungen in Römer 8,18-27, Schritt für Schritt zurückarbeiten, erkennen wir mit einem Mal, dass damit die ganze Thematik des Römerbriefes beschrieben ist. Im Römerbrief geht es nicht nur um mich, meine Sünde und meine Errettung, obwohl es mit Sicherheit auch darum geht, und das sogar an zentraler Stelle. Trotzdem geht es im Römerbrief vor allem darum, auf welche Weise der Schöpfergott den Bund hält, den er mit Abraham geschlossen hat, nämlich dadurch, indem er für einen Exodus sorgt, der alle anderen Exodusse in den Schatten stellt.

Schauen Sie genau hin, wie detailliert das im Römerbrief ausgearbeitet wird – und erkennen Sie, was für einen mächtigen Nachdruck das auf die gottgegebene, menschliche Verantwortung für die Schöpfung legt. Nachdem er sein Hauptthema von Gottes Gerechtigkeit in den Kapiteln 1–3 angekündigt und entfaltet hat – das wäre ein Thema für eine andere Gelegenheit! –, erdet Paulus das Ganze in Römer 4, indem er die Verheißungen Gottes an Abraham erklärt und ebenso den Glauben, durch den Abraham diese Verheißungen ergriffen hat. Während er diese Verheißungen zusammenfasst, verkündet Paulus – all das ist umso bemerkenswerter, wenn man bedenkt, dass diese Verheißungen normalerweise in Bezug auf das Heilige Land, das Land Israel verstanden wurden –, dass Gottes Verheißung an Abraham in der Zusage bestanden habe, dass er die *Welt* erben würde. Zusammen mit einigen anderen jüdischen Denkern seiner Zeit schaut Paulus über den zeitlichen und begrenzten Horizont einer territorial beschränkten Verheißung hinaus auf Gottes letztliche Intention (wie das zum Beispiel auch schon Psalm 72 und Teile des

Buches Jesaja getan haben). Die ganze Welt, verkündet er, ist jetzt Gottes heiliges Land.

Das bereitet den Boden für die Geschichte vom großartigen, endgültigen Exodus – dem Exodus der Menschheit und mit ihr der ganzen Schöpfung. Paulus beginnt in Römer 5 mit Adam, mit seinen Nachkommen, die Sklaven der Sünde sind. Dann, im sechsten Kapitel, beschreibt er, wie sie durch das Wasser hindurch von der Sklaverei in die Freiheit ziehen, durch die Taufe auf den Tod und die Auferstehung Christi. Das bringt sie natürlich zum Berg Sinai und dem Empfang des Gesetzes, nur jetzt wird deutlich, dass das Gesetz, obwohl es Gottes heiliges und gerechtes Gesetz ist, sie verdammen muss. Wie Israel in der Wüste wären sie durch ihren Ungehorsam dazu verdammt, verloren zu gehen, gäbe es da nicht dieses erneute Gnadenhandeln, durch das Gott sie rettet: Was das Gesetz nicht tun konnte, weil es durch das Fleisch geschwächt war, hat Gott in dem Tod Jesu Christi und der Kraft und Gegenwart des Geistes getan.

Römer 8 öffnet sich damit in drei Dimensionen. Paulus' Nachdruck auf der Einwohnung des Geistes in 8,1-11 korrespondiert direkt mit der Weise, in der Gott inmitten der Kinder Israels in einer Feuer- und Wolkensäule gewohnt hat, als sie durch die Wüste zogen. Wie in der jüdischen Theologie besteht das Resultat in der Wiedererrichtung der Stiftshütte oder des Tempels, was in den Formulierungen von Römer 8 nicht mehr und nicht weniger als die Auferstehung des Leibes bedeutet (8,9-11). Darüber gäbe es noch viel mehr zu sagen, aber nicht hier und jetzt.

Das verheißene Erbe und unsere gegenwärtige Verantwortung

Das führt uns zu dem entscheidenden Abschnitt, Römer 8,12-17. Hier spricht Paulus davon, dass die Christen vom „Geist getrieben" werden und so der Gelegenheit widerstehen, in Sklaverei und Furcht zurückzukehren (8,14-15) – genauso wie Israel in der Wüste, das über eine Rückkehr nach Ägypten nachdachte und stattdessen aufgefordert wurde, weiterzuziehen, geführt von der Gegenwart Gottes in seiner Mitte. Wiederum wie bei den Israeliten versichert Gottes Gegenwart den Christen, dass sie Gottes Kinder sind: „Israel ist mein erstgeborener Sohn", das große Schlagwort des Exodus, findet hier seine Antwort in: „Ihr habt einen kindlichen Geist empfangen, durch den wir rufen: Abba, lieber Vater!" (8,15). Folglich geschieht es, dass der Geist unserem Geist davon Zeugnis gibt, „dass wir Gottes Kinder sind. Sind wir aber Kinder, so sind wir auch Erben, nämlich Gottes Erben" (8,16-17), diejenigen, die das verheißene Erbe empfangen werden (vgl. Galater 4,1-7; Epheser 1,14).

Doch was ist das Erbe? Darauf hat die westliche christliche Tradition jahrhundertelang eine emphatische, wenn auch oft implizite Antwort gegeben: der Himmel. Der Himmel ist unsere Heimat, unser Erbe. Wir haben die Geschichte des Exodus auf diese Weise neu gelesen, dass das „Über den Jordan Gehen" wie in John Bunyans *Pilgerreise zur seligen Ewigkeit* den leiblichen Tod symbolisiert, durch den hindurch wir zum Himmel selbst gelangen, in das Land Kanaan, in das wir eigentlich gehören. Allerdings – und wie Sie merken werden, ist es das, worauf ich nun schon so lange hingearbeitet habe – allerdings *ist das überhaupt nicht das, was Paulus sagt.* Was er sagt, wäre völlig klar, wenn die gesamte westliche Tradition nicht so entschlossen wäre, am entscheidenden Punkt in eine andere Richtung zu schauen. Das Erbe ist nicht der Himmel. Es ist auch nicht Palästina, dieser kleine, geografische Streifen im Nahen Osten. Das Erbe ist die ganze erneuerte, wiederhergestellte Schöpfung. Ich sage es noch einmal: *Die ganze Welt ist jetzt Gottes heiliges Land.* Auf diese Weise macht die paulinische Nacherzählung des Exodus-Narrativs in jeder Hinsicht und vollkommen Sinn. Und das ist, wie ich meine, die Blaupause für eine völlig biblische, völlig christliche Sicht auf die Schöpfung und auf unsere Verantwortung ihr gegenüber.

Lassen Sie mich noch etwas anmerken, bevor ich mich meinem anderen großen Thema zuwende, der Wiederkunft Christi. Selbst nachdem ich Ihnen gezeigt habe, wie der Römerbrief zu lesen ist, werden einige vielleicht immer noch sagen: „Na ja, vielleicht wird Gott eines Tages wirklich die ganze geschaffene Ordnung erneuern. Das wird wunderbar sein und ich freue mich schon darauf, mit meinem Auferstehungsleib dabei zu sein. Aber momentan habe ich noch keinen Auferstehungsleib, was kann ich also tun, um der Schöpfung in ihrem augenblicklichen Zustand des Stöhnens zu helfen? Und ist es nicht ein wenig vermessen zu denken, dass ich überhaupt irgendetwas tun kann, wenn doch tatsächlich Gott am Ende alles selbst tun wird? Sollten wir bis dahin nicht einfach nur abwarten?" Zugegeben, das klingt in gewisser Weise logisch. Doch wie ich gleich noch zeigen werde, besteht der springende Punkt des christlichen Evangeliums darin, dass mit der Auferstehung Jesu und der Gabe des Geistes die Zukunft Gottes einen Schritt auf uns zu gemacht hat, um uns in der Gegenwart zu begegnen. Was Gott schlussendlich tun will, ist schon hereingebrochen in unsere Welt, so wie sie gerade ist. (Das ist in der Tat der wirklich dramatische Aspekt von Ostern: nicht, dass Gott an Jesus ein außergewöhnliches Wunder getan hat, sondern dass mit Jesus die neue Schöpfung schon begonnen hat und dass seine Nachfolger nicht nur dazu eingeladen sind, die Früchte davon zu genießen, sondern auch an dem neuen Projekt teilzuhaben, das damit in Gang gesetzt worden ist.) Wir sind nicht mehr in derselben Position wie die Juden des ersten Jahrhunderts, die auf das große eschatologische Ereignis gewartet haben. Wir befinden uns in der Position der ersten Christen, die die Tatsache feiern, dass dieses großartige Ereignis schon in der Auferstehung Jesu und der Ausgießung des Geistes geschehen ist. Wir sind unter denen, die sehnsüchtig auf den zweiten Teil schauen – wenn nämlich das, was an Ostern und Pfingsten angefangen hat, schließlich vollendet werden wird.

Mit Ostern und Pfingsten hat folglich die Erneuerung von

Gottes Schöpfung aus Raum, Zeit und Materie bereits begonnen. Einer der ersten Orte, wo die Erneuerung gesehen und erkannt werden kann, ist die christliche „Heiligkeit" oder „Heiligung". Diese besteht nicht darin, dass man Gesetze und Regeln befolgt, sondern darin, dass Christen Verantwortung für einen Teil der geschaffenen Ordnung, ihren eigenen Körper, übernehmen und alles daransetzen, eine Widerspiegelung des Ebenbildes Gottes zu werden, zu dem sie geschaffen wurden (siehe wieder 8,29). Doch nach dem Ebenbild Gottes geschaffen zu sein bedeutet nicht nur, sich selbst in Ordnung zu bringen, sondern dieses Ebenbild auch durch weise Haushalterschaft in die Schöpfung hineinzuspiegeln. Die Erneuerung des menschlichen Lebens, zu der wir nach Römer 8,12-17 berufen sind, verpflichtet uns zu einer christlichen Verantwortung für die Schöpfung, sowohl in der Gegenwart als auch in der Zukunft.

Betrachten wir es einmal so: Wenn jemand zu Ihnen käme und verkündete, er oder sie hätte Schwierigkeiten, Versuchungen zu widerstehen, und würde immer wieder schuldig werden – das spiele jedoch keine Rolle, weil Gott ihr oder ihm eines Tages ohnehin einen neuen, sündlosen Körper geben werde, warum also solle man nicht einfach nur darauf hoffen – dann würden Sie hoffentlich mit einer scharfen Prise inaugurierter Eschatologie reagieren: Gott, würden Sie antworten, hat dieses schlussendliche, letztgültige Werk der neuen Schöpfung *schon* begonnen. Durch Taufe und Glauben haben wir die alte Ordnung der Sünde und des Todes hinter uns gelassen, und durch Gottes Geist, der in uns wohnt, sind wir von Gottes Auferstehungskraft erfüllt. Diese wiederum ermöglicht es uns – auch in der Gegenwart! – der Sünde zu widerstehen und endlich als der Mensch zu leben, als den Gott uns geschaffen hat. Wir sollten also bereits in der Gegenwart schon danach streben, so zu leben, wie wir es auch in der Zukunft tun werden.

Wenden wir das nun auf den christlichen Umgang mit Gottes guter Schöpfung an. Eines Tages wird Gott die ganze geschaffene Ordnung erneuern. Römer 8 zufolge wird er das tun, indem er die Schöpfung seinen sein Ebenbild tragenden Geschöpfen anvertraut, so wie er das immer schon vorgehabt hat. Sie werden Gottes Herrlichkeit in seine Welt hineinspiegeln und Gottes rettende Gerechtigkeit ausüben, die Welt in Ordnung bringen und die Wüste wie eine Rose erblühen lassen. Und wenn wir schon in Christus sind, wenn schon der Geist in uns wohnt, können wir nicht einfach sagen, wir wollen warten, bis Gott am Ende alles selbst macht. Wir müssen Gottes Repräsentanten sein, die zumindest Zeichen dieser Erneuerung in die Gegenwart bringen. Das bedeutet, dass wir bereits in der Gegenwart berufen sind, auf alle nur erdenklichen Weisen dafür zu sorgen, dass die gegenwärtige, stöhnende Schöpfung wenigstens teilweise von ihren Fesseln befreit wird und ein wenig von der Freiheit erfährt, die anbricht, wenn die Kinder Gottes verherrlicht werden – und in Christus und durch den Geist sind wir das schon. Wenn wir nun in Abrede stellen würden, dass Christen sich ökologisch engagieren und die Welt, soweit es ihnen möglich ist, verbessern sollten – dann würden wir entweder verneinen, dass Gottes Schöpfung gut ist, oder die Kraft Gottes in der Auferstehung und dem Geist leugnen, wenn nicht sogar beides zugleich.

Die „Wiederkunft“

„Jesus kommt wieder“, lautet ein Slogan, also „pflanze einen Baum!“ Der Grund, warum dieser jedoch widersinnig, ja geradezu komisch klingt, liegt darin, dass viele ernsthafte Gläubige mit der Wiederkunft Christi den Zeitpunkt verbinden, an dem die uns bekannte Welt vergehen wird und Jesus seine Leute zu sich in den Himmel holt, wo sie für immer mit ihm leben werden. Wenn es aber das ist, was geschehen wird, warum sollte man dann noch einen Baum pflanzen? Warum sollte man die Räder eines Wagens noch einmal ölen, wenn er sowieso gleich über die Felskante stürzt?

Doch ist es wirklich das, worum es bei der Wiederkunft Christi geht? Wir werden gleich einen Blick auf den Schlüsseltext werfen, aus dem viele Christen eine solche Lehre herausgelesen haben, und ich werde zeigen, warum das ein tief greifendes Missverständnis ist. Zuerst möchte ich allerdings noch einen oder zwei Punkte von entscheidender Wichtigkeit im Neuen Testament skizzieren, die stark in die Richtung deuten, dass wir am Ziel vorbeischießen, wenn wir die Wiederkunft Christi in dieser Weise verstehen.

Ein paar Missverständnisse bezüglich der Wiederkunft Christi

In Epheser 1,10 verkündet Paulus, dass es Gottes ewiger Ratschluss gewesen ist, alle Dinge im Himmel und auf Erden in Christus zusammenzufassen. Kolosser 1,15-20 – eines der bemerkenswertesten christlichen Gedichte, die jemals geschrieben wurden – verkündet rundheraus, dass alle Dinge in, durch und für Christus geschaffen wurden, und dass alle Dinge in, durch und für Christus versöhnt werden. Weder der Epheser- noch der Kolosserbrief unterstützen also die Vorstellung, dass ein großer Teil der geschaffenen Ordnung dazu bestimmt ist, in die Mülltonne geworfen zu werden, während die erlösten Menschen für immer an einem anderen Ort leben, ob nun mit oder ohne Körper. Tatsächlich liefert uns Paulus gerade in Kolosser 3 einen Hinweis darauf, wie das, was gemeinhin die Wiederkunft Christi genannt wird, anders verstanden werden kann. Paulus schreibt dort: „Ihr seid gestorben, und euer Leben ist verborgen mit Christus in Gott. Wenn aber Christus, euer Leben, sich offenbaren wird, dann werdet ihr auch offenbar werden mit ihm in Herrlichkeit."

Lassen Sie uns einen Augenblick über das *Offenbarwerden* nachdenken. Wenn wir über die Wiederkunft Jesu sprechen, hört sich das immer so an, als ob er in der Gegenwart weit weg wäre; als ob er, um zu uns zu kommen, zunächst eine längere Reise hinter sich bringen müsste. Doch *offenbar werden* ist etwas anderes. Wie wir an vielen Stellen im Neuen Testament lesen können, ist Jesus nicht weit weg. Er ist im Himmel, *und der Himmel ist kein Ort über den Wolken, sondern Gottes Dimension von dem, was wir für die alltägliche Realität halten.* Das ist ein grundlegender Zug der biblischen Kosmologie, aber weil viele Christen das nicht verstehen, haben sie Probleme damit, das biblische Bild der Eschatologie nachzuvollziehen. Der entscheidende Punkt ist, dass Jesus in Gottes Dimension gegenwärtig ist, also im Himmel; der Himmel allerdings ist kein Ort in unserem Raum-Zeit-Kontinuum, sondern eine andere Sphäre der Wirklichkeit, die sich in unzähligen, wenn auch geheimnisvollen Weisen mit unserer Sphäre überschneidet und überlappt. Es ist so, als hinge ein großer, unsichtbarer Vorhang quer durch ein Zimmer, hinter dem ein Raum verborgen ist, der mit unserem integriert werden kann. Eines Tages wird der Vorhang zurückgezogen und die beiden Räume oder Sphären werden für immer miteinander verbunden werden. Dabei wird Jesus persönlich die zentrale Rolle einnehmen. Wenn man so will, könnte man an diesem Punkt sagen, dass er schon gekommen ist, nämlich in der Hinsicht, dass wir es zunächst nicht wahrgenommen haben, es jetzt aber wahrnehmen. Der Kolosserbrief spricht allerdings davon, dass er offenbar werden wird, und so steht es auch in 1. Johannes 3,2: „Wir wissen aber: wenn er offenbar wird, werden wir ihm gleich sein; denn wir werden ihn sehen, wie er ist."

Ich habe anderswo schon ausführlich über die „Menschensohn"-Worte in Markus 13 und 14 und deren synoptische Parallelen geschrieben und möchte hier nicht weiter darauf eingehen, aber so viel sagen: Das Bild vom Menschensohn, der „mit den Wolken des Himmels" kommt, von dem in diesen Texten die Rede ist, muss im Licht des biblischen Abschnittes gelesen werden, der dabei zitiert wird, nämlich im Licht von Daniel 7. Im 7. Kapitel des Buches Daniel steigt einer „wie eines Menschen Sohn" hinauf, nicht herab. Er gelangt zu Gott hinauf, nicht vom Himmel wieder zurück hinunter auf die

Erde. Gemeinsam mit einigen anderen Forschern habe ich deshalb dargelegt, dass es in diesen Texten nicht um die Wiederkunft Jesu geht, sondern eher um seine Rechtfertigung, seine „Rehabilitation" nach dem Leiden. Ich lasse diese Texte deshalb hier aus, nicht etwa, weil ich nicht an die Wiederkunft Christi glaube, sondern weil ich nicht glaube, dass es in diesen „Menschensohn"-Worten um sie geht.

Nichtsdestotrotz wird die Wiederkunft Christi an vielen verschiedenen Orten im Neuen Testament vorausgesetzt beziehungsweise behauptet. Allerdings wird sie nur gelegentlich mit dem Bild von der Erneuerung der ganzen Schöpfung in Römer 8 verbunden, mit der neuen Schöpfung, die aus dem Mutterschoß der alten hervorgeht. Dennoch gibt es einige Abschnitte, in denen so etwas versucht wird. In 1. Korinther 15 skizziert Paulus ein außergewöhnliches Bild des kommenden eschatologischen Szenarios, doch dieses Mal verwendet er nicht das Bild einer Mutter, die vor der Niederkunft steht, sondern das Bild einer großen Schlacht zwischen Gutem und Bösem, eine Schlacht, die Gott durch den Sieg Jesu Christi gewinnt. Der springende Punkt des ganzen Kapitels ist, dass Gott die ganze Schöpfung erneuern wird. Wieder einmal hat Paulus Genesis 1, 2 und 3 im Hinterkopf, und sein Schwerpunkt auf der leiblichen Auferstehung findet seinen Platz innerhalb des größeren Szenarios, in dem Gott die Mächte des Zerfalls und des Verderbens besiegt, wobei der letzte Feind der Tod selbst ist. Dieser Sieg wird der Augenblick von Jesu „königlichem Erscheinen" sein, was die Bedeutung des griechischen Wortes *parousia* ist, das heutzutage oft so gebraucht wird, als bedeute es schlichtweg „Wiederkunft" in der Weise, wie die Gemeinde jeweils diesen Ausdruck versteht. Im 1. Korintherbrief kommen hier also der endgültige Sieg und die Erneuerung zusammen, dazu die Auferstehung der Toten und das königliche Erscheinen Jesu.

Etwas Ähnliches könnte über Offenbarung 21 gesagt werden, obwohl es dort bemerkenswerterweise die Gemeinde ist, nicht Jesus, die vom Himmel herabkommt. In der Tat ist Offenbarung 21 zu Recht als unmissverständliche Zurückweisung jeglicher Form des Gnostizismus verstanden worden, als Ablehnung eines jeglichen Versuchs, die Erlösung zu einer Art Flucht von der Erde in den Himmel umzudeuten. Im Gegenteil, die Braut Christi hat die ganze Zeit schon im Himmel gewartet und erscheint nun auf Erden, um mit ihrem Bräutigam verheiratet zu werden. Wie in Römer 8 und in 1. Korinther 15 haben wir es also auch hier mit einer erstaunlichen Mischung aus Kontinuität und Diskontinuität zu tun. Auf der einen Seite ist die neue Schöpfung ganz und gar neu, bis hin zu der Behauptung, die alte Erde und der alte Himmel seien vergangen. Auf der anderen Seite gibt es aber auch eindeutig eine starke Kontinuität zwischen den beiden Welten, schließlich gehört es zu Gottes Aufgaben, in der neuen Welt alle Tränen abzuwischen. Das ist ein Geheimnis, dem wir uns später zuwenden werden.

Bevor ich mich dem umstrittensten Text zuwende, lassen Sie mich hier ein paar Worte über solche Abschnitte wie den im 1. Petrusbrief sagen, die davon sprechen, dass die Erlösung „im Himmel aufbewahrt wird". Hier geht es darum, dass der Himmel Gottes Raum ist, wo er seine Vorhaben „aufbewahrt", bis die Zeit dafür reif ist, sie auf die Bühne der Erde zu bringen. Wenn ich z. B. spät nach Hause komme und mir meine Frau einen Zettel hinlegt, auf dem steht: „Dein Abendessen ist im Ofen", dann erwartet sie ja auch nicht, dass ich in den Ofen krieche, um mein Abendessen zu mir zu nehmen. Es bedeutet, dass es fertig ist und wartet, und wenn es so weit ist, kann ich es herausholen und es auf die übliche Weise am Tisch essen.

Unser Problem besteht darin, dass wir ein fundamental falsches Verständnis des Begriffes *Reich Gottes* haben. Wir glauben, damit sei ein Ort gemeint, wohin Gottes Leute nach ihrem Tod gehen, verstehen darunter aber nicht die Herrschaft des Himmels, also dass Gott über die Erde regiert. Dies hat dazu geführt, dass über Jahrhunderte gedacht wurde, beim

Christentum ginge es schlichtweg darum, „nach dem Tod in den Himmel zu kommen“. Das wiederum bewirkte, dass die Gemeinde, oft gerade die sehr fromme Gemeinde, ohne es zu merken in einer Form des Semignostizismus verharrte, indem sie die gegenwärtige Welt als grundlegend schlecht betrachtete und das Ziel der Erlösung darin sah, aus der Welt zu entkommen. So ist es aber nicht: Der Jesus, der uns „dein Reich komme wie im Himmel, so auf Erden“ zu beten lehrte, hat auch verkündet, dass ihm alle Macht gegeben ist, im Himmel *wie auf Erden*. Außerdem zeigt der lukanische Bericht über die Himmelfahrt und das, was darauf folgte, sehr deutlich: Wenn es heißt, dass Jesus sich nun im Himmel befindet, geht es darum, dass er der inthronisierte Herrscher der Welt ist, und gerade nicht darum, dass er weit fort gegangen ist und dort einfach nur darauf wartet, dass wir ihm folgen.

Bevor wir uns nun endgültig dem umstrittensten Text zuwenden, möchte ich mich noch kurz zwei Bibelstellen widmen, die oft in diesem Zusammenhang angeführt werden. In Johannes 14 lesen wir, dass Jesus davon spricht, dass das Haus seines Vaters viele Wohnungen hat, die er für seine Nachfolger vorbereiten will. Das griechische Wort für „Wohnungen“ ist *monai*, der Plural von *monē*. Wenn man nun *monē* in einem griechischen Lexikon nachschlägt, wird man herausfinden, dass es sich hierbei nicht um „Wohnungen“ im Sinne eines „Zuhauses, in dem man für immer leben kann“ handelt, sondern eher um ein Gästehaus – einen Ort, an dem man für eine Weile ausruht, bis man so weit erfrischt ist, dass man die Reise fortsetzen kann. Das Evangelium nach Johannes betont nachdrücklich, dass die Auferstehung die letztgültige Bestimmung des Volkes Gottes ist. In Johannes 14 geht es Jesus offenbar darum, dass es zwischen Tod und Auferstehung einen Ort gibt, der für uns vorbereitet ist, einen Ort des Lichts, des Friedens und der Ruhe, an dem wir in der Gegenwart Jesu unsere Auferstehung am letzten Tag erwarten können.

Das ist es auch, was Paulus meint, wenn er in Philipper 1

davon spricht, „beim König zu sein, denn das wäre weitaus besser“. In gleicher Weise redet auch Jesus nicht über die Auferstehung der Toten am Ende der Zeiten, wenn er zu dem Räuber in Lukas 23 sagt: „Heute wirst du mit mir im Paradies sein.“ Schließlich ist selbst Jesus nicht sofort von den Toten auferstanden, sondern war wirklich und wahrhaftig tot und begraben und ist dann, drei Tage später, leiblich auferstanden. Wo war er in der Zwischenzeit? *Paradies* ist ein alter persischer Begriff, mit dem ein wunderschöner Garten bezeichnet wurde, verstanden als einen Ort, an den die Toten gehen, um dort gepflegt zu werden und sich auszuruhen, bis die Zeit der Auferstehung gekommen ist.

Das wundervolle Metaphern-Gemisch in 1. Thessalonicher 4

Nun also zu 1. Thessalonicher 4, einem Text, dessen wundervolles Metaphern-Gemisch Generationen von Christen wortwörtlich genommen haben. Wie sehr Paulus die Metaphern mischt, wird im darauffolgenden Kapitel deutlich, wo Paulus verkündet, dass der Dieb in der Nacht kommen wird, während die Frau von Geburtswehen ereilt wird, weshalb wir uns nicht betrinken sollen, sondern wach bleiben und unsere Rüstung anlegen müssen. Im 4. Kapitel hat er – die Situation, in die er hineinschreibt, ist offensichtlich die, dass einige aus der Gemeinde gestorben sind – fünf Dinge darüber zu sagen, was am Ende geschehen wird. Erstens, dass wir am jüngsten Tag mit denen zusammen sein werden, die im Herrn gestorben sind. Zweitens, dass die verstorbenen Christen zu einem neuen leiblichen Leben auferstehen und das christliche Leben transformiert werden wird – das ist im wesentlichen eine Wiederholung dessen, was er auch am Ende von 1. Korinther 15 schreibt. Drittens, so sagt er, wird das ein großartiger Moment der Anerkennung sein, besonders für diejenigen, die wegen ihres Glaubens leiden mussten. Viertens wird all dies geschehen, wenn Jesus als König und Herr der ganzen Welt offenbart werden wird, in ähnlicher Weise wie ein römischer Kaiser, aber noch viel großartiger. Wenn das geschieht, so wird fünftens das Wiedererscheinen Jesu so sein wie damals das Wiedererscheinen des Mose, als er vom Berg Sinai herabstieg, um über das Volk zu richten.

Stellen wir uns nun einmal vor, wir wären Paulus und damit sehr geübt darin, Metaphern zu vermischen. Nun wollten wir alle diese Dinge auf einmal sagen, und das auch noch innerhalb der biblischen Kosmologie, die Himmel und Erde mit Begriffen wie „oben" und „unten" verbindet – obwohl die Verfasser natürlich ganz genau wussten, dass der Himmel kein Ort in unserem Raum-Zeit-Gefüge ist, sondern eher eine ganz andere Art von Raum, der mit unserem Raum in einer komplexen und faszinierenden Weise verwoben ist. Wie würden wir diesen Effekt schaffen? Nun ja, man könnte versuchen zu sagen, dass Jesus auf dieselbe Weise aus dem Himmel erscheint, wie Mose damals vom wolkenverhangenen Berggipfel heruntergekommen ist, nachdem die göttliche Posaune erschollen war; man könnte versuchen, dieses Bild mit dem aus dem Buch Daniel zu verbinden, wo es heißt, dass der Menschensohn „mit den Wolken" kommt, also hinaufsteigt, um anerkannt zu werden; und man könnte im selben Atemzug versuchen anzudeuten, dass Jesu erneutes Erscheinen so sein wird, wie wenn der römische Kaiser in einen Ort oder eine Stadt „kommt" oder vielleicht nach einem großen Sieg nach Rom zurückkehrt, wo ihm die Bürger aus der Stadt heraus entgegenlaufen, um ihn dann hineinzueskortieren.

Und wenn man Paulus ist und alle diese Dinge auf einmal zu sagen versucht, dann könnte man sehr wohl einen Text wie diesen verfassen: „Er selbst, der Herr, wird, wenn der Befehl ertönt, wenn die Stimme des Erzengels und die Posaune Gottes erschallen, herabkommen vom Himmel, und zuerst werden die Toten, die in Christus gestorben sind, auferstehen. Danach werden wir, die wir leben und übrig bleiben, zugleich mit ihnen entrückt werden auf den Wolken in die Luft, dem Herrn entgegen; und so werden wir bei dem Herrn sein allezeit. So tröstet euch mit diesen Worten untereinander." Und Paulus hätte ebenso wenig geahnt, dass eine ganze theologische Schule versuchen könnte, diese unterschiedlichen Bilder zu einem einzigen, wörtlich zu verstehenden zu kombinieren, wie er damit gerechnet hätte, dass irgendjemand den Abschnitt über den Dieb, die schwangere Frau und den nüchternen Soldaten zu einem Bild kombinieren könnte.

Ich hoffe, Sie sehen, worauf ich hinauswill. Es geht nicht einfach nur darum, die scheinbar unverwüstliche „Entrückungstheologie" zu dekonstruieren, die besonders in Nordamerika sehr einflussreich ist, obwohl wir das auch tun müssen, wenn wir die Bibel ernst nehmen wollen. Wir müssen dabei vor allen Dingen ein Element in den Blick nehmen. Das Wort *parousia*, „königliches Erscheinen", wurde in der Regel gebraucht, um das „Kommen" oder „königliche Erscheinen" des römischen Kaisers zu beschreiben, etwa, wenn er eine Stadt besuchte oder nach Rom zurückkehrte. Bei einer solchen *parousia* gingen die führenden Bürger der Stadt hinaus, um ihn zu treffen. Der Fachausdruck für solch ein Treffen war *apantēsis*, dasselbe Wort, das Paulus hier für das „Treffen" „auf den Wolken in die Luft, dem Herrn entgegen" gebraucht. Wenn jedoch die Bürger die Stadt verließen, um dem Kaiser entgegenzugehen, dann sind sie nicht draußen vor den Toren geblieben. Sie haben dort kein Picknick im Grünen veranstaltet und sich dann von ihm verabschiedet. Sie sind hinausgegangen, um *ihren Herrn königlich in die Stadt zu eskortieren*. Mit anderen Worten, das paulinische Bild sollte nicht in die unbiblischen Vorstellungen von einer Wiederkunft Jesu gepresst werden, nach denen er „wiederkommt, um uns heimzuholen" – also hinabgleitet, seine Leute einsammelt und dann mit ihnen zurück in den Himmel eilt, nur weg von der bösen Welt. Wie die Offenbarung an verschiedenen Stellen deutlich macht, was auch in anderen neutestamentlichen Büchern seinen Widerhall findet, geht es darum, dass Jesus auf Erden regieren wird und dass seine Getreuen ihm bei seinem königlichen Erscheinen entgegenkommen werden. So wie die Jünger beim Einzug in Jerusalem, nun jedoch in einem einzigen Triumphzug, werden sie Jesus in eine Welt zurückeskortieren, die rechtmäßig ihm gehört und in die er hineinkommt, um seinen Anspruch geltend zu machen, über sie zu richten und sie mit seiner heilenden und weisen Herrschaft zu regieren.

„*When Christ shall come with shouts of acclamation, and take me home, what joy shall fill my heart*" – „Wenn Christus unter Jubelrufen kommen wird und mich nach Hause holt, welche Freude wird dann mein Herz erfüllen", singen wir in einem ganz bekannten Kirchenlied aus dem 19. Jahrhundert. Was wir eigentlich singen sollten, ist: „Wenn Christus unter Jubelrufen kommen wird *und diese Welt heilt*, welche Freude wird dann mein Herz erfüllen." Im Neuen Testament ist die Wiederkunft Christi nicht der Augenblick, an dem Jesus seine Leute zu sich holt, weg von der Erde, damit sie irgendwo anders ewig mit ihm leben können, sondern der Augenblick, an dem er zurückkehrt, um seine Herrschaft anzutreten – nicht nur im Himmel, sondern auch auf Erden. Schließlich verkündet der auferstandene Jesus in Matthäus 28: „Mir ist gegeben alle Gewalt im Himmel wie auf Erden", und legt damit die Basis für seinen Auftrag an seine Jünger.

Was ist aber nun mit der oft zitierten Zeile: „Mein Reich ist nicht von dieser Welt" (Johannes 18,36)? Nun ja, in erster Linie ist die Übersetzung irreführend. Im Griechischen heißt es *ek tou kosmou toutou*, wörtlich ist das mit „aus dieser Welt" zu übersetzen und nicht mit „von dieser Welt". Das Reich Jesu ist nicht *aus* dieser Welt, das heißt, es hat seinen Ursprung nicht in dieser gegenwärtigen Weltordnung; denn wenn das sein Ursprung wäre, so sagt es Jesus selbst im nächsten Satz, dann würden seine Anhänger Gewalt anwenden. Im Johannesevangelium wird jedoch überall betont, dass Jesu Reich gewissermaßen *für* diese Welt ist. Es kommt aus dem Himmel, hat aber die Erde als Ziel oder besser den neuen Himmel und die neue

Erde, von denen anderswo im Neuen Testament die Rede ist. Aus diesem Grund wäre Pilatus, wenn er Jesus gehen ließe, auch kein Freund des Kaisers, wie die jüdischen Anführer verkünden. Ich muss sagen, dass es geradezu eine Ironie ist, wenn die Menschen meines Landes vor rund hundert Jahren einerseits darauf bestanden haben, dass das Reich Jesu ein rein geistliches Reich ist, und sich dann die Freiheit herausnahmen, mit Gewalt ihre eigenen kleinen Reiche zu bauen, wie das auch andere in weniger weit zurückliegenden Zeiten getan haben. Doch das ist ein Thema, über das man ein andermal sprechen könnte.

Ich könnte noch viel mehr zur Wiederkunft Christi sagen, doch ich kann Sie nur auf meine kürzlich erschienenen Bücher verweisen, besonders auf *Die Auferstehung des Sohnes Gottes*, *Überrascht von Hoffnung* und das 11. Kapitel von *Paul and the Faithfulness of God*.

2. Petrus 3

Als Letztes wenden wir uns nun dem schwierigen kleinen Text in 2. Petrus 3 zu. Ich glaube nicht, dass wir uns absolut sicher sein können, wie dieser Abschnitt zu verstehen ist, wir können es jedoch versuchen. Ich orientiere mich dabei an dem, was ich auch schon in meinem großen Werk über die Auferstehung geschrieben habe (*Die Auferstehung des Sohnes Gottes*).

Der kritische Punkt, an dem das ganze Weltbild zu hängen scheint, ist Vers 10: „Es wird aber des Herrn Tag kommen wie ein Dieb; dann werden die Himmel zergehen mit großem Krachen; die Elemente aber werden vor Hitze schmelzen, und die Erde und die Werke, die darauf sind, werden ihr Urteil finden." Will der Autor damit sagen, dass die Schöpfung als Ganzes weggeworfen und durch eine andere, ganz neu gemachte ersetzt werden wird? Das wäre der Fall, wenn der Vers mit „werden verbrennen" enden würde, wie wir in der „Hoffnung für alle", der „Guten Nachricht" und der Schlachterbibel 2000 lesen können. Damit könnte eine dualistische Weltsicht gestützt werden, nach der die Schöpfung unrettbar böse ist, was eigentlich dadurch ausgeschlossen scheint, dass sie von Gott geschaffen wurde. Auch könnte dahinter eine stoische Weltsicht vermutet werden, nach der die gegenwärtige Welt im Feuer aufgelöst wird, um wiedergeboren zu werden wie ein Phönix, der aus der Asche steigt – was aber durch die Tatsache ausgeschlossen scheint, dass die zugrundeliegende Weltanschauung nicht wie die stoische von einer endlosen Kreisbewegung ausgeht, sondern von einer linearen Bewegung der Geschichte, die sich auf das Endgericht und die neue Schöpfung zubewegt, wie es das Judentum behauptet. Was ist also los mit diesem Text, und welchen Blick eröffnet er auf die zukünftige Welt und auf die Menschen in ihr?

Die Übersetzung „werden verbrennen" stützt sich auf eine Lesart, die sich in einigen wenigen Handschriften findet. Die meisten der glaubwürdigsten Handschriften haben *heurethesethai*, „werden gefunden werden". Bis vor Kurzen hat man das für ziemlich unsinnig gehalten (weswegen die Einheitsübersetzung eine Ergänzung vornimmt, die die Aussage ins Gegenteil verkehrt: „werden [nicht mehr] gefunden"). Allerdings haben neuere Kommentatoren darauf hingewiesen, dass in jüdischen Texten und anderswo im Neuen Testament „gefunden werden" im Sinne von „herausgefunden werden" im Zusammenhang mit dem Gericht gebraucht wird, auch bei Paulus und in den Evangelien. Daraus ergibt sich eine ganze Bandbreite von möglichen Bedeutungen, aus denen wiederum eine hervorsticht: der Verfasser möchte die Kontinuität in der Diskontinuität betonen – eine Kontinuität, in der die neue Welt und das neue Volk, das sie bewohnen wird, als geprüft, geläutert und gereinigt aus dem Schmelzofen des Leidens hervortreten. Wenn etwas in dieser Art plausibel ist, dann ist die Weltsicht, auf die wir hier treffen, keine dualistische, die darauf hofft, dass die Schöpfung vernichtet wird. Sie hält einerseits weiterhin daran fest, dass die Schöpfung gut ist, erkennt aber andererseits, dass die Sehnsucht des Schöpfers danach, das gegenwärtige Böse durch Gerechtigkeit und Güte zu ersetzen, nur mittels eines Feuerprozess gestillt werden kann, in dem das Gegenwärtige nicht vernichtet, sondern gereinigt wird. Auf diese Weise wird die tiefste Wahrheit der guten Schöpfung unter den sie überlagernden Schichten des Verfalls und der Bosheit „herausgefunden". Der zweite Petrusbrief wäre dann ein weiterer Zeuge für eine frühchristliche Eschatologie, die sich gar nicht so sehr von der paulinischen im 1. Korinther unterscheidet.

Ich wollte, ich hätte mehr Zeit, um das Thema der Schöpfung und Neuschöpfung sowohl im Neuen Testament als auch bei den apostolischen Vätern des zweiten Jahrhunderts weiter zu verfolgen. Es ist bemerkenswert, wie sehr die ersten Christen – genauso wie die Mainstream-Rabbis jener Zeit – an der Doppeldoktrin von Schöpfung und Gericht festgehalten haben: Gott hat die Welt gut geschaffen und eines Tages wird er kommen und sie wieder in Ordnung bringen. Wenn wir den Gedanken wegnehmen, dass die Schöpfung gut ist, bekommen wir ein Gericht, das darin besteht, die Welt in die Mülltonne zu werfen, während wir auf einer körperlosen Wolke sitzen und körperlose Harfen spielen. Wenn wir den Gerichtsgedanken wegnehmen, bekommen wir eine Welt, die ohne Hoffnung endlos so weitermacht wie bisher, es sei denn, man sieht die pantheistische Vorstellung endloser Kreisläufe als Hoffnung an. Wenn man allerdings Schöpfung und Gericht zusammen betrachtet, bekommt man einen neuen Himmel und eine neue Erde, die nicht *ex nihilo* geschaffen sind, sondern *ex vetere*, nicht aus dem Nichts, sondern aus dem Alten, dem schon Vorhandenen.

Und das Modell dafür bildet natürlich die Auferstehung Jesu, der seinen Körper nicht hinter sich im Grab ließ und einen neuen bekam, sondern dessen Körper, der tot und begraben war, nach drei Tagen zum Leben erweckt wurde und der anhand der Wunden, die die Nägel und der Speer hinterlassen hatten, erkannt werden konnte. In den Auferstehungsgeschichten gibt es eine ganze Welt eschatologischer Vorstellungen zu entdecken, nicht zuletzt bei Johannes, der darauf besteht, dass der Ostermorgen der erste Tag der Woche ist. Johannes ist so sehr in der Schöpfungstheologie verwurzelt, dass er genau weiß, was er tut. Ostern ist der Anfang von Gottes neuer Schöpfung. Wir müssen nicht mehr länger warten. Sie ist schon hereingebrochen. Und der ganze Schwerpunkt von Johannes 20 und 21 liegt auf dem Nachweis, dass diejenigen, die an Jesus glauben, nicht nur – in der Kraft des Heiligen Geistes – von der neuen Schöpfung profitieren, sondern auch zu ihren Agenten, ihren Vertretern werden.

Ich möchte mit einem außergewöhnlichen Vers schließen, nämlich mit 1. Korinther 15,58: „Darum, meine lieben Brüder, seid fest, unerschüttert und nehmt immer zu in dem Werk des Herrn, weil ihr wisst, dass eure Arbeit nicht vergeblich ist in dem Herrn." Nun, was soll diese Ermutigung am Ende eines Kapitels über die Auferstehung? Wenn wir aus dem üblichen westlichen Blickwinkel das Leben nach dem Tod betrachten, würde doch ein langes Kapitel über die Auferstehung eher folgendermaßen enden: „Darum, meine lieben Brüder, erhebt eure Häupter und wartet auf die wunderbare Hoffnung, die schließlich zu euch kommen wird." Doch für Paulus *bedeutet die Auferstehung, dass das, was wir in der Gegenwart tun, bis in Gottes Zukunft hinein Bedeutung haben wird*, wie er überall im 1. Korintherbrief klarmacht. Das gilt nicht nur für die Ethik – und da nicht allein für die Sexualethik, wie in 1. Korinther 6 –, sondern auch für alles andere. Die Auferstehung, Gottes Neuschöpfung seiner wunderbaren Welt, die mit der Auferstehung Jesu begonnen hat und auf geheimnisvolle Weise andauert, indem Gottes Volk durch die Kraft des auferstandenen Christus lebt – diese Auferstehung bedeutet, dass das, was wir in Christus und durch den Geist in der Gegenwart tun, nicht verloren geht. Es wird in Gottes neuer Welt bleiben und noch größer werden.

Ich habe keine Ahnung, wie man sich das genau vorzustellen hat. Ich weiß nicht, wie das Gemälde, das ein Künstler heute mit Gebet und Weisheit malt, einen Platz in Gottes neuer Welt finden soll. Ich weiß nicht, welche Musikinstrumente wir haben werden, um Bach zu spielen, obwohl ich mir sicher bin, dass Bachs Musik dort gespielt werden wird. Ich weiß nicht, in welcher Beziehung der Baum, den ich heute pflanze, zu den wunderbaren Bäumen stehen wird, die in Gottes neugeschaffener Welt sein werden. Ich weiß nicht, wie mein Einsatz, z. B. für Gerechtigkeit für arme Menschen oder für einen weltweiten Schuldenerlass, in der neuen Welt wieder erscheinen wird. Aber ich weiß, dass Gottes neue Welt der Gerechtigkeit und der Freude, der Hoffnung für die ganze Erde, ihren Anfang genommen hat, als Jesus am Ostermorgen aus dem Grab gekommen ist. Ich weiß, dass er mich und dich ruft, damit wir in ihm und durch die Kraft seines Geistes leben und so hier und jetzt zu Menschen der neuen Schöpfung werden, die Zeichen und Symbole des Reiches Gottes in die Welt hineinbringen. Die Auferstehung Jesu und die Gabe des Geistes drücken aus, dass wir dazu berufen sind, sogar im gegenwärtigen Zeitalter echte und wirkungsvolle Zeichen von Gottes erneuerter Schöpfung hervorzubringen. Wenn wir das *nicht* tun, dann würden wir eine ähnliche Haltung einnehmen wie diejenigen unter den Juden zur Zeit des Zweiten Tempels, die glaubten, passiv auf das Handeln Gottes warten zu müssen – aber Gott *hat* in Jesus gehandelt, um sein Reich auf Erden wie im Himmel anbrechen zu lassen. Im schlimmsten Fall ist das Nichthervorbringen von Werken und Zeichen der Erneuerung innerhalb von Gottes Schöpfung ein Kniefall vor den Kräften der Sünde und des Todes, wie das bei Gnostikern immer der Fall ist.

Das bedeutet nicht, dass wir dazu berufen sind, das Reich Gottes durch unsere eigene Anstrengung aufzurichten, und auch nicht, dass uns der Geist dabei nur eine Hilfe ist. Das letztgültige Reich wird, wenn es kommt, ein freies Geschenk Gottes sein, ein massiver Gnaden- und Neuschöpfungsakt. Wir sind freilich dazu berufen, *für* das Reich Gottes zu bauen. Wie die Handwerker, die an einer großen Kathedrale arbeiten, hat jeder von uns Anweisungen für einen bestimmten Stein bekommen, den wir unser Leben lang bearbeiten sollen, ohne dass wir erraten können, welchen Platz er schließlich im Gesamtwerk einnehmen wird. Aufgrund der Worte von Paulus und der Auferstehung Jesu, mit der die neue Schöpfung angefangen hat, können wir uns sicher sein, dass unsere Arbeit *nicht umsonst* ist. Das ist alles. Das ist das Mandat, das wir für jeden Akt der Gerechtigkeit und der Barmherzigkeit brauchen, für jedes ökologische Programm, jeden Versuch, Gottes weise Haushalterschaft in seine Schöpfung hinein zu reflektieren. In der neuen Schöpfung wird das uralte menschliche Mandat, sich um den Garten Eden zu kümmern, auf eindrückliche Weise bestätigt – das ist auch etwas, was ich Ihnen in Johannes 20 zeigen könnte, wenn wir mehr Zeit hätten. Die Auferstehung Jesu ist eine Bestätigung dafür, dass die Schöpfung gut ist. Und die Gabe des Geistes ist dazu da, uns ganz und gar zu den Menschen zu machen, die wir von Anfang an hätten sein sollen, damit wir das uns gegebene Mandat schließlich erfüllen können. Worauf warten wir noch? Jesus kommt wieder. Lasst uns also losziehen und Bäume pflanzen.

6. Der 11. September, Tsunamis und das neue Problem des Bösen

Im neuen Himmel und der neuen Erde wird es nach Offenbarung 21 kein Meer mehr geben. Viele Menschen sind darüber enttäuscht. Das Meer ist ein Ort immerwährender Freude, jedenfalls für diejenigen, die mit ihm nicht ihren Lebensunterhalt verdienen müssen. Warum ist das so? Das Meer ist doch ein Teil der ursprünglichen Schöpfung, über die Gott gesagt hat, sie sei „sehr gut". Schon die Geschichte von Noah und der Sintflut spricht allerdings von einer Bedrohung der Schöpfung, in der Noah und sein schwimmender Zoo durch Gottes Gnade gerettet werden. Aus der guten Schöpfung heraus kommen Mächte des Chaos, die dazu eingesetzt werden, um Gottes Gericht zu vollziehen. Wir treffen später auf Mose und die Israeliten, die von den Ägyptern verfolgt am Ufer des Meeres stehen bleiben und nicht mehr aus noch ein wissen. Gott verschafft ihnen einen Weg durch das Meer, er rettet sein Volk und richtet die Heidenwelt, genauso wie in der Geschichte von Noah, aber auf eine neue Weise. Und als zu späteren Zeiten Dichter auf diesen entscheidenden Augenblick in der Geschichte des Gottesvolkes zurückblickten, haben sie ihn mit Worten gefeiert, die an den alten Schöpfungsmythos erinnerten: Die Wasser sahen JHWH, bekamen Angst und zogen sich zurück.

Doch dann finden wir in einem Abschnitt, der das frühe Christentum ungemein beeinflusst hat – die Vision von Daniel 7, in der die Bestien, die Krieg gegen das Volk der Heiligen des Allerhöchsten führen, aus dem Meer steigen. Das Meer ist zu einem finsteren, Furcht einflößenden, bedrohlichen Ort geworden, aus dem das Böse herauskommt, das Gottes Volk so bedroht wie eine gigantische Flutwelle die Menschen, die an der Küste leben. Die Menschen des antiken Israel, die in der

Regel keine Seefahrer waren, sahen das Meer als einen Repräsentanten des Bösen und des Chaos an, der finsteren Mächte, die mit dem Gottesvolk das anstellen könnten, was die Sintflut mit der ganzen Welt gemacht hatte – es sei denn, Gott rettete sie, wie er einst Noah gerettet hatte. Dies alles bildet den biblischen Hintergrund für ein Nachdenken über das Erdbeben im Indischen Ozean und den daraus folgenden Tsunami am 26. Dezember 2004.

Vielleicht ist einer der Gründe für unsere Liebe zum Meer darin zu suchen, dass wir seine Kraft und unendliche Energie wie bei einem Horrorfilm aus einer sicheren Distanz beobachten können. Und wenn wir segeln gehen oder im Meer schwimmen, dann können wir seine Energie nutzen, ohne von ihr überwältigt zu werden. Ich vermute, dass es bereits eine Reihe von Doktorarbeiten gibt, die sich damit beschäftigen, was psychologisch in uns passiert, wenn wir das tun, ich habe allerdings keine davon gelesen. Wir erleben es jedoch, dass sich unsere Freude schnell in Entsetzen verwandelt, wenn – während wir am Ufer stehen und zusehen, wie die Wellen sanft ans Ufer plätschern – plötzlich ein Tsunami über uns hereinbricht. Es ist so, wie wenn sich unsere Spannung beim Ansehen eines Actionfilms plötzlich in blinde Panik wandelt, weil eine Bande von bis an die Zähne bewaffneten Schlägertypen unerwartet aus der Leinwand hervor in den Kinosaal stürmt und uns persönlich bedroht. Aus einer sicheren Distanz heraus betrachtet, können das Meer und der Film ein Weg sein, um uns zu vergewissern: Ja, das Böse mag vermutlich existieren, es kann sein, dass da draußen Chaos herrscht, aber Gott sei Dank sind wir davon nicht unmittelbar bedroht. Und vielleicht ist es auch ein Weg, um uns dahingehend zu vergewissern: Ja, das Böse mag auch *in uns* existieren, es kann sein, dass tief in uns Kräfte des Bösen und des Chaos schlummern, die wir nur am Rande wahrnehmen, aber wir haben die Kontrolle – der Deich wird halten, und die Polizisten werden die Verbrecher am Ende zur Strecke bringen.

In vielen Filmen der letzten ein, zwei Jahrzehnte sind die „Happy Endings" allerdings rarer geworden, was vielleicht etwas darüber aussagt, wie wir das Böse sowohl in uns als auch in der Welt betrachten. Wenn ein echter Tsunami innerhalb eines Tages eine Viertelmillion Menschenleben auslöscht, sind wir dazu gezwungen, alle vermeintlichen Gewissheiten in einem neuen Licht zu betrachten. Wir sind dazu gezwungen, das Problem des Bösen auf neuen Wegen zu erkunden und vielleicht sogar zu erkennen, dass es so etwas gibt wie das, was ich hier das „neue Problem des Bösen" nenne.

Was meine ich damit? Vor einer Reihe von Jahren verkündete Präsident George W. Bush, es gäbe da draußen eine „Achse des Bösen" und dass wir die bösen Menschen dort, wo sie sind, finden und aufhalten müssten, bevor sie noch mehr Unheil anrichten könnten. Tony Blair sagte 2002 sehr ehrgeizig, dass seine Regierung nicht mehr und nicht weniger anstrebe, als die Welt vom Bösen zu befreien. Die Presse schreit „böse", wenn es um Terroristen und Kindermörder geht. Und das Seltsame an dieser neuen Konzentration auf das Böse ist, dass es die Menschen anscheinend überrascht, nicht zuletzt die Politiker und die Medien. Natürlich würden sie sagen, es habe immer schon Böses gegeben, jedoch scheint es auf eine neue Weise über die westliche Welt hereingebrochen zu sein. Frühere Diskussionen über das Böse tendierten eher zu Abstraktionen, es ging um das sogenannte „natürliche Böse" (das von der Flutwelle repräsentiert wird) und das sogenannte „moralische Böse" (das die Verbrecher repräsentieren). Der Tsunami und die Verbrecher sind freilich aus den theoretischen Abhandlungen hervorgekommen und haben uns angegriffen. Auf dieselbe Weise, wie sich das Problem in der Generation vor uns durch Auschwitz neu gestellt hat, hat auch der 11. September 2001 eine neue Welle von Diskussionen darüber losgetreten, was das Böse ist, wo es herkommt, wie es zu verstehen ist, was es mit unserem Weltbild macht – egal, ob man Christ ist oder Atheist oder irgendetwas anderes – und nicht zuletzt, was man, wenn überhaupt, dagegen tun kann. Und weil Terrorismus und Tsunamis nicht in dieselbe Kategorie fallen, haben die Ereignisse vom 26. Dezember 2004 dem Problem ihre eigene Dimension beigesteuert.

Aus einer christlichen Perspektive betrachtet, wird es in *diesem Sinne* kein Meer mehr geben, wenn es einen neuen Himmel und eine neue Erde gibt. Innerhalb der Weltsicht, die das Evangelium von Jesus hervorgebracht hat, sind wir dazu verpflichtet zu betonen, dass das Böse schließlich besiegt und vernichtet werden wird. Aber es ist schwer zu verstehen, warum das Böse immer noch präsent ist, wie Gott damit umgegangen ist und umgehen wird, was das alles mit dem Kreuz Jesu zu tun hat, was das wiederum für uns hier und heute zu bedeuten hat und was wir hier und heute tun können, um an Gottes Sieg über das Böse teilzuhaben. All das sind tiefe und dunkle Geheimnisse, die uns das plötzliche Interesse am Bösen als Fragen vor die Füße wirft. Ich möchte an dieser Stelle die Bereiche skizzieren, über die wir dringend nachdenken und beten müssen.

Eine inadäquate Sicht auf das Problem des Bösen

So wie das Problem des Bösen bisher diskutiert wurde, wurde uns das damit verbundene Fragenpuzzle in einer Weise präsentiert, als handele es sich um so etwas wie ein metaphysisches oder theologisches Rätsel. Wenn es einen Gott gibt, und wenn dieser Gott gut ist und in überragendem Maße mächtig, warum gibt es dann überhaupt so etwas wie das Böse? Für Atheisten stellt sich allerdings ein ähnliches Problem: Ist diese Welt ein schlechter Witz, weil einiges in ihr dafür spricht, dass sie ein wundervoller Ort ist, während anderes dagegen vermuten lässt, dass sie furchtbar ist? Was denn nun? Man könnte die ganze Thematik natürlich auch das „Problem des Guten“ nennen statt das „Problem des Bösen“: Denn wenn die Welt nur das willkürliche Zusammentreffen zufälliger Phänomene ist, warum gibt es dann so vieles, was man preisen und feiern möchte? Warum gibt es Schönheit, Liebe und Lachen?

In seiner gegenwärtigen metaphysischen Form existiert das Problem des Bösen seit wenigstens einem oder zwei Jahrhunderten. Das verheerende Erdbeben, das Lissabon an Allerheiligen 1755 traf, zerstörte den einfachen Optimismus, die schlichte natürliche Theologie der vorherigen Generationen. Das Ringen der großen Denker der Aufklärung – Voltaire, Rousseau, Kant und Hegel – kann man als Versuche verstehen, mit dem Bösen umzugehen. Und wenn wir uns Marx und Nietzsche und den Denkern des zwanzigsten Jahrhunderts, nicht zuletzt den jüdischen Denkern, die nach dem Holocaust mit der Sinnfrage rangen, zuwenden, finden wir eine kontinuierliche Linie philosophischer Versuche, über die Welt als Ganzes und das Böse in ihr zu sprechen.

Unglücklicherweise ist der Gedankengang, der sich auf der populärwissenschaftlichen Ebene herausgebildet hat, alles andere als befriedigend. Ich beziehe mich hierbei auf den Fortschrittsglauben, nach dem sich alles auf ein besseres, erfüllteres und vollkommeneres Ziel zubewegt. Wenn es auf dem Weg dorthin Leiden gibt, dann ist das eben so, schließlich kann man auch kein Omelette machen, ohne Eier zu zerbrechen.

Dieser Glaube an den Fortschritt, den wir auch bei Dichtern wie Keats finden, schwingt schon beim Pantheismus der romantischen Bewegung mit und hat durch die allgemeine Verbreitung von Charles Darwins Ideen und dadurch, dass diese in noch ganz anderen Bereichen als dem Studium von Vögeln und Säugetieren angewandt worden sind, einen enormen Schub bekommen. Die unbesonnene Kombination von technologischen Errungenschaften, medizinischem Fortschritt, romantischem Pantheismus, Hegelianischem progressiven Idealismus und Sozialdarwinismus hat ein Gedankenklima geschaffen, innerhalb dessen sich bis zu diesem Tag eine große Anzahl von Menschen, nicht zuletzt im öffentlichen Leben, bewegen. Die Welt wird immer besser! So lautet das Credo vieler. Alles wird besser. Das Böse befindet sich auf dem Rückzug, der Fortschritt gewinnt. Dieser Glaube an den Fortschritt hat viele Herausforderungen überstanden, auf bemerkenswerte Weise überlebt und ist aufgeblüht. Der Erste Weltkrieg hat den alten liberalen Idealismus erschüttert und Auschwitz hat die Vorstellung von der westlichen Zivilisation als einem Hort des Edelmutes, der Tugend und der menschlichen Vernunft zertrümmert. Und trotz alledem nehmen die Leute immer noch an, dass die Welt im Grunde ein guter Ort ist und dass sich ihre Probleme mehr oder weniger lösen lassen, wenn man nur die richtige Technologie anwendet, Bildung fördert, „Entwicklung" im Sinne einer „Verwestlichung" vorantreibt sowie westliche Demokratie und westlichen Kapitalismus verbreitet bzw. aufzwingt.

Dieser Zustand hat zu drei Dingen geführt, die meiner Meinung nach für das neue Problem des Bösen charakteristisch sind: Erstens ignorieren wir das Böse, wenn es uns nicht gerade ins Gesicht springt. Diese Haltung macht sich in der Philosophie, der Psychologie und der Politik des letzten Jahrhunderts bemerkbar, aber man muss gar nicht so weit zurückblicken. Westliche Politiker wussten sehr genau, dass Al-Qaida eine Gefahr darstellte, aber niemand hat diese Gruppe ernst genommen, bis es zu spät war. Die Länder rund um den Indischen Ozean kannten Tsunamis, hatten sich aber nicht die Mühe gemacht, ein Frühwarnsystem zu installieren. Wir wissen alle, dass die Schuldenberge der Dritten Welt massiv auf dem Gewissen der Welt lasten, doch unsere Politiker wollen das nicht allzu ernst nehmen, weil sich die Welt von unserer Warte aus betrachtet ganz ordentlich entwickelt und wir in der Wirtschaft nicht für Unruhe sorgen oder mächtigen Interessengruppen vor den Kopf stoßen wollen. Wir wissen alle, dass die sexuelle Zügellosigkeit furchtbares Unglück über Familien und Individuen bringt, aber wir leben im einundzwanzigsten Jahrhundert, und da wollen wir nicht sagen, dass Ehebruch falsch ist. Wir leben schließlich in einer Welt, in der Politiker,

Medienexperten, Wirtschaftswissenschaftler und sogar, wer hätte es gedacht, einige spätaufgeblühte liberale Theologen die Menschheit und die Welt für im Grunde genommen ganz in Ordnung halten, so als gäbe es nichts, über das man sich großartig aufregen müsste.

Erstens also ignorieren wir das Böse, es sei denn, es springt uns direkt ins Gesicht. Zweitens sind wir vom Bösen überrascht, wenn es dann doch genau das tut. Wenn wir an kleine, englische Dörfer denken, denken wir gerne an hübsche, sichere Orte und sind bis auf die Knochen schockiert, wenn, wie vor ein paar Jahren geschehen, dort zwei kleine Mädchen von einem Menschen ermordet werden, den sie offensichtlich kannten und dem sie vertrauten. Wir haben keine Kategorien, um das einzuordnen, und wir haben erst recht keine Kategorien, die mit den wieder aufgeflammten Stammeskriegen und Genoziden in Afrika umgehen könnten. Wir machen uns stattdessen lieber vor, die Welt sei im Grunde genommen schon in Ordnung, vor allem jetzt, wo so viele Länder entweder demokratisch geworden sind oder sich in diese Richtung bewegen und wo wir dank der Globalisierung theoretisch so viel tun könnten, von so vielem profitieren könnten und so viel wissen könnten. Dann jedoch stehen wir ratlos und entsetzt von dem „menschlichen Tsunami", der großen Welle von Flüchtlingen und Asylsuchenden. Der Terrorismus überrascht uns, weil wir uns immer vorgemacht haben, dass alle ernsten Fragen am Verhandlungstisch gelöst werden sollten, weshalb es uns verwirrt, dass manche Leute meinen, sie müssten zu weitaus drastischeren Methoden greifen, um ihren Standpunkt deutlich zu machen. Und schließlich sind wir wieder und wieder schockiert über den Tod. Wir ignorieren das Böse, wenn es uns nicht ins Gesicht springt, und deshalb sind wir schockiert und verwirrt, wenn es genau das tut.

Als Resultat daraus reagieren wir auf unreife und gefährliche Weisen. Die Antwort, die in Amerika und Großbritannien auf die Ereignisse des 11. Septembers 2001 gegeben wurde, war eine Kurzschlussreaktion, ein unbedachtes, unreifes Zuschlagen. Verstehen Sie mich nicht falsch. Die terroristischen Aktionen von Al-Qaida waren und sind ohne jeden Zweifel böse. Doch die unglaubliche Naivität, mit der verkündet wurde, Amerika als Ganzes sei ein reines, unschuldiges Opfer gewesen, womit die Welt bequem in böse Menschen (insbesondere Araber) und gute Menschen (insbesondere Amerikaner und Israelis) eingeteilt werden konnte – wobei die Letztgenannten die Verantwortung haben, die Erstgenannten zu bestrafen, um auf diese Weise die Kriege in Afghanistan und im Irak zu rechtfertigen – ist ein hervorragendes Beispiel für das, worüber ich rede. Und natürlich gibt es da auch das unreife und naive Spiegelbild, wonach die westliche Welt in jeder Hinsicht schuldig ist und alle Protestierer und Terroristen deshalb in dem, was sie tun, vollkommen gerechtfertigt sind.

Die westliche Welt ist also nicht in der Lage, aus ihren modernen Vorstellungen heraus mit dem Bösen umzugehen. Die Postmoderne bietet auch keine Hilfe, weil sie zwar einerseits unbarmherzig das Problem des Bösen hervorhebt, andererseits jedoch jede Rückkehr zu einer klassischen Erbsündenlehre verhindert, indem sie leugnet, dass überhaupt jemand wirklich existiert. Die Menschen dekonstruieren, lösen sich selbst auf. Zwar kann man dem Bösen in der Postmoderne nicht entgehen, gleichzeitig gibt es aber niemanden, dem man die Schuld zuweisen könnte. Es ist keine moralische Würde mehr übrig. Die Verantwortung zu übernehmen – das wäre die letzte Tugend, die diejenigen ergreifen können, die allen anderen Tugenden abgeschworen haben. Doch indem man selbst das verneint, reduziert man die Menschen zu bloßen Nummern. Die meisten von uns, nicht zuletzt die echten Opfer von Kriminalität und Missbrauch, halten so etwas nicht nur für wenig hilfreich, sondern geradezu für abscheulich. Darüber hinaus erlaubt die postmoderne Analyse des Bösen keine Erlösung. Es gibt keinen Ausweg, keine Chance zur Umkehr und Wiederherstellung, keinen Weg zurück auf den festen Boden der

Wahrheit, weg vom Treibsand der Dekonstruktion. Die Postmoderne mag darin recht haben, wenn sie sagt, dass das Böse real ist, mächtig und wichtig, aber sie liefert uns keinen brauchbaren Ansatz, wie wir damit umgehen sollten. Deshalb ist es notwendig, an anderer Stelle danach zu suchen und die Kategorien des Problems auszuweiten – über die oberflächlichen modernistischen Rätselspiele auf der einen und die nihilistischen, dekonstruktiven Analysen auf der anderen Seite hinaus. Das bringt uns zurück zur Bibel. Was hat sie zu all dem zu sagen?

Die biblische Antwort auf das Problem des Bösen

Wenn man die biblische Antwort auf das Problem des Bösen skizzieren möchte, sind zunächst als eine Art Einleitung drei Dinge festzustellen. Dazu gehört an erster Stelle, dass es keine einfachen Antworten gibt, weder in der Heiligen Schrift noch anderswo. Wenn wir meinen, wir hätten das Problem des Bösen gelöst, dann zeigt das nur, dass wir es nicht verstanden haben. Wir können nicht einfach bekennen, so wie es in dem alten Kirchenlied heißt, *„all our pain is good"*, dass all unser Leiden gut ist. So etwas führt uns in ein moralisches Durcheinander, das noch schlimmer ist als das, was Hiobs Freunde kreiert haben. Wir können auch nicht behaupten, dass das Böse letztendlich gut ist, weil es eine Basis schafft, auf der moralische Anstrengungen und vielleicht sogar ein moralisches Heldentum entstehen können. Das wäre so, als würden wir Gott aus der Schusslinie nehmen, indem wir die Welt zu einem Schauspielhaus machen, in dem Gott kleine Theaterstücke aufführt, um seinen Charakteren die Möglichkeit zu geben, ihre vermeintliche Tugendhaftigkeit unter Beweis zu stellen. Es käme einer Trivialisierung gleich, die an Blasphemie grenzt. Zunächst müssen wir also feststellen, dass es keine einfachen Antworten gibt.

Als Zweites müssen wir sagen, dass die Grenze zwischen

Gutem und Bösem nicht als Linie zwischen „uns" und „denen" verläuft, zwischen dem Westen und dem Rest der Welt, zwischen Rechten und Linken, zwischen Reichen und Armen. Diese schicksalhafte Grenze verläuft mitten durch uns hindurch, mitten durch jede menschliche Gesellschaft, durch jedes Individuum. Damit möchte ich nicht behaupten, dass alle Menschen und alle Gesellschaften gleichermaßen gut oder schlecht wären, auf keinen Fall. Mir geht es nur darum zu sagen, dass wir alle mit dem Bösen infiziert sind und dass deshalb jeder Versuch, das Problem mit den Kategorien „wir" und „die" zu beschreiben, zwangsläufig in die falsche Richtung gehen muss.

Obwohl es in der Tat einen Unterschied zwischen der Art von Problem gibt, vor die uns der 11. September gestellt hat, und dem Problem, vor das uns ein Tsunami stellt – dafür können weder Terroristen noch böswillige Regierungen verantwortlich gemacht werden, die tektonischen Platten haben vielmehr das getan, was tektonische Platten nun einmal tun – stellen sie uns doch drittens die große Frage, als deren Antwort die Bibel tatsächlich geschrieben wurde. Auch wenn wir ihre Antworten bis zum Ende der Zeiten nicht vollkommen verstehen werden.

Welche Hilfe können wir in der Bibel entdecken? Wir haben bereits gesehen, dass das Meer, sowohl im konkreten Sinne als auch in seiner symbolischen Bedeutung, gleichzeitig ein Teil von Gottes guter Schöpfung und dennoch eine andauernde Quelle von Chaos und Schrecken ist. Wenn wir einen Blick ganz ans Ende der Geschichte werfen, sollten wir auch im Hinterkopf behalten, dass Gott in der Schrift wieder und wieder verkündet, er werde die Welt letztendlich in Ordnung bringen – auch wenn das bedeutet, dass Himmel und Erde am Ende ein letztes Mal erschüttert werden, damit alles an seinen Platz kommt, um Haggais Ausdruck zu gebrauchen. Die Heilige Schrift versucht anscheinend zu sagen, dass die Schöpfung gut, aber unvollständig ist und dass das menschliche Böse das Projekt der Schöpfung irgendwie ins Stocken gebracht hat, weshalb sie jetzt in einem unvollständigen Stadium stecken geblieben ist. Darum müssen die Menschen wieder in Ordnung gebracht werden und die Welt braucht eine ordentliche Erschütterung. Die biblischen Bilder vom Gericht bestehen wieder und wieder darauf, dass Gott die Welt in Ordnung bringen und alle Tränen abwischen wird.

Doch wie soll das geschehen? An dieser Stelle sind wir meiner Ansicht nach in die Irre gegangen. Wir haben uns daran gewöhnt, das „Problem des Bösen" in den Kategorien eines philosophischen Rätsels zu betrachten, also danach zu fragen, wie ein guter, weiser und allmächtiger Gott angesichts des nicht enden wollenden Bösen gerechtfertigt werden kann. Wir haben uns deshalb dem Buch Hiob zugewandt, weil das der Teil der Bibel ist, der das Problem grob gesagt in dieser Weise anpackt. Dabei haben wir jedoch nicht erkannt, dass der Rest der Bibel das Problem des Bösen auf eine andere Weise anpackt. Nach Noah finden wir das Debakel mit dem Turmbau zu Babel und unmittelbar danach beruft Gott Abraham und verheißt ihm, dass in ihm alle Völker gesegnet werden würden. Der Fluch des Bösen muss auf jeder Ebene unwirksam gemacht werden. Die israelitischen Propheten und Dichter waren es, die am deutlichsten von einer geheilten Schöpfung sprachen – vom Wolf, der bei dem Lamm liegt, von Schwertern, die zu Pflugscharen umgeschmiedet werden, oder von Äckern und Weinbergen, die anstelle der Dornen und Disteln gepflanzt würden, die den Garten Eden zerstört hatten.

Die israelitischen Propheten und Dichter sprachen auch vom Bösen selbst auf ganz unterschiedliche Weise. Das Böse nahm für sie die Form von schlechten Herrschern an, die die Armen unterdrückten, oder von schlechten Menschen innerhalb der Gesellschaft, die Geld und Macht dazu missbrauchten, um einander auszubeuten. Sie sprachen vom Bösen als vom Unvermögen der Menschen im Allgemeinen und der Israeliten im Besonderen, wie von Gott vorgesehen als sein Ebenbild zu leben, als erlöstes Gottesvolk. Sie redeten also vom Bösen sowohl auf der individuellen als auch auf der gesellschaftlichen Ebene. Vom Bösen als einem Problem, das alle infiziert hat, auch Gottes Volk. Vom Bösen sowohl in Form von menschlicher Bösartigkeit als auch von dämonischer Aktivität; von struktureller Ungerechtigkeit und systematischer Unterdrückung und Gewalt, insbesondere der Gewalt durch die großen Weltreiche.

Die ersten Kapitel der Genesis machen das überdeutlich. Doch dann verkündet Gott als einen Akt souveräner Gnade, der auf ein Wort und einen Akt des Gerichts folgt, dass in Abraham ein neuer Weg eröffnet worden ist. Ein Weg, durch den die ursprüngliche Absicht, die Menschen und die Schöpfung zu segnen, vorangebracht werden kann. Aus der Rückschau betrachtet wissen wir bereits, dass das Gott enorm viel kosten wird. Die Einsamkeit Gottes, der im Garten Eden seine Partner Adam und Eva sucht; die Trauer Gottes vor der Sintflut; die kopfschüttelnde Verzweiflung Gottes beim Turmbau zu Babel; die Frustration Gottes wegen Abrahams halbherzigen Gehorsams – mit all dem wird Gott weiterleben müssen. Es wird unzählige weitere Akte des Gerichts und der Gnade geben müssen, wenn sich die Geschichte weiter entfaltet. Aber entfalten wird sie sich. Das alles umspannende Bild ist das von einem souveränen Schöpfergott, der in seiner Welt weiterwirkt – das ist der Schlüssel –, bis der Segen den Fluch ersetzt, die Heimkehr das Exil, die Ölzweige nach der Flut erscheinen und eine neue Familie geschaffen ist, in der die verstreuten Sprachen vereint werden können. Das ist die Erzählung, die den Rahmen des kanonischen Alten Testaments bildet. Gott ist kein Marionettenspieler, der im Hintergrund die Fäden zieht. Vielmehr liebt er seine Schöpfung so sehr, dass er – konfrontiert mit dem Bösen in ihr – innerhalb seiner Welt weiter am Werk ist, auch wenn er nicht alle furchtbaren Ambivalenzen auflöst.

Das ganze Alte Testament erzählt, wie seine Autoren sehr wohl wissen, die zutiefst ambivalente Geschichte von Abrahams Familie, dem Volk, durch das Gottes Lösung hervorgebracht werden wird, zu dem aber auch Menschen gehören, die selbst Teil des Problems sind. Der Exodus gibt die wichtige, paradigmatische, jüdische Antwort auf die Frage: „Was macht Gott mit dem Bösen?" Das Böse erscheint hier in Form eines bösen, mächtigen Reiches, das die versklavten Israeliten unterdrückt. Doch als das Volk befreit ist, verhält es sich auf eine durch und durch heidnische Weise, sei es bei dem zutiefst ambivalenten Einzug ins Gelobte Land, in der Richterzeit oder dann unter der Monarchie. David, ein Mann nach dem Herzen Gottes, ist selbst in vielerlei Hinsicht fehlerhaft. Das Exil droht, und dann kommt Babylon wie ein großer Tsunami und spült den Tempel hinweg, in dem JHWH in der Mitte seines Volkes gelebt hat. Und obwohl das Volk zwei Generationen später wieder zurückkehrt, ist nicht wieder alles gut. Israel wird immer noch von heidnischen Reichen beherrscht. Die Seeungeheuer greifen immer noch an. Gottes Volk ruft immer noch zu JHWH, dass er kommen und es erlösen und die Welt ein für alle Mal in Ordnung bringen möge.

Im Zentrum des großartigsten aller prophetischen Bücher, des Buches Jesaja, finden wir den Knecht JHWHs, der zwei Dinge gleichzeitig tut: Er repräsentiert Israel innerhalb der Absichten Gottes, und er verkörpert Gottes Rettungsoperation für Israel und die Welt. In der Tat finden wir direkt nach der Erzählung von seinem Leiden und Tod in Kapitel 53 die Verheißungen des neuen Bundes in Kapitel 54 und der neuen Schöpfung in Kapitel 55. Der Prophet sagt in diesen Kapiteln, dass das Volk Israel, also diejenigen, die die Lösung in sich tragen, selbst Teil des Problems geworden sind, dass aber Gott entschlossen ist, aus der Mitte seiner Welt heraus dafür zu arbeiten, dass seine Welt erlöst wird. Das tut er, indem er zuerst Israel beruft, und dann aus der Mitte Israels heraus wirkt, um Israel zu erlösen, indem er seine königliche, aber leidende Gestalt beruft, sie mit seinem Geist ausrüstet und zulässt, dass ihr das Schlimmste zustößt, was die Welt zu bieten hat. Wenn man Gottes Gerechtigkeit in einer ungerechten Welt verstehen möchte, sagt Jesaja, dann muss man seinen Blick auf diese Gestalt richten. Gottes Gerechtigkeit rettet, heilt und stellt wieder her, weil der Gott, dem diese Gerechtigkeit zu eigen ist, seinen ursprünglichen Plan für die Schöpfung noch umsetzen muss. Seine Gerechtigkeit stellt nicht nur in einer Welt, die ins Trudeln geraten ist, das Gleichgewicht wieder her, sondern führt die Schöpfung zu einer herrlichen Reife, in der sie von Lebendigkeit und den Möglichkeiten, die Gott am Anfang in sie hineingelegt hat, überfließt.

Damit jedoch hat Jesaja das umfassendere Problem des Bösen neu definiert, das Problem der Ungerechtigkeit der Welt und der Gerechtigkeit des einen Schöpfergottes. So brauchen wir es nun nicht mehr als ein philosophisches Rätsel zu betrachten, das erklärt werden müsste, sondern als die Tragödie der Schöpfung, die eine neuerliche Intervention des souveränen Schöpfergottes erfordert, und als die Tragödie des Volkes Israels, das eine Erneuerung vonseiten des souveränen Bundesgottes braucht. Und zu unserem Erstaunen und Entsetzen sehen wir, dass die Erneuerung im Leiden und Tod des Knechtes in den Fokus rückt. Indem er das Schicksal des exilierten Israels teilt – das Exil, das wir von Genesis 3 an kennen, ist mit dem Tod eng verbunden –, trägt er die Sünde der vielen. Er verkörpert die Bundestreue und wiederherstellende Gerechtigkeit des souveränen Gottes, und durch seine Wunden sind wir geheilt.

Im alttestamentlichen Bild von Gottes Gerechtigkeit in einer ungerechten Welt nimmt Gottes Treue zu dem untreuen Israel eine zentrale Stellung ein. Ebenso hat auch der Knecht JHWHs eine zentrale Stellung inne – er, der Israel gegenübersteht und sein Schicksal auf sich nimmt, damit Israel vom Exil erlöst wird und sich die Menschheit endlich weiter in Richtung auf die neue Schöpfung zubewegt. Eine neue Schöpfung, in der die Dornen und Disteln durch Zypressen und Myrten ersetzt werden, der Staub und Tod durch neues Leben, das Chaos des Meeres durch den Sieg des Schöpfers. Innerhalb des weiteren kanonischen Kontextes können wir das gesamte Buch Hiob neben Jesaja als eine Vorwegnahme der entsetzlichen Szene in Gethsemane verstehen, wo erneut alle Tröstungen versagen und sogar die Schöpfung sich verfinstert, während die „Seeungeheuer“ der unschuldigen Person, die fragt, worum es in all dem geht, immer näher kommen.

Das führt uns zum Kern der Sache. In dem Augenblick, in dem die sündige Menschheit Gott bis ins Innerste traurig gemacht hat, in dem Moment, in dem der Knecht verachtet und zurückgewiesen wird, in dem Moment, in dem Hiob fragt, warum alles so hat sein müssen, kommt alles zusammen. Dann nämlich, wenn der Menschensohn niederkniet, einsam und voller Furcht, bevor er wieder aufsteht, um sich den Bestien zu stellen, die aus dem Meer kommen. Die Geschichten vom Garten Gethsemane und dem Kreuz präsentieren sich im Neuen Testament als der seltsame, undurchdringbare Ausgang der Geschichte dessen, was Gott mit dem Bösen tut und was mit Gottes Gerechtigkeit geschieht, wenn sie menschliches Fleisch annimmt, wenn sie ihre Füße im Garten schmutzig macht und ihre Hände am Kreuz blutig werden. Die vielen Ambivalenzen von Gottes Wirken in der Welt bündeln sich in der Geschichte Jesu.

Das Kreuz und das Böse

Was in der Regel über das Kreuz und das Erlösungswerk gelehrt wird, beschäftigt sich meiner Ansicht nach nicht genug mit dem breiter gefächerten Problem des Bösen, so wie es normalerweise verstanden wird. Umgekehrt haben diejenigen, die sich auf philosophisch-theologische Weise mit dem Problem des Bösen beschäftigen, sich nicht genügend mit dem Kreuz beschäftigt, sowohl was die Analyse des Bösen angeht, als auch was die damit verbundene Lösung betrifft. Diese beiden Aspekte werden auseinandergehalten, wodurch das Problem des Bösen schlichtweg nur in Bezug auf die Frage betrachtet wird, wie ein guter und mächtiger Gott das Böse in der Welt überhaupt erst zulassen konnte, und das Erlösungswerk nur im Hinblick auf seine Relevanz für die persönliche Vergebung. Viele christliche Denker haben darüber hinaus den Rahmen akzeptiert, der ihnen von der Aufklärung vorgegeben wurde, wonach der christliche Glaube Menschen *aus* der bösen Welt *heraus erlöst* und ihnen in der gegenwärtigen Welt Vergebung zusichert und danach den Himmel. Die von der Aufklärung herkommende Gesellschaft akzeptierte dann diese Einschätzung des christlichen Glaubens – was kein Wunder ist, schließlich war sie ja die treibende Kraft dahinter – und hat es deshalb nicht für nötig gehalten, die christliche Theologie in ihren eigenen Diskussionen über das Problem des Bösen mit einzubeziehen. Auf welche Weise sollten auch Verse eines Kirchenliedes wie *„There is a green hill far away, outside a city wall, where our dear Lord was crucified“* („Weit weg gibt es einen grünen Hügel, außerhalb der Stadtmauern, auf dem unser Herr gekreuzigt wurde“) einer Welt irgendetwas zu sagen haben, die von den Schrecken des Ersten Weltkriegs, Auschwitz', Hiroshimas und schließlich des 11. Septembers 2001 vor den Kopf geschlagen ist?

Mit diesem Wissen im Hinterkopf müssen wir uns wieder den Evangelien zuwenden und sehen, was sie wirklich sagen. Oft wird ja behauptet, so etwas wie eine Theologie der Erlösung gäbe es in den Evangelien eigentlich nicht. Die markinische Kreuzestheologie wird in der Regel nur auf einen Schlüsselvers reduziert (Markus 10,45), in dem davon die Rede ist, dass der Menschensohn „sein Leben als Lösegeld für viele“ gibt. Das Abendmahl enthält Hinweise auf eine Erlösungslehre und die Erzählungen von der Kreuzigung liefern uns weitere Elemente, besonders in ihren Verweisen auf das Alte Testament. Wenn sie allerdings mit den Augen der Mainstream-Traditionen von Theologie und kirchlichem Leben betrachtet werden, haben die Evangelien größtenteils nichts beizutragen, sieht man einmal davon ab, dass sie als Hintergrund für eine Erlösungslehre gebraucht werden, die anderswo dargelegt wird, zum Beispiel bei Paulus sowie im Hebräer- und im 1. Petrusbrief.

Wenn wir jedoch die Evangelien auf eine ganzheitlichere Weise lesen, erkennen wir, dass sie eine doppelte Geschichte erzählen, dass sie die Themen, die ich beschrieben habe, zusammen betrachten. Sie erzählen die Geschichte, wie das Böse in der Welt – politisch, sozial, persönlich, moralisch und emotional – seinen Zenit erreicht hat; sie erzählen davon, wie Gottes Langzeitplan für Israel – und für sich selbst! – schließlich zum Höhepunkt gekommen ist. Und sie erzählen diese beiden Geschichten durch die Geschichte davon, wie Jesus von Nazareth Gottes Reich verkündet hat und dann seinem gewaltsamen Tod entgegengegangen ist. Auf diese Weise gelesen, präsentieren uns die Evangelien eine ertragreichere Erlösungslehre, als wir sie gewöhnt sind, und liefern darüber hinaus ein tieferes Verständnis des Problems des Bösen und davon, wie es in unserer Zeit angegangen werden muss. Die Evangelien haben vielleicht mehr zu Terrorismus und Tsunamis zu sagen, als wir uns vorstellen können.

Betrachten wir nur, wie sie alle die verschiedenen Kräfte aufzählen, die bei der Kreuzigung Jesu beteiligt waren. Sie sprechen davon, wie die politischen Mächte der Welt ihren vollen, arroganten Höhepunkt erreicht haben: Rom und Herodes halten sich ganz in der Nähe auf, ebenso Kaiphas und sein korruptes Jerusalemer Regime. Alle drei rücken desto mehr in den Fokus, je näher die Ereignisse um das Kreuz kommen. Auf diese Weise erzählen uns die Evangelien die Geschichte von der Korruption innerhalb des Volkes Israel. Die Pharisäer vertraten eine zugespitzte Auslegung der Torah, die den Anbruch des Reiches Gottes durch Jesus ausschloss. Die Revolutionäre ihrerseits wollten bei der Einführung von Gottes Reich dabei sein, doch als die Terroristen ihrer Zeit versuchten sie, Gewalt mit Gewalt zu bekämpfen, und kooperierten auf diese Weise schlichtweg mit dem Bösen. Als der Tod Jesu schließlich eintritt, ist er nicht nur das Werk heidnischer Nationen, sondern auch das Werk Israels, das sich auf die Aussage festgelegt hat, es gäbe außer dem römischen Kaiser keinen König.

Die Evangelien erzählen auch die Geschichte tiefergehender, dämonischer Mächte, die auf einer überpersonalen Ebene agieren. Diese Mächte operieren durch alle menschlichen Elemente, die ich erwähnt habe, hindurch, können aber nicht auf sie reduziert werden. Die kreischenden Dämonen, die Jesus anschreien, die ihn aus den Grabhöhlen heraus anfallen, sind Hinweise darauf, dass nicht nur auf der persönlichen Ebene eine Schlacht ausgetragen wird. Die stürmische See – diese kleinen, aber tödlichen Tsunamis in Galiläa – erinnern an die uralte israelitische Vorstellung von einem Bösen, das mehr ist als die Summe gegenwärtigen Fehlverhaltens und Elends. „Die Mächte der Finsternis", auf die Jesus unmittelbar bevor er verraten wird anspielt, lassen erahnen, dass in jener Nacht dem Bösen freie Hand gegeben werden wird, sodass es sein Schlimmstes vollbringen kann, wobei die Soldaten, der Verräter, die verwirrten Jünger und der korrupte Gerichtshof nur seine Werkzeuge sind. Die Zuschauer, die Jesus unter dem Kreuz Verhöhnenden („wenn du Gottes Sohn bist ..."), sind ein Widerhall der spottenden Stimme des Versuchers in der Wüste. Die Macht des Todes – diese letzte Verleugnung, dass die Schöpfung gut ist – zeugt von der Kraft der Zerstörung, der Anti-Welt, der widergöttlichen Macht, der erlaubt ist, sich auszutoben.

Die Evangelien erzählen diese Geschichte um zu unterstreichen, dass sich am gefolterten jungen jüdischen Propheten, der da am Kreuz hängt, das Böse letztendlich so zeigt, wie es ist, inklusive der Gewalt des Terrors und der nichtmenschlichen Kräfte, die durch die Schöpfung wirken. Die Evangelien erzählen die Geschichte von der *Abwärtsspirale* des Bösen. Eine Sache führt zur nächsten; das Heilmittel gegen das Böse trägt selbst den Keim des Bösen in sich, sodass alle Versuche, die Dinge in Ordnung zu bringen, nur auf einer anderen Ebene Böses hervorbringen. Und so weiter. Der Verrat des Judas und die Verleugnung des Petrus sind nur die letzten Wendungen dieser Geschichte, wobei die Ungerechtigkeit von Kaiphas und Pilatus und der Spott der Menge unter dem Kreuz schließlich die losen Fäden zusammenführt.

Sobald wir die Evangelien in dieser ganzheitlichen Weise lesen gelernt haben, hören wir, wie sie uns erzählen, dass der Tod Jesu ein Resultat von beidem gewesen ist – sowohl des einflussreichen *politischen* Bösen der Welt, der Machtspiele, die die Welt immer noch spielt, *als auch* der finsteren, anklagenden Mächte, die hinter diesen menschlichen und gesellschaftlichen Strukturen stehen. Den Mächten nämlich, die die Schöpfung selbst des Bösen bezichtigen und auf diese Weise zu zerstören versuchen, während sich ihr Schöpfer danach sehnt, sie zu retten. Die Evangelien erzählen von Jesu Tod als von einer Geschichte dessen, wie die Abwärtsspirale des Bösen schließlich in der gewaltsamen und blutigen Hinrichtung *dieses* Mannes, dieses Propheten, der das Reich Gottes angekündigt hat, ihren tiefsten Punkt erreichte.

In der Geschichte von Jesus, besonders in der von seinem Tod, begegnet die souveräne, rettende Liebe JHWHs, des Gottes Israels, des Schöpfers der Welt, dem kosmischen und globalen Bösen, in seinen übernatürlichen wie in seinen persönlichen Ausformungen. Die Evangelien bringen dabei bewusst den Narrativ des Alten Testaments zu seinem Höhepunkt und machen aus diesem Narrativ den Rahmen für die Geschichte von Gottes seltsamer und undurchdringbarer Lösung für das Problem des Bösen, das in Genesis 3 seinen Anfang genommen hat. Was die Evangelien uns bieten, ist keine philosophische Erklärung des Bösen – also was es ist oder warum es da ist –, sondern die Geschichte von einem *Ereignis*, mit dem der lebendige Gott dem Bösen entgegentritt. Wie beim Auszug aus Ägypten oder der Rückkehr aus dem babylonischen Exil, jetzt aber mit wirklich kosmischen Auswirkungen, hat Gott sein Volk von den finsteren Mächten des Chaos erlöst. Die Seeungeheuer haben ihr Äußerstes gegeben, doch Gott hat sein Volk gerechtfertigt und die Schöpfung in Ordnung gebracht.

Und er hat das *durch* das Leiden von Israels Repräsentanten, dem Messias, getan. Das bedeutet es, wenn JHWH in Exodus 3,7-8 sagt: „Ich habe das Elend meines Volks ... gesehen und ihr Geschrei ... gehört ... Und ich bin herniedergefahren, dass ich sie errette." Das bedeutet es, wenn JHWH verkündet: „Das ist mein Knecht" (Jesaja 42,1). Und wie Jesaja später (im 59. Kapitel) ausführt, war es kein Bote, kein Engel, sondern Gottes Gegenwart, die sie gerettet hat. In all den Heimsuchungen des Volkes Israel wurde er selbst heimgesucht. Gott hat den angemessenen und notwendigerweise zutiefst ambivalenten Aktionsplan von innen heraus gewählt – *aus* der Schöpfung *heraus*, *aus* seinem auserwählten Volk *heraus*, um so die ganze Kraft des Bösen auf sich selbst zu ziehen und sie zu erschöpfen. Als Resultat wird der Bund erneuert. Die Sünden sind vergeben. Die lange Nacht der Trauer, des Exils und des Todes ist vorüber und der neue Tag ist angebrochen. Die neue Schöpfung hat begonnen, die neue Welt, in der die Gewalt überwunden und das Meer nicht mehr sein wird.

Die Evangelien erzählen uns eine Geschichte, die in der Weltliteratur unter den religiösen Systemen und Philosophien ihresgleichen sucht: die Geschichte vom Schöpfergott, der für das, was mit der Schöpfung geschieht, die Verantwortung übernimmt, indem er die gesamte Last ihrer Probleme auf seine Schultern lädt. Der Komponist Sydney Carter drückt das in einem seiner besten Lieder folgendermaßen aus: *„It's God they ought to crucify, instead of you and me."* – „Gott sollten sie kreuzigen, nicht dich und mich." Oder um es in den Worten eines alten evangelistischen Traktates zu sagen: Die Völker der Welt tun sich zusammen, um Gott für all das Böse in der Welt zu verurteilen, nur um dann herauszufinden, dass Gott seine Strafe schon längst getragen hat. Die Flutwelle des Bösen hat sich an Gott selbst ausgetobt. Der Speer durchstach seine Seite wie ein Flugzeug, das mit voller Wucht ein Hochhaus durchstößt. Gott ist dort gewesen. Er hat die Last des Bösen der Welt auf seine eigenen Schultern genommen. Das ist keine Erklärung. Es ist kein philosophischer Schluss. Es ist ein Ereignis, in dem wir – während wir es mit Entsetzen betrachten – vielleicht etwas von der Gegenwart Gottes in der tiefsten Finsternis unserer Welt erkennen, etwas von Gottes seltsamem, unerwartetem Sieg über das Böse unserer Welt. Dann, und nur dann, erkennen wir vielleicht auch Gottes Berufung, mit ihm zusammen an einer Lösung für das neue Problem des Bösen zu arbeiten.

Wir sind dazu berufen, Gottes Sieg in der Welt in Kraft zu setzen

Ich habe zuvor schon von einer oberflächlichen Analyse des Bösen gesprochen und ebenso von den unreifen Reaktionen, die daraus entspringen. Auf diesem Hintergrund ist es faszinierend, dass der bekannteste Abschnitt aus den Versöhnungstexten der Evangelien im Kontext eines scharfen Wortes Jesu steht, als er über das Wesen politischer Macht und deren Untergrabung durch die Ereignisse der Evangelien spricht. Die Bitte von Jakobus und Johannes, rechts und links von Jesus sitzen zu dürfen, wenn er seine königliche Herrschaft antritt, ist eine politische Frage, die eine politische Antwort bekommt: Irdische Herrscher unterdrücken ihre Untertanen, aber so darf es unter euch nicht sein. Stattdessen sollen die, die groß sind, die Diener sein und die, die die Chefs sind, müssen die Sklaven aller sein. Denn der Menschensohn ist nicht gekommen, um sich dienen zu lassen, sondern um zu dienen und sein Leben als ein Lösegeld für viele zu geben (Markus 10,35-45). Diese bewusste Erinnerung an Jesaja 53, und zwar auf eine Weise, die dem dortigen Kontext vollkommen gerecht wird, steht im Zentrum der *politischen Analyse von imperialer Macht.* Sie untergräbt diese Macht, die auf Gewalteinsatz beruht, indem sie zeigt, wie die Traditionen Israels – des Volkes, durch das Gott das Problem des Bösen in der Welt angehen und lösen wird – in einer Person zusammenlaufen, die alles, was Babylon und Rom ihr antun können, auf sich nimmt, es sich austoben lässt und es besiegt.

Wir finden denselben Gedanken in Lukas 9,54, wo Jakobus und Johannes wieder einmal die Dinge auf weltliche Weise angehen wollen, indem sie Feuer vom Himmel auf ihre Feinde herabregnen lassen wollen. Jesu Zurechtweisung (9,55) steht in direktem Zusammenhang mit dem „Vater, vergib ihnen", das er am Kreuz hervorstößt.

Was folgt nun schließlich aus alledem? Die Berufung, die das Evangelium über der Kirche ausspricht, besteht darin, den Sieg Gottes in der Welt zu implementieren, in Kraft zu setzen. Das Kreuz ist nicht einfach nur ein Beispiel, dem man folgen sollte; es ist eine Errungenschaft, die ausgelebt und in die Praxis umgesetzt werden muss. Doch ein Beispiel ist es nichtsdestotrotz, weil es das Vorbild, das Muster, das Modell für das ist, was Gott jetzt durch seinen Geist, durch sein Volk in der Welt tun möchte. Es ist der Anfang des Erlösungsprozesses, in dem Leiden und Martyrium die paradoxen Weisen sind, durch die der Sieg errungen wird. Die leidende Liebe Gottes, die wiederum durch den Geist im Leben von Gottes Leuten ausgelebt wird, ist die gottgegebene Antwort auf das Böse in der Welt.

Was ist aber (wie manch einer fragen wird) – was ist aber, wenn die Leute, die jetzt die Lösung verkörpern, selbst Teil des Problems werden, wie es immer wieder geschehen ist? Ja, das ist eine Gefahr, mit der wir uns beschäftigen müssen. Die Gemeinde ist nie stärker gefährdet, als wenn sie sich vor allem als Verkörperung der Lösung betrachtet und vergisst, dass sie jeden Tag selbst bitten muss: „Herr, habe Erbarmen mit mir, dem Sünder." Und wenn sie vergisst, dass sie zulassen muss, dass dieses Bekenntnis zu einer echten Demut führt, die selbst dann noch aufrechterhalten wird, wenn sie als Gemeinde mutig der Welt und ihren wahnsinnigen Imperien entgegentritt. Das Problem besteht im Besonderen dann, wenn ein christliches Imperium der Welt in dualistischer Weise seinen Willen aufzwingen möchte, indem es die anderen Teile der Welt böse nennt, während es sich selbst als die rächende Armee Gottes betrachtet. Das ist mehr oder weniger genau das, was Jesus im

Israel seiner Zeit erkannt hat, was er in Jakobus und Johannes gesehen hat. Das Kreuz war und ist ein Ruf zu einer anderen Berufung, einer neuen Weise nämlich, mit dem Bösen umzugehen und letztlich einer neuen Sichtweise von Gott.

Wie würde es schließlich aussehen, wenn der wahre Gott käme, um sich um das Böse zu kümmern? Würde er in gleißender Herrlichkeit erscheinen, in einer Wolken- und Feuersäule, umgeben von Legionen von Engeln? Jesus von Nazareth nahm mit seinem Reden und Tun die größten Risiken auf sich, so als sei die Antwort auf diese Frage folgende: Wenn der wahre Gott zurückkommt, um sich um das Böse zu kümmern, dann wird er wie ein junger jüdischer Prophet aussehen, der zum Passahfest nach Jerusalem reist, das Reich zelebriert, die korrupten Autoritäten konfrontiert, mit seinen Freunden isst, sich in Gebet und Qualen einem grausamen und ungerechten Schicksal unterwirft und die Last der Sünde Israels, die Last der Sünde der Welt auf sich nimmt. Wenn wir Jesus auf diese Weise betrachten, dann entdecken wir, dass das Kreuz für uns der neue Tempel geworden ist, der Ort, an den wir gehen, um den wahren Gott zu treffen und ihn als Retter und Erlöser kennenzulernen. Das Kreuz ist der Wallfahrtsort, an dem wir stehen und darüber nachdenken, was für jeden von uns getan worden ist. Das Kreuz wird zum einzigen Zeichen, das über unserem Tun steht, wenn wir der Bosheit der Welt entgegentreten. Das Kreuz macht deutlich, dass das heidnische Imperium, das durch die Kraft und Macht nackter Gewalt symbolisiert wird, in entscheidender Weise durch die Macht der Liebe herausgefordert worden ist – und dass das die entscheidende Herausforderung ist, die am Ende den Sieg davonträgt. Das ist die christliche Antwort auf die Probleme, die für uns oft durch die Ereignisse des 11. September 2001 symbolisiert werden.

Was ist aber jetzt mit dem Tsunami? Hier gibt es keine direkte Antwort, aber viele kleine Hinweise. Wir sollten nicht meinen, dass die gegenwärtige Welt dem entspricht, wie sie nach Gottes Willen schließlich sein wird. Einige ernsthafte

Denker, unter anderem einige zeitgenössische Physiker, verbinden die Krämpfe und Zuckungen, die immer noch in der Welt an der Tagesordnung sind, mit dem Bösen, das von Menschen gemacht ist. In der Tat ist es vernünftig, sich tiefer mit diesen Verbindungen zu beschäftigen, als es die modernistische Wissenschaft tut – mit den Verbindungen nämlich zwischen menschlichem Verhalten und der gesamten Umwelt unseres Planeten, inklusive seiner tektonischen Platten. Ich finde es jedoch einfacher, davon auszugehen, dass das Projekt der Schöpfung, die gute Welt, die Gott zu Anfang geschaffen hat, sich eigentlich unter der weisen Haushalterschaft, die die Menschen als Gottes Vizeregenten und Ebenbilder auszuüben berufen waren, hatte weiterentwickeln sollen. Nachdem sich allerdings die Menschen abgewandt und statt dem Schöpfer die Schöpfung angebetet hatten, konnte das Projekt nicht auf die geplante Weise fortgeführt werden, sondern brachte statt dessen Dornen und Disteln hervor, Vulkane und Tsunamis, den entsetzlichen Zorn der Schöpfung darüber, dass wir Menschen sie so behandelt haben, als sei sie göttlich.

Wenn wir die Evangelien zu Hilfe nehmen, sollten wir genau hinschauen, was sie tatsächlich sagen. Matthäus erzählt uns die Geschichte des Gott-mit-uns, des Immanuel – mit uns inmitten der tosenden, in die Tiefe hinabziehenden Wasser, schlafend im Boot auf dem See, verletzlich gegenüber den Schreien der Besessenen und den Anschlagsplänen der Pharisäer, hintergangen von seinen eigenen Bundesgenossen und schließlich aufgespürt von den Hohepriestern und den Autoritäten des Imperiums ausgeliefert. Matthäus verbietet uns, die Frage nach dem Tsunami vor dem Hintergrund eines Gottesbildes zu stellen, das davon ausgeht, dass irgendwo da oben jemand sitzt und die Fäden seiner Marionetten zieht, sodass hier unten bestimmte Dinge passieren oder auch nicht. Wir müssen die Geschichte stattdessen vor dem Hintergrund eines Gottesbildes erzählen, das von einem Gott ausgeht, der inmitten der mächtigen Wasser an der Seite seiner Menschen war, der selbst von den Wellen erfasst und aufs Meer hinausgerissen wurde, der seine Eltern und seine Familie verloren hat, der unter herabstürzenden Betonteilen zerquetscht und im Schlamm begraben worden ist.

Und dann müssen wir lernen, die Geschichte auch vor dem Hintergrund eines Gottesbildes zu erzählen, das von einem Gott ausgeht, der andere gerettet hat, während er sich selbst nicht rettete. Der Tag und Nacht gearbeitet hat, um Menschen auszugraben und einige von ihnen lebendig vorzufinden. Der zum Schauplatz des Geschehens eilte mit aller Hilfe, die er auftreiben konnte. Der über die Maßen gegeben hat, um die Rettungsbemühungen zu unterstützen. Wenn wir an den Gott des Evangelisten Matthäus glauben, den Immanuel, müssen wir unbedingt lernen, Gott auf diese Weise zu betrachten. Erinnern wir uns: Als Jesus starb, bebte die Erde und die Felsen brachen auseinander, während der Himmel zur Mittagszeit finster wurde. Gott der Schöpfer wird uns nicht immer *vor* diesen finsteren Mächten retten, aber er wird uns *inmitten* dieser Mächte retten, indem er in der Finsternis an unserer Seite ist und uns verspricht, dass die neue Schöpfung, die an Ostern angefangen hat, eines Tages vollendet sein wird und dass wir dann vollkommene Heilung, vollkommenes Verstehen, vollkommene Versöhnung, vollkommenen Trost erleben werden. Die Dornen und Disteln werden durch Zypressen und Myrten ersetzt werden. Und das Meer wird nicht mehr sein.

Die Evangelien stellen uns auf jeder Ebene Fragen. Fragen darüber, was wir Versöhnung nennen, aber auch Fragen darüber, was wir das Problem des Bösen nennen. Haben wir den Mut, unter dem Kreuz zu stehen und zuzugeben, dass dies alles für uns geschah? Haben wir den Mut, alle Bedeutungen des Wortes *Gott* durchzugehen und zuzulassen, dass sie durch diesen Mann, diesen Moment, diesen Tod neu ausgerichtet, neu definiert werden? Haben wir den Mut, uns dem Chaos der finsteren Mächte in uns selbst zu stellen und Jesus zu erlauben, ihnen zu gebieten, so wie er dem Wind und den Wellen des

Sees Genezareth geboten hat? Haben wir den Mut, die Konsequenzen von dem anzugehen, was Jesus uns aufgezeigt hat, wonach sich die Herrscher der Welt auf eine bestimmte Weise verhalten, aber wir es ihnen nicht nachtun dürfen? Haben wir den Mut, unsere Versöhnungstheologie und unsere politische Theologie zusammen zu betrachten, die tief persönliche Botschaft auf der einen und die in jeder Hinsicht praktische und politische Botschaft auf der anderen Seite? Und haben wir den Mut, uns vom Ansinnen des Jakobus und Johannes abzuwenden, davon nämlich, Feuer vom Himmel auf unsere Feinde herabregnen zu lassen? Haben wir den Mut, stattdessen den Weg Jesu zu gehen? Haben wir den Mut, die Botschaft von Gottes wiederherstellender Gerechtigkeit zu leben, indem wir den Sieg des Kreuzes nicht nur über der offensichtlichen Bosheit der Welt ausrufen, sondern auch über der Bosheit derer, die Feuer mit Feuer bekämpfen und so eine Lösung herbeiführen wollen, indem sie nur weitere Probleme schaffen? Haben wir den Mut, am Fuß des Kreuzes zu stehen, zu spüren, wie sich die Wolken über uns verfinstern und die Erde unter uns zu beben anfängt, und dennoch immer weiter darum zu beten, dass Gott seine neue Schöpfung vollendet – dass er den Wolf und das Lamm dazu bringt, nebeneinander zu liegen, dass er den mächtigen Wogen des Meeres Einhalt gebietet und sie für immer verschwinden lässt, dass er den neuen Himmel und die neue Erde errichtet, in denen für immer Gerechtigkeit und Freude wohnen werden?

Das Böse ist immer noch ein Wort mit vier Buchstaben, aber Gott sei Dank hat die Liebe fünf. Gott gebe uns die Gnade, mit dieser Liebe erfüllt zu werden, sodass wir in unserer Zeit mit reifer, christlicher, nüchterner Intelligenz daran arbeiten, die Probleme des Bösen anzugehen. Dass wir den Sieg, der am Kreuz errungen wurde, in Kraft setzen und Agenten, Herolde und lebende Verkörperungen jener neuen Schöpfung werden, in der die Erde mit der Herrlichkeit Gottes so sehr erfüllt sein wird, wie die Wasser das Meer bedecken.

7. Wie die Bibel die moderne Welt versteht

Einer der vielen interessanten Unterschiede zwischen Amerika und Großbritannien z. B. besteht darin, dass die Vereinigten Staaten im Augenblick sehr viel zerrissener zu sein scheinen. Auch in England gibt es Spaltungen, Rivalitäten und fortwährende Stammeskonflikte, doch in Amerika scheinen sie nicht nur sehr viel zugespitzter zu sein, sondern auch gefährlicher. Viele Briten sahen sich im Jahr 2012 im Fernsehen an, wie die Ergebnisse der amerikanischen Präsidentschaftswahlen bekannt gegeben wurden. Zu den Bildern, die uns am meisten in Erinnerung geblieben sind, gehören die von der Euphorie auf der einen Seite und dem tiefen Elend auf der anderen. In Großbritannien ist es den Menschen schmerzhaft bewusst, dass kein Politiker ein Messias sein kann. Sie gehen davon aus, dass niemand all ihre Probleme lösen wird, und deshalb wählen sie den, von dem sie denken, dass er das wenigste Durcheinander verursachen wird. Die Amerikaner, so scheint es mir, werden dagegen von den Medien und Parteien zu der Vorstellung ermutigt, dass ein Kandidat mit der richtigen Vision letztlich die perfekte Gesellschaft verwirklichen wird, die für alle am besten ist. Darauf möchte ich mit einem Zitat aus einem bekannten amerikanischen Lied antworten: „*It ain't necessarily so.*" – „So ist es nicht unbedingt."

Nun, dieses Lied erzählt seine eigene Geschichte, und auch die ist wiederum eine, die sich in britischen Ohren seltsam anhört. *Porgy and Bess*, das Gershwin-Musical, aus dem es stammt, ist geradezu so etwas wie eine amerikanische Ikone. Und es ist typisch für Amerika, aber eben nicht für Großbritannien oder die meisten anderen Teile der Welt, dass sich Menschen aus dem zwanzigsten Jahrhundert genötigt sehen, einander zuzuraunen: „*The things that you're li'ble to read in the Bible – it ain't necessarily so.*“ – „Die Sachen, auf die du irgendwo in der Bibel stößt – so ist es nicht unbedingt.“ Die britischen Christen haben ihre eigenen Diskussionen darüber, was die Bibel sagt, was das bedeutet und was es nach sich ziehen könnte, wenn man darauf vertraut, dass es sich dabei in welcher Weise auch immer um Gottes Wort handelt. Aber sie kennen nicht die Debatten, die für Amerika typisch sind. Auch taucht die Bibel in Großbritannien nicht so sehr in öffentlichen Diskussionen auf wie in Amerika. Um es sehr pointiert zu sagen: Die Briten hatten niemals einen Prozess wie den um den Lehrer John Thomas Scopes, und man kann es sich auch nicht vorstellen, dass sie jemals so etwas haben werden.

Die Bruchlinien innerhalb der amerikanischen Kultur, die zumindest bis auf den Bürgerkrieg zurückgehen, ziehen sich tief durch die amerikanische Gesellschaft hindurch. Sie haben ein Klima geschaffen, in dem die sogenannten Kulturkämpfe anscheinend in jedem Feld ausgetragen werden, angefangen von der Einkommenssteuer über Genderfragen bis hin zur Waffenkontrolle. (Wie ein Freund von mir aus dem Nordwesten der USA zu sagen pflegt: „In Idaho bedeutet Waffenkontrolle, dass man die Waffe mit beiden Händen festhält.“) Die Kombination dieser unterschiedlichen Themen scheint in Amerika Sinn zu machen, aber in anderen Teilen der Welt leuchtet sie nur wenigen Menschen ein. Die Verquickung all dieser Fragen hält die Amerikaner davon ab, einmal innezuhalten und über die Themen jeweils gesondert nachzudenken. Sobald du dich für eine Seite entschieden hast, ist diesbezüglich nämlich alles geregelt, wobei es unterschiedliche Gründe gibt, die jeweils für eine Seite sprechen. Vielleicht ist es also einem Menschen aus Großbritannien erlaubt, die Amerikaner zu ermutigen, eine umfassendere Perspektive in Betracht zu ziehen. Vielleicht kann dieser Mensch einen Weg vorschlagen, auf dem man sich nicht so sehr mit den scheinbar aktuellen und polarisierenden Fragen kritisch beschäftigt, sondern mit deren Hintergründen und der Frage, wie wir mit ihnen umgehen sollten. Darüber hinaus werden wir uns anschauen, welche Rolle die Bibel dabei einnimmt – so wird es ja im Titel dieses Kapitels schon angekündigt.

Schließlich hat die Bibel eine wichtige Rolle in der amerikanischen Kultur gespielt, besser gesagt sogar ein ganzes Spektrum wichtiger Rollen. Doch diese Rollen wurden oft durch die Kultur selbst vorgegeben. Ich möchte also zunächst einen Blick darauf werfen, wie diese von der Kultur vorgegebenen Rollen aussehen und dann fragen, ob die Bibel nicht eigentlich einen anderen Umgang mit den Dingen vorgibt. Ich kann an dieser Stelle leider nur eine sehr grobe Skizze entwerfen, allerdings hoffe ich, dass dadurch die entsprechenden Themen wenigstens in einem neuen Licht erscheinen und auf diese Weise zu weiteren Fragen und Handlungen inspirieren.

Wie wir an dieser Stelle angelangt sind

Ich liebe die Geschichte, die man sich vom jungen William Temple erzählt, jenem Mann, der später Erzbischof von Canterbury werden sollte. Eines Tages fragte er seinen Vater: „Papa, warum regieren nicht die Philosophen die Welt?" Sein weiser Vater antwortete darauf: „Natürlich tun sie das – aber immer erst zweihundert Jahre nach ihrem Tod!" Nun ja, wir leben jetzt rund zweihundertfünfzig Jahre nach der europäischen und amerikanischen Aufklärung, und obwohl diese Bewegung in den verschiedenen Ländern unterschiedliche Formen angenommen hat, setzte sie doch bestimmte Schwerpunkte, die bis heute gelten und als selbstverständlich betrachtet werden. Die Unabhängigkeitserklärung und die amerikanische Verfassung sind deshalb nicht nur das Produkt eines Kontinents, der sich von der britischen Herrschaft lossagen musste, sondern Ausdruck der philosophischen Überzeugung, wonach die Aufklärung herausgefunden habe, wie die Welt funktionieren sollte, und dass man nun die Gelegenheit habe, es richtig zu machen. Daraus erklärt sich der Wahlspruch auf dem Großen Siegel der

Vereinigten Staaten von 1782, der bis heute auf den Dollarnoten zu finden ist: *Novus ordo seclorum*. Eine neue Ordnung der Zeitalter! Dabei handelt es sich übrigens um das Zitat eines römischen Dichters aus dem ersten vorchristlichen Jahrhundert, der damit das neue, goldene Zeitalter unter Kaiser Augustus feierte. Dieser Spruch wurde in den 1780er-Jahren wieder aufgenommen, um damit die schöne, neue Welt der amerikanischen Unabhängigkeit zu beschreiben.

Dieses Projekt der Aufklärung hat zwei besondere Wesensmerkmale, die einen enormen Einfluss darauf haben, wie die Menschen akademisches Studium und Wissen betrachten und wie sie die Bibel innerhalb wie außerhalb der Gemeinde lesen, und das in den Vereinigten Staaten noch mehr als anderswo. Diese Wesensmerkmale haben auch unterschiedliche Aspekte der politischen Kultur beeinflusst. Wie ich bereits erwähnte, gehört hier alles mit allem zusammen. Und ich möchte hinzufügen, dass diese beiden Wesenszüge zwar zu einem kleinen Teil der Wahrheit entsprechen, aber als Ganzes betrachtet vollkommen in die Irre führen.

Die geteilte Wirklichkeit

Das erste Wesensmerkmal der Aufklärung besteht darin, dass sie dem Epikureismus zu neuer Blüte verholfen hat. Von Thomas Jefferson stammt der bekannte Ausspruch: „Ich bin ein Epikureer." Epikur war ein Philosoph im dritten vorchristlichen Jahrhundert, dessen Ansichten durch Lukrez, einem Dichter aus dem ersten Jahrhundert, einem weiteren Publikum bekannt gemacht wurden. Die Werke des Lukrez wiederum, die tausend Jahre verschollen gewesen waren, wurden im fünfzehnten Jahrhundert wiederentdeckt. Ihr Inhalt floss in die Grundlagen der neuen europäischen Kultur ein. Der Epikureismus teilt die Welt in zwei Bereiche. Während die Stoiker als Pantheisten glaubten, dass Gott und die Welt im Wesentlichen dasselbe sind, behauptete Epikur, dass die Götter – sofern es sie überhaupt gäbe – in keiner Beziehung zur Welt stünden und sich nie in ihre Angelegenheiten einmischten. Die natürliche Welt war also frei, sich nach ihren eigenen Gesetzmäßigkeiten zu entwickeln. Das war eine Antwort auf die düsteren, heidnischen Geschichten der Antike, in denen zornige Götter einem das diesseitige oder jenseitige Leben schwermachten. Nein, verkündete Epikur: Den Göttern ist es egal, was du machst, und du bist sowieso nur ein Klumpen Atome, der durch einen Zufallsprozess entstanden ist und sich nach deinem Tod auch wieder auflöst. Es gibt demnach nichts zu befürchten. Sieh also zu, wie du am besten hier und jetzt in Ruhe das Leben genießt.

Im achtzehnten Jahrhundert bildete sich nun eine toxische Kombination aus Epikureismus und drei anderen Dingen heraus. Zum einen gab es einen theologischen Aufstand: Wieder einmal wollten die Menschen den Typ im Himmel loswerden, der sie herumkommandierte. Zweitens gab es eine politische Revolution: Die Menschen wollten in Freiheit ihr eigenes System wählen, unabhängig von den Fürsten und ihrer behaupteten göttlichen Legitimation. Und als Drittes kamen wissenschaftliche und technische Fortschritte hinzu. Der Aufstieg der modernen Medizin, zusammen mit Entdeckungen im Bereich der Biologie und anderswo, war mit Sicherheit aufregend und bedeutsam. Jedes Mal war das Muster dasselbe: Wir wollen nicht mehr einfach nur das akzeptieren, was uns überliefert worden ist – wir wollen die Welt so verändern, dass sie auf unsere Weise und nach unseren Bedingungen funktioniert.

Verständlicherweise schien der Epikureismus wunderbar ins Bild zu passen. Tatsächlich jedoch zwingt uns keiner der drei erwähnten Bereiche dazu, Epikureer zu werden. Nur weil wir die Evolution beobachten, heißt das noch nicht, dass es keinen Gott geben kann, der in diesem Prozess und darüber hinaus am Wirken ist. Nur weil man die Tyrannei loswerden möchte, bedeutet das noch nicht, dass es nicht auch in einer Demokratie so etwas wie göttliche Impulse und Beschränkungen geben darf. Und nur weil man die überlieferte Theologie nicht mag, heißt das noch nicht, dass es keine bessere und in der Tat biblischere geben kann. Für den Epikureismus haben sich die Menschen also aus ganz anderen Gründen entschieden. Die Wissenschaft an sich zwingt niemanden dazu, Epikureer zu werden. Der Gott der Bibel und sein Schöpfungsprozess sind kein Nullsummenspiel, wie so viele in unserer Kultur immer noch behaupten.

Hinzu kommt, dass viele Kulturen sehr fortschrittliche Wissenschaften herausgebildet haben. Denken wir nur an das alte China oder das antike Persien mit ihrer bemerkenswerten Astronomie oder die großen muslimischen Kulturen des Mittelalters. Wenn man jedoch aus anderen Gründen Epikureer sein möchte, so wie das bei vielen westlichen Menschen in den letzten zweihundert Jahren der Fall gewesen ist, dann bieten einem Wissenschaft und Technologie willkommene Ausreden an. Es sind allerdings nur Ausreden, denn allein durch Beobachtung – zum Beispiel durch die Beobachtung der biologischen Evolution oder auch der kosmischen Evolution von einem angenommenen Urknall vor 13,7 Milliarden Jahren bis heute – kann man überhaupt nichts über die Frage herausfinden, ob es so etwas wie einen Gott gibt. Oder darüber, was er tut – es sei denn, man glaubt tatsächlich, dass göttliches Handeln und natürliche Entwicklung unmittelbar in Konflikt miteinander stehen, wobei die Annahme des einen das andere automatisch ausschließt.

Der Epikureismus etablierte sich dennoch in der westlichen Kultur, besonders in Amerika, und war einer der Gründe für die offizielle Trennung von Kirche und Staat, die immer noch zu Streitereien führt. Streitereien zum Beispiel über das Gebet in Schulen, den Satz „*In God we trust*" („Wir vertrauen auf Gott") auf Banknoten und vieles mehr. Und diese Trennung schwingt mit, wenn wir den Prozess des Erkennens selbst beschreiben, und bestimmt damit auch unser akademisches Arbeiten. Es wird immer noch weithin angenommen, dass Naturwissenschaften und Technologie die wahren Erkenntnisse liefern, während es im Bereich der Kunst, der Poesie, des Erzählens und der Malerei und, noch mehr, der Metaphysik und Theologie nur subjektive Überlegungen gibt, die in der konkreten Wirklichkeit nicht viel wert sind. An dem Tag, an dem ich diese Sätze aufgeschrieben habe, war in der Londoner *Times* gerade ein Artikel erschienen, in dem sich einer unserer erfolgreichsten Industrieunternehmer darüber beklagte, dass unser Bildungssystem so wenige Naturwissenschaftler produziere. Dabei karikierte er die Wahl zwischen Naturwissenschaften und freien Künsten, indem er von Mädchen sprach, die an die Universität gingen, um – das waren seine Worte – „französische Lesbenpoesie" zu studieren anstatt sich mit Nuklearphysik oder Ingenieurwissenschaften zu beschäftigen. Mehrere führende Akademiker haben ihn daraufhin zwar für diese unzeitgemäße Entgleisung attackiert, sie offenbart allerdings, was viele Menschen immer noch denken.

Selbst wenn das nicht unsere Vorstellung von der Kunst im Allgemeinen ist und wir diese Karikatur für bizarr halten, entspricht sie dennoch mit Sicherheit dem, was die meisten Menschen vom christlichen Glauben und der damit verbundenen Theologie denken. Gemäß der latent vorhandenen epikureischen Trennung gehören diese Dinge zwangsläufig in den „oberen" Bereich, in die private Welt einer losgelösten Spiritualität, die per Definition nichts mit der echten Welt zu tun hat, der schmutzigen und unaufgeräumten Welt, sei es nun die der Politik oder die der Naturwissenschaften. Eine von der Gegenwart losgelöste Spiritualität korrespondiert denn auch mit einer außerweltlichen Zukunftshoffnung, mit einem Himmel, der für immer die Welt aus Zeit, Raum und Materie hinter sich gelassen hat. Kein Wunder, dass die Menschen der letzten zweihundert Jahre solche Probleme mit der Vorstellung von einer neuen Welt hatten, ganz zu schweigen von der Auferstehung.

Und die Gemeinden sind immer wieder auf diesen Zug mit aufgesprungen. Wenn einem die Kultur vorschreibt, dass man sich zwischen Gott und der Welt entscheiden muss, dann entscheiden sich die Gemeinden für Gott – und vergessen dabei, dass der Gott der Bibel der Schöpfer ist. Aber selbst wenn sie daran denken, bleiben sie bei im Grunde genommen modernen Ideen darüber hängen, was Schöpfung bedeutet, und reden z. B. von einem Gott, der eine Welt schafft, die aussieht, als gäbe es sie schon seit 13 Milliarden Jahren, obwohl sie doch nur sechstausend Jahre alt ist. Konservative Gemeinden sprechen von Wundern in einer Weise, als würde ein Gott, der normalerweise außerhalb der Welt ist, plötzlich eingreifen, irgendetwas Außergewöhnliches tun und dann wieder verschwinden. Und so geht die Verwirrung weiter. Für diejenigen, die sich der Welt der aufgeklärten Moderne anschließen, wird die Bibel zu einem Buch, in dem es nur um eine individuelle, weltflüchtige Spiritualität geht, ein Buch, das zudem unzuverlässig ist, voller Irrtümer und Vorurteile. Die Bibel wurde zuerst privatisiert und dann demontiert. Und jeder, der auch nur anmerkt, dass diese Sicht falsch sein könnte, wird sofort als vormoderner Fundamentalist abgestempelt.

Noch etwas zu der modernistischen Trennung, die das hervorgebracht hat, was wir Säkularismus nennen: Forschungen am menschlichen Gehirn haben ergeben, dass – auch wenn es bei jedem Menschen etwas variiert und Ausnahmen vorhanden sind – die rechte Gehirnhälfte sich mit Dingen wie Sprache, Musik, Kunst, Metaphern, Poesie und, ja, auch Religion beschäftigt, während sich die linke Hemisphäre um nackte Tatsachen, Zahlen, Berechnungen und Ähnliches kümmert. Worauf viele hinweisen, ist, dass wir anscheinend so verschaltet sind, dass wir uns mit beiden Bereichen beschäftigen sollten, und dass das menschliche Leben vor allem da aufzublühen scheint, wo wir beides ins richtige Gleichgewicht bringen. Kürzlich hat sogar eine Studie ergeben, dass die rechte Hirnhälfte nachweislich daraufhin angelegt ist, die Führung zu übernehmen, was dazu führt, dass Menschen zunächst das große Bild im Kopf haben, das oft nur durch Kunst, Geschichten oder Metaphern zugänglich ist, und sich erst dann überlegen, wie das alles im Detail umgesetzt werden kann. Mit anderen Worten: Die rechte Hirnhälfte sollte den Weg vorgeben, während die linke über den Zahlen brütet. Einige von denen, die diese bemerkenswerte Analyse verstanden haben, führen an, in der nachaufklärerischen Welt sei diese Balance ins Ungleichgewicht geraten, weil dem Denken und Wissen der linken Gehirnhälfte zunächst der Vorrang eingeräumt und dann ganz das Feld überlassen worden sei. Das ist jedoch das kulturelle Äquivalent von Schizophrenie. Dennoch sind diese Vorstellungen tief in der heutigen Welt verwurzelt und sie geben uns radikal vor, wie wir an alles heranzugehen haben, inklusive der Bibel.

Was geschieht nun mit der Bibel in einer geteilten Wirklichkeit? Auf der einen Seite wird sie in kleine Schnipsel zerlegt, wie das Thomas Jefferson getan hat, der mit einer Schere tatsächlich seine Bibel zerlegt hat: in die Schnipsel, die wir glauben können, und die Schnipsel, die wir nicht glauben können. Die moralischen Vorstellungen sind, jedenfalls teilweise, in Ordnung; die Wunder jedoch sind es nicht. Wenn Jesus den Leuten beibringt, wie man betet, ist das in Ordnung; wenn Jesus Gottes Reich auf Erden wie im Himmel verkündet, ist es das nicht. Dass Gott geistlichen Trost und Ermutigung bereithält, ist fein; dass Gott in der Welt wirkt, ist es definitiv nicht. Und so weiter. Im Gegensatz zur landläufigen Annahme handelt es sich bei der modernen Bibelkritik um keine neutrale, objektive Forschung. Vom ersten Moment an bestand die treibende Kraft dahinter nicht in dem Wunsch zu verstehen, sondern im Wunsch zu reduzieren, darin, die Bibel in die Form zu pressen, die ihr von der dominierenden aufgeklärten Weltanschauung zugestanden wurde. Das Problem ist, dass sogar die konservativen Forscher, die die Bibel gegen diese Art von Angriffen verteidigen wollen, das ebenfalls auf dem Hintergrund desselben geteilten Weltbildes tun. So verteidigen sie die Wunder und Gottes Handeln in der Welt auf eine Weise, dass man beinahe an eine Invasion denken muss – an einen Gott, der normalerweise außerhalb der Prozesse der geschaffenen Ordnung steht und nun eingreift, etwas aus seiner Trickkiste zaubert und dann wieder verschwindet. Doch diese Vorstellung hat nur sehr wenig mit dem Gott der Bibel zu tun. Solche Möchtegern-Verteidiger der Bibel drücken sich normalerweise vor dem Gedanken, dass Gott auf Erden so König sein wird wie im Himmel, was jedoch das Hauptthema aller vier Evangelien ist.

Dies zeigt, dass die Diskussionen über die Bibel, die unsere Kultur durchziehen, normalerweise *innerhalb* jenes epikureischen Rahmens geführt werden, den sie eigentlich infrage stellen müssten. Doch die Attraktivität, die die Aufklärung bzw. der Epikureismus für uns immer noch zu besitzen scheint, hält nicht, was sie verspricht. Denn wenn wir uns wirklich ernsthaft mit historischen Fragen beschäftigen, offenbart sich die zweigeteilte Wirklichkeit als philosophisches Konstrukt.

Der Höhepunkt der Geschichte?

Das zweite Element in diesem Paket, das sich Aufklärung nennt und das unsere Kultur ohne Vorbehalte übernommen hat, besteht in der Überzeugung, dass die Geschichte der Menschheit mit dem achtzehnten Jahrhundert und seinen Entdeckungen ihren Höhepunkt erreicht habe. Es ist so, als wäre letztlich alles auf dieses eine Ziel hinausgelaufen: Die Menschheit ist nun erwachsen geworden und in ein neues *saeculum* eingetreten. Dieser Glaube wird bis auf den heutigen Tag von vielen Intellektuellen verbreitet, weitaus wichtiger ist jedoch, dass Milliarden von Menschen innerhalb des westlichen Kulturkreises stillschweigend davon überzeugt sind. Übernommen wurde nicht nur der Fortschrittsmythos allgemein, sondern vor allem der Mythos von einem *erfolgreichen* Fortschritt. Die Vorstellungen von einer Evolution bilden weit über die biologische Evolution hinaus den Hintergrund des epikureischen Denkens. Dieser Glaube verkündet, dass die Welt mit dem Aufstieg der modernen Naturwissenschaften und der modernen westlichen Demokratie zur Reife gelangt sei. Folglich sei nun nur noch eines zu tun: Die utopische Vision, die wir im aufgeklärten Westen schon vor Augen haben, müsse nun noch breiter entfaltet werden. Wir haben einen Blick in die Zukunft geworfen, in eine Zukunft voller Hoffnung, Wohlstand, Gerechtigkeit und Frieden, und wenn es uns bis jetzt nicht gelungen ist, sie Wirklichkeit werden zu lassen, dann liegt das daran, dass noch nicht alle verstanden haben, worum es geht ... Und deshalb sind diejenigen von uns, die es verstanden haben, dazu verpflichtet, diese Vision den Unverständigen aufzudrücken.

Mehr oder weniger dasselbe haben auch die Römer im ersten Jahrhundert, zur Zeit Jesu, gedacht. Mehr oder weniger dasselbe haben auch die Briten im neunzehnten Jahrhundert gedacht. Mehr oder weniger dasselbe denkt auch heute noch der größte Teil der westlichen Welt, insbesondere Amerika. Jedes Mal, wenn ein Kommentator oder Talkmaster sagt: „... in unserer heutigen Zeit ...", oder „... heutzutage, wo wir im einundzwanzigsten Jahrhundert leben ...", sollten wir eigentlich wissen, was danach kommt: Die stillschweigende Unterstellung, dass wir uns alle einer sozialen oder vielleicht sogar moralischen Evolution verschrieben haben, die immer nur in Richtung dessen geht, was sich selbst „Freiheit" nennt, egal, wie nebulös und mehrdeutig dieses Wort auch sein mag. Diese stillschweigende Vermutung führt schnell zu der unbegründeten Annahme, alle nichtwestlichen Nationen seien in Wirklichkeit so etwas wie freiheitlich-demokratische Schmetterlinge, die nur darauf warten, dass sie irgendjemand aus ihrem gegenwärtigen Kokon befreit. Nachdem wir ihnen jedoch geholfen haben, ihre Diktatoren loszuwerden, wundern wir uns, warum sie nicht sofort so werden wie wir. Der Mythos funktioniert einfach nicht. Wenn man allerdings etwas genauer hinschaut, könnte man darauf verweisen, dass eine Denkrichtung, die die blutrünstige Französische Revolution, den Gulag und

Auschwitz hervorgebracht hat – all das wurde mit demselben Gedanken des Fortschritts begründet –, nicht gerade die beste Erfolgsbilanz vorzuweisen hat, wenn es darum geht, im einundzwanzigsten Jahrhundert für Vertrauen zu werben und eine moralische Führungsrolle zu übernehmen. Und trotzdem tun die Leute immer noch so, als sei jeder, der das anzweifelt, entweder mental defizitär oder lebe noch in der Steinzeit.

Über all das könnte man noch sehr viel nachdenken. Mir geht es hier jedoch um die Auswirkung, die diese Haltung auf das Verständnis der Bibel hatte – vor allem bei den Christen selbst. Lassen Sie es mich pointiert sagen. *Die Bibel erzählt die Geschichte der Welt in einer Weise, als hätte sie ihre Bestimmung, ihren Höhepunkt am Ostermorgen erreicht, als Jesus von Nazareth aus dem Grab hervorkam.* Im Gegensatz dazu erzählt die Philosophie der Aufklärung *die Geschichte der Welt in einer Weise, als hätte sie mit dem Aufstieg der naturwissenschaftlich und demokratisch geprägten Moderne ihre Bestimmung, ihren Höhepunkt erreicht.* Beide Geschichten können nicht gleichzeitig wahr sein. Die Weltgeschichte kann nicht zwei Höhepunkte und zwei Bestimmungen haben. Das ist der Grund, weshalb die Menschen in den letzten zweihundert Jahren die Geschichte von der Auferstehung Jesu mit so viel Verachtung betrachtet haben. Dass ein Toter zu irgendeiner Art von körperlichem Leben aufersteht, galt selbstverständlich schon immer als ungewöhnlich. Die ersten Christen haben an die Auferstehung nicht deshalb geglaubt, weil sie keine Ahnung von den Naturgesetzen hatten. Vielmehr glaubten sie es aufgrund der überwältigenden Hinweise, die sie mit ihren Augen, Ohren, Händen und auch ihren Herzen erfahren hatten – der Hinweise nämlich, dass der Gott der Schöpfung etwas Neues, aber trotzdem in einer tiefen Weise Weiterführendes *in und mit* der natürliche Welt getan hatte, indem er sein Projekt der Erneuerung der Welt startete, das er schon lange im Sinn gehabt hatte. Die Auferstehung war kein willkürlicher Eingriff Gottes, um Jesus zu retten oder seine Allmacht zu zeigen oder anderes. Es ging dabei um die *neue Schöpfung.*

Doch seit dem achtzehnten Jahrhundert sagen die Menschen, man könne die Auferstehung nicht für wahr halten, wenn man zugleich auch die moderne Naturwissenschaft für wahr halte – womit sie das epikureische Modell des *Szientismus*, des Wissenschafts*glaubens* meinen, der eigentlich eine philosophische Weltanschauung ist, die behauptet, sich auf empirische Fakten zu stützen. Dieser Skeptizismus ist allerdings in keinster Weise modern. Schon Lukrez, der größte Epikureer der Antike, hätte sich über die Vorstellung einer Auferstehung lustig gemacht. Das hätten auch Homer, Aischylos, Platon oder Plinius. Worum es geht, ist, dass *die Auferstehung, wenn sie denn passiert ist, nicht nur die aufklärerische Einteilung der Wirklichkeit hinfällig werden ließe. Auch das Trugbild vom Höhepunkt der Geschichte in unseren Tagen und durch unsere Systeme, mit dem sich die Aufklärung selbst auf die Schulter klopft, würde ad absurdum geführt.* Aus diesem Grund wurde und wird die Auferstehung in der Forschung nicht als der Anfangspunkt einer neuen Schöpfung, sondern zunächst einfach nur als das bizarrste aller Wunder betrachtet, dann als unmögliches Wunder und schließlich als gefährliche ideologische Behauptung. Und ob sie gefährlich ist! Wenn sie nämlich wahr ist, dann können alle anderen Ideologien einpacken.

Dieses Mal ist ein Teil der Gemeinden auf den Zug aufgesprungen und ein anderer Teil am Bahnhof stehen geblieben. Viele Gemeinden halten am Glauben an die Auferstehung fest, obwohl sie sich darunter nur noch vorstellen, dass Jesus nach seinem Tod in den Himmel aufgefahren ist. Darum ist es jedoch noch nie gegangen. Die meisten westlichen Gemeinden haben schlichtweg vergessen, um was es in den Evangelien eigentlich geht und worum es in der Bibel, wenn man sie als Ganzes betrachtet, eigentlich geht – sie erzählt die Geschichte, wie der Schöpfergott seine Rettungsmission für die ganze Schöpfung gestartet hat. Das Resultat davon ist, dass der großartige Narrativ der Bibel durch Generationen von hingegebenen Predigern und Lehrern auf einen sehr viel kleineren zusammengeschrumpft worden ist, in dem es nur noch darum geht, „wie ich und Gott wieder zusammenkommen", so als ob die ganze Geschichte – die Schöpfung, Abraham, Mose, David, die frühe Gemeinde und nicht zuletzt die Evangelien selbst – nichts weiter wäre als eine gigantische Zusammenstellung von autoritativen Lehrsätzen darüber, wie Ungläubige zum Glauben kommen, wie Sünder gerettet werden und wie sich das Leben von Menschen ändern kann. Selbstverständlich findet man in der Bibel hiervon sehr viel, doch das ist nur ein Teil der sehr viel größeren Geschichte über den Schöpfer und den Kosmos, über den Bundesgott und das Bundesvolk – diesen *einen* Narrativ, der nach allen vier Evangelien in Jesus seinen Höhepunkt erreicht hat.

Und – das muss gerade in Bezug auf die nordamerikanische Kultur klar gesagt werden – aus diesem Grund hat auch die dispensationalistische Endzeitlehre so eine weite Verbreitung gefunden. Selbstverständlich wirft die Bibel einen Blick nach vorn und schaut auf die letztendliche Zukunft. Aber sie erkennt auch, dass diese endgültige Zukunft der Augenblick ist, in dem das, was in und durch Jesus geschehen ist, ein für alle Mal und vollkommen in Kraft gesetzt werden wird. Weil sie nicht mehr länger betont, dass die Ereignisse von Jesu Tod und Auferstehung für den ganzen Kosmos relevant sind, hat die nachaufklärerische Kultur, nicht zuletzt die christliche Kultur viel zu viel Nachdruck auf den Zeitpunkt des Endes gelegt, so als geschehe er völlig unabhängig von irgendwelchen gegenwärtigen Ereignissen. Das passiert eben, wenn man sich an der Geschichte zu schaffen macht – oder sie mit einer anderen Geschichte verschmilzt, die zu so etwas wie einer kulturellen Standardeinstellung geworden ist.

In all dem rückt die Unterscheidung von linker und rechter Gehirnhälfte wieder näher in den Fokus. In der allgemeinen Diskussion wird sie in der Regel mit der Unterscheidung von „objektiv" und „subjektiv" gleichgesetzt. Viele Akademiker denken, reden und schreiben genau in dieser Weise. Es würde mich nicht überraschen, wenn ich erführe, dass es naturwissenschaftliche Professoren gibt, die alle anderen Arten von Erkenntnis verächtlich behandeln, so als handele es sich dabei nur um nicht greifbare, schöngeistige, zu vernachlässigende Dinge, während es sich (ihrer Meinung nach) bei den Naturwissenschaften um die soliden, konkreten, nüchternen Dinge drehe, auf die es wirklich ankommt. Selbstverständlich lebt niemand auch nur einen Tag lang so, als sei das wahr. Musik, Lachen, Trauer und Imagination brechen sich in unserem Leben immer wieder Bahn, auch wenn sich die linke Gehirnhälfte mit aller Kraft dagegenstemmt. Genauso aber müssen die „Rechte-Gehirnhälfte-Träumer" auch ihre Wäsche waschen, Rechnungen bezahlen und rechtzeitig am Zug sein, wenn sie pünktlich zur Arbeit kommen wollen. In der öffentlichen Diskussion und oft genug auch bei öffentlichen Programmen bleibt es allerdings bei der Einteilung der Wirklichkeit und der Arbeitshypothese, dass die linke Gehirnhälfte die Führung übernehmen muss und die rechte ihr folgen soll, wenn sie nicht sogar ganz von der Bühne verdrängt wird.

Wenn ich mein eigenes akademisches Arbeitsfeld betrachte, muss ich sagen, dass man sehr viel leichter einen Doktor in biblischer Theologie bekommt, wenn man einen kleinen Textabschnitt unbarmherzig zerpflückt, als wenn man versucht, eine neue Vision des großen Ganzen zu entwickeln, innerhalb deren alles vielleicht auf einmal Sinn ergibt. Wenn man so etwas tut, wird es immer jemanden geben, der einen – in einem Tonfall, der nur zu gut das kulturelle Vorverständnis dahinter verrät – fragt: „Aber wo steht das im Text?" Das bedeutet im Grunde: „Zeige mir einen Vers, in dem genau das steht, was du sagst." Die Lösung zeigt sich jedoch oft nicht in einem einzigen Vers (so als könnte man die Interpretation eines großartigen Gemäldes auf die Analyse eines Quadratzentimeters Leinwand beschränken!), sondern in dem kompletten Gedankengang eines Kapitels, eines Buches oder gar einer ganzen Reihe von Büchern. Ich habe anderswo dargelegt, warum es an der

Zeit ist, dass wir verschiedene Forschungsweisen und -methoden neu miteinander verbinden und dabei die genannten kulturellen Vorverständnisse mit einbeziehen. Nur so erlauben wir den Texten, uns vor ihre eigenen Herausforderungen zu stellen und uns mit ihren alternativen Sichtweisen zu konfrontieren.

Was die Bibel der westlichen Kultur zu sagen hat

Jetzt jedoch, in der zweiten Hälfte dieses Kapitels, möchte ich drei Weisen aufzeigen, in denen die Bibel, wenn sie wirklich ordentlich gelesen wird, die kulturellen Vorverständnisse infrage stellen könnte, die sich so tief im allgemeinen Bewusstsein auch der Christen eingenistet haben. Was könnte geschehen, wenn wir einen frischen Blick auf die Botschaft der ganzen Bibel werfen würden?

Die Bibel und die geteilte Wirklichkeit

Als Erstes müssen wir feststellen, dass die Bibel nichts von der geteilten Wirklichkeit der epikureischen Philosophie weiß. Als Paulus in Apostelgeschichte 17 seine Rede auf dem Areopag in Athen hält, mit der er sich gegen den Vorwurf verteidigt, er wolle in der Stadt „fremde Götter" propagieren, gelingt es ihm sehr gut, mit den einander widersprechenden Weltanschauungen seiner Zuhörer umzugehen. Er wendet sich gegen die Götterbilder und Tempel, die natürlich die sichtbarsten Ausdrucksweisen der örtlichen Kultur waren. Das tut er mit der Begründung, der höchste Gott sei nicht an solchen Orten zu finden, schließlich sei er der Schöpfer, von dem Leben und Atem und alle Dinge kommen und der „nicht ferne von einem jeden unter uns" ist, „denn in ihm leben, weben und sind wir". Doch auch wenn Paulus kein Epikureer ist, so ist er ebenso wenig ein Pantheist wie die Stoiker. Gott und die Welt sind nicht dasselbe. Beide stehen in einer faszinierenden, aber undurchschaubaren Beziehung zueinander, in der Gott die Initiative behält und auch das Recht und die Verantwortung dafür, die Welt am Ende vollkommen in Ordnung zu bringen.

Paulus schöpft hier aus der alten Weisheit, die wir in den Schriften Israels finden. Unsere moderne Kultur hat sich mancherorts so sehr in die Frage verbissen, wie die sechs Tage von Genesis 1 zu verstehen sind, dass sie drei andere Dinge in diesem Kapitel völlig vergessen hat. Zunächst einmal hat sie vergessen, dass in der entsprechenden Kultur die sechsfache Sequenz dazu diente, die Konstruktion eines *Tempels* zu beschreiben: Die Schöpfung war darauf angelegt, ein Ort zu sein, in dem der lebendige Gott wohnt. Die beiden Bereiche der geschaffenen Ordnung, die in der Bibel „Himmel" und „Erde" genannt werden, existieren nicht jeweils für sich und unabhängig voneinander, wie das der antike und moderne Epikureismus verkünden. Es wäre auch falsch, den Himmel als gut und die Erde als schlecht zu betrachten, wie das der Platonismus tut; ebenso wenig war die Erde wichtig und der Himmel irrelevant, wie das der Säkularismus meint. Himmel und Erde sind die Zwillingshälften der guten Schöpfung, dazu geschaffen, einander zu überschneiden und sich miteinander zu verschränken, sodass der Gott, der im Himmel wohnt, auch auf geheimnisvolle Weise hier auf der Erde anwesend sein würde und die Bewohner der Erde immer nur eine Armlänge vom Himmel entfernt. Die ganze Welt, Himmel und Erde zusammen, sollten das verschiedenartige, aber dennoch vereinte Haus sein, in dem Gott und seine Geschöpfe in Harmonie leben sollten.

Eine zweite Sache vergessen die Menschen nur allzu oft in Bezug auf die Schöpfung und die Weltsicht, die sie uns vermittelt: Die Schöpfung ist kein von Menschenhand geschaffener Tempel, in dem eine Götterstatue steht, sondern eine Himmel-und-Erde-Welt mit einem Ebenbild Gottes darin – mit anderen Worten, mit männlichen und weiblichen Menschen, durch die der unsichtbare Gott in seiner Welt gegenwärtig wird. Menschen, durch die er der Betreuer, die „Person, die sich kümmert“, der Verwalter seiner Welt wird. Das beraubt die Menschen sofort jeglicher Möglichkeit, sich nur als losgelöste Beobachter, als Zaungäste zu verstehen, wie man sich das oft auf der Suche nach einer objektiven Wissenschaft erträumt hat, und stattdessen werden sie verantwortlich Mitwirkende an Gottes Plänen für seine Welt. Das hat enorme und entscheidende Auswirkungen auf das Studium der Natur. Wir sind in der Tat als Menschen dazu aufgerufen, uns mit Gottes Welt so vertraut wie nur irgend möglich zu machen, jede und jeder gemäß ihrer oder seiner Gaben. Doch das geschieht nie, damit wir einander von den interessanten Dingen berichten können, die wir dabei entdeckt haben. Es geschieht vielmehr, damit wir Gott, den Schöpfer, anbeten und weise Verwalter seiner Welt sein können.

Die Genesis malt uns also ein Bild von der Welt als Tempel vor Augen, in dem die Menschen die Statue, das Ebenbild Gottes innerhalb dieses Tempels sind. Diese beiden Vorstellungen von der Welt und den Menschen stellen die geteilte Wirklichkeit infrage, von der die nachaufklärerische Gesellschaft und Kultur ausgehen. Doch es gibt noch eine dritte Sache. Die Genesis erzählt uns gleich am Anfang nicht nur eine Schöpfungsgeschichte, sondern zwei. Genesis 1 und 2 sind nicht in jeder Hinsicht kompatibel – jedenfalls dann nicht, wenn man sie als an die linke Gehirnhälfte adressierte, rationalistische Erzählung über das, was „wirklich passiert ist“, liest. Die beiden Schöpfungsberichte sind nicht das, was wir wissenschaftliche Berichte nennen würden, und das wollen sie auch nicht sein. Die Tatsache, dass es zwei gibt, sollte den Leser alarmieren – und leider haben viele Leser in den letzten beiden Jahrhunderten diesen Fingerzeig nicht wahrgenommen! – denn sie zeigt, dass es sich um poetische Bilder handelt, um Geschichten voller Metaphern. Geschichten, die uns als Hilfen erzählt werden, damit wir mit unseren rechten Gehirnhälften verstehen, *wozu* die Schöpfung da ist. Wie Jonathan Sacks, der bis 2013 der

Oberrabbiner des Vereinigten Königreiches war, wieder und wieder in seinem Buch *The Great Partnership: God, Science and the Search for Meaning* schreibt, nimmt die Naturwissenschaft die Dinge auseinander, um zu sehen, wie sie funktionieren, während die Religion die Dinge zusammenfügt, um zu sehen, was sie bedeuten. Und oft ist der Prozess des Zusammenfügens von Dingen mit der im Wesentlichen in der rechten Gehirnhälfte stattfindenden Aktivität des *Geschichten*erzählens und -verstehens verbunden, bei der es nicht so sehr um die Frage geht, was geschehen ist, sondern darum, was das alles bedeutet. Die Genesis lädt uns also in eine Welt ein, die tatsächlich zwei Ebenen hat, die vage „Himmel" und „Erde" genannt werden. Eine Welt, in der jedoch diese beiden Ebenen nicht voneinander getrennt sind, wie das der Epikureismus sagt, sondern auf komplexe Weise miteinander verschmolzen. Das lädt die Menschen in eine Welt der Erkenntnis ein, die aber nicht die des losgelösten Beobachters ist, sondern die des involvierten Teilnehmers.

Natürlich habe ich bisher nur einen kurzen Blick auf Genesis 1 und 2 geworfen. Wenn wir unsere Suche weiter ausdehnten und sowohl die hochfliegende Poesie der Psalmen als auch die bodenständige Weisheit der Sprüche in den Blick nähmen, würden wir wieder und wieder derselben Verschränkung von Himmel und Erde begegnen. Wir würden auch derselben Berufung der Menschen begegnen, die irgendwo mittendrin festsitzen, beteiligt an einem Drama, das sie oft nicht verstehen. Der Berufung nämlich, nicht nur Zuschauer, sondern Akteure zu sein und nicht einfach einer vermeintlich „objektiven Wahrheit" hinterherzulaufen.

Die Bibel als Geschichten und Geschichte

Die Bibel erzählt uns eine Unmenge von Geschichten, aber in ihrer endgültigen Form erzählt sie eine alles umspannende Geschichte, eine einzige große Erzählung, die sie als die eigentliche Geschichte der Welt darstellt. Das ist beide Male der Fall, ob wir nun die jüdische Form der Bibel nehmen – das, was die Christen das Alte Testament nennen – oder die christliche Version, zu der beide Testamente gehören. In der jüdischen Bibel bleibt die Geschichte unvollendet. Der große Philosoph Ludwig Wittgenstein hat deshalb die jüdische Bibel einmal mit einem Körper ohne Kopf verglichen. Sie erzählt eine Geschichte, die in eine bestimmte Richtung weist, dort aber nicht ankommt. Die frühchristlichen Schriften erzählen und interpretieren allerdings die Geschichte von Jesus auf eine Weise, als wollten sie uns sagen: „Das ist das Ziel, wohin sich die ursprüngliche Geschichte von Anfang an entwickelt hat."

Und wie in allen guten Geschichten ereignen sich auch hier Höhepunkt und Auflösung auf überraschende Weise. Im Judentum zur Zeit des Zweiten Tempels hätte niemand voraussagen können, dass es irgendwann so jemanden wie Jesus von Nazareth geben würde, der das tun würde, was er tat. Und dennoch war es im Nachhinein betrachtet tatsächlich genau das, worauf die ganze Geschichte hinauslief. Das ist übrigens auch ein Aspekt der Bedeutung der Auferstehung Jesu. Ohne sie hätte nie jemand auch nur für eine Minute angenommen, dass Jesus tatsächlich der Messias Israels sei, der Erlöser und Herr der Welt.

Das Motiv, wie Israels Geschichte ihren Höhepunkt erreicht, zeigt, wie die sehr spezifische Geschichte einer kleinen Nation in einer kleinen Ecke der Weltgeschichte und der Geografie als Träger einer Bestimmung verstanden werden kann, die über Zeit und Raum hinausreicht. Das Motiv der Erwählung Israels ist in den letzten zweihundert Jahren größtenteils vernachlässigt worden, teilweise geschah dies aufgrund eines manifesten europäischen Antisemitismus und teilweise auch aufgrund des neuen Schubs, den die Aufklärung solchen Unterströmungen verliehen hat. Die Aufklärung war eine totalisierende Bewegung, die eine Art universaler Erkenntnis für sich beanspruchte, und der sehr spezielle und eigenständige

Narrativ Israels wurde als ein Affront empfunden. In der sich entwickelnden deutschen Aufklärung eines Hegel und anderer wurde das Judentum sogar als eine „falsche Art von Religion" verstanden – eine Vorstellung, die im zwanzigsten Jahrhundert grausame Früchte tragen sollte.

In der Heiligen Schrift erzählt jedoch der Narrativ Israels davon, wie der Schöpfergott seinen Plan zur Rettung der Schöpfung entwickelt. Wenn dieser Plan umgesetzt wird, werden die kriegführenden Nationen der Welt von Gottes gesalbtem König, dessen Reich sich von einem Meer bis zum anderen erstreckt, zur Ordnung gerufen werden, wie es die Psalmen und die Propheten an verschiedenen Stellen erläutern. Das ist die Geschichte, die nach Ansicht des Neuen Testaments ihren überraschenden Höhepunkt in Jesus erreicht. Das ist nicht nur insofern überraschend, weil es unerwartet kam, sondern auch, weil es einen völlig anderen *Charakter* hatte. Im Widerspruch zu allen imperialen Narrativen, sowohl den antiken als auch den modernen, verkündet das Neue Testament, dass es nicht darum geht, die Welt mit den üblichen Mitteln zu erobern, sondern dass der gekreuzigte und auferstandene Jesus damit angefangen hat, durch das Mittel seiner sich selbst hingebenden Liebe die Welt zu regieren. Und dieser Charakter überträgt sich auf das ganze Projekt der christlichen Erkenntnis und macht es zu einer wirklich menschlichen Angelegenheit, die die falschen Entweder-oder-Alternativen der nachaufklärerischen Epistemologie transzendiert.

Abgesehen davon, dass die biblische Erzählung eine Story darstellt, die auf so vielen unterschiedlichen Ebenen Sinn ergibt, zwingt sie auch alle anderen Metanarrative zur Bescheidenheit. In der Antike war die größte Geschichte die des Römischen Reiches, eine achthundert Jahre umspannende Geschichte darüber, wie Rom aus kleinen Anfängen zur großen imperialen Macht herangewachsen war, die von den Göttern mit der Aufgabe betraut wurde, der Welt Gerechtigkeit und Frieden zu bringen. Das Neue Testament zieht immer wieder

Parallelen zwischen diesem imperialen Narrativ und der Geschichte Israels mit ihrem Höhepunkt in Jesus, wobei Letztere als Realität verkündet wird und die Geschichte Roms als deren Parodie. Genau dasselbe macht das Neue Testament mit den eigennützigen Geschichten der Aufklärung und all ihren Nebenwirkungen in Bezug auf die Trennung der Wirklichkeit und ihren Auswirkungen auf alle Bereiche der Gesellschaft, von den Universitäten bis hin zur Politik. Die Geschichte der Aufklärung ist in gleicher Weise nur eine Parodie der wahren Geschichte, genauso wie Marx der Welt eine Parodie der biblischen Gesellschaftsvision präsentierte und Freud eine Parodie der biblischen Vision von einem geheilten menschlichen Innenleben.

Es ist nicht gleichbedeutend mit dem Rückzug auf irgendeine einsame Insel, wo andere Ideologien nichts gelten, wenn wir aufmerksam auf die biblische Geschichte hören und mit ihr und in ihr leben, weil wir sie für das wahre Drama der Welt halten. Die Geschichte von Israel, von Jesus, ist die Geschichte der Menschen Gottes, die durch demütiges und fröhliches Zeugnis, manchmal auch durch Leiden oder sogar durch das Martyrium hindurch in ein umkämpftes Gebiet einmarschieren – nicht etwa, weil wir ein seltsames oder unvernünftiges Volk wären, das aus Prinzip alles ablehnt, was der Rest der Welt für richtig hält. Nein, sondern weil wir auf dem Weg zu einer echten Menschlichkeit sind, die sich, wenn auch nur für flüchtige Augenblicke, selbst beglaubigt. Um es ganz praktisch auszudrücken: Ein Grund dafür, die vier Evangelien regelmäßig und gründlich zu lesen, gemeinsam und allein für sich, besteht darin, dass wir auf diese Weise lernen, innerhalb dieser umfassenden biblischen Geschichte zu leben.

Die Bibel und die menschliche Erkenntnis

Das bringt mich zum Kern dessen, was ich hier sagen möchte: dass wir in der Bibel, wenn wir ihr zugestehen, sie selbst zu sein, eine Erkenntnisweise finden, die weder der hell erleuchteten, scheinbaren Objektivität der nachaufklärerischen Naturwissenschaft noch dem verschwommenen und unklaren scheinbaren Subjektivismus entspricht, der als ihr Gegenteil betrachtet wird. Die Bibel stellt die Trennung unserer Welt und unserer Erkenntnis infrage, von der das Projekt der Moderne so sehr geplagt wird. In der Bibel finden wir eine Berufung zur menschlichen Erkenntnis, die immer relational ist, der Sache oder Person, die erkannt wird, immer ihre volle Aufmerksamkeit widmet und die trotzdem immer den größeren Kontext der Erzählung, der Imagination, der Metapher und der Kunst einbringt. Dieser ermöglicht es uns erst, die Dinge tiefer zu erkennen, als es durch eine Liste von Fakten oder eine Reihe von Formeln möglich ist. Die Leute nehmen oft fälschlicherweise an, die Christen behaupteten, religiöse Wahrheiten auf absolute Weise zu kennen, während die säkularen Naturwissenschaftler sich mit einer anderen Form absoluter Erkenntnis beschäftigten, einer vollkommen objektiven Beschreibung der Welt. Ich möchte hier einen völlig anderen Weg vorschlagen, die ganze Sache zu betrachten, und zwar in Form einer anderen Art von Weltsicht und einer anderen Darstellung von Erkenntnis. Ich hoffe, dies wird Sie sowohl herausfordern als auch ermutigen.

Lassen Sie mich drei Dinge darüber sagen. Zum einen ist das erkennende Subjekt zum Ebenbild des Schöpfers geschaffen, und deshalb ist das Subjekt dazu berufen, die Weisheit des Schöpfers und seine Fürsorge in die Welt hineinzu*spiegeln* und umgekehrt den Lobpreis der Schöpfung zurück zum Schöpfer. Innerhalb dieses Modells kann Erkennen niemals nur bedeuten, dass man Erkenntnisse über die Welt zusammenträgt, sei es nun über verschiedene Arten von Bäumen, den Aufbau der DNA oder die dunkle Materie jenseits der Sterne. All das ist wichtig, das erkennende Subjekt hat jedoch eine *Berufung* in Bezug auf das Erkannte. Wenn wir *über* die Welt Bescheid wissen, dann haben wir auch die Aufgabe, die weise Ordnung des

Schöpfers *in* die Welt zu bringen und auf diese Weise die Welt und ihre unterschiedlichen Teile zum Blühen zu bringen. Wir sollen ihr helfen, in Herrlichkeit all das zu werden, was schon in sie hineingelegt ist, damit sie ihren Schöpfer preisen kann. Das ist ein Aspekt davon, was es nach biblischer Lehre bedeutet, zum Ebenbild Gottes erschaffen zu sein. Um noch einmal Jonathan Sacks Maxime zu wiederholen: Die Naturwissenschaft nimmt die Dinge auseinander, um zu sehen, wie sie funktionieren, während die Religion sie zusammenbringt, um zu sehen, was sie bedeuten. Beide Seiten brauchen einander genauso, wie die beiden Gehirnhälften einander brauchen, damit das Gehirn in der richtigen Balance funktioniert.

Zum zweiten Punkt. Die Beziehung zwischen dem Subjekt und dem Material, das es erforscht, ist auf signifikante Weise verschieden. Das Wort *Erkenntnis* nimmt sehr unterschiedliche Bedeutungen an, je nach der Natur der Dinge, die erkannt werden sollen. An dieser Stelle möchte ich betonen, dass die naturwissenschaftliche Erkenntnis, die auf Experimenten aufbaut, die im Prinzip wiederholbar sind (um sicherzustellen, dass man sich nicht hat irreführen lassen oder verwirrt war), in einem Kontinuum mit verschiedenen anderen Formen des Erkennens steht. Innerhalb des modernen und besonders des epikureischen Denkens wurden manche in die Versuchung geführt, nur in der naturwissenschaftlichen oder empirischen Erkenntnis die eigentliche Erkenntnis zu sehen. Andere Formen der Erkenntnis – zum Beispiel die Art von Erkenntnis, die ein Philosoph oder Literaturkritiker für sich in Anspruch nimmt – werden in diesem Zusammenhang als irgendwie zweitklassig betrachtet. Das Erkennen, das mit der Weisheit im biblischen Sinn einhergeht, sieht das Studienobjekt freilich nicht als isolierte Einheit, die manipuliert oder ausgebeutet werden kann, sondern als Teil einer sehr viel größeren Welt der sich überschneidenden Verbindungen und gemeinsamen Beziehungen.

Drittens erkennt der Erkennende nie isoliert. Alles ernst zu nehmende akademische Forschen geschieht im Kontext einer

Gemeinschaft des Erkennens. Und darum geht es. Echte Weisheit ist beides, sowohl mutig als auch demütig. Sie hat nie Angst davor, das auszusprechen, was sie erkannt zu haben glaubt, aber sie wird immer offen für andere Blickwinkel sein.

Wohin hat uns das geführt? Es hat uns an den Punkt geführt, an dem wir eine integrierte Form des Erkennens sehen können. Alles Erkennen, behauptet die biblische Weisheitsliteratur, ist mit Menschen verbunden, die in sehr viel komplexeren Beziehungen stehen, als es die Vorstellung von einem unabhängigen Beobachter, der eine vermeintliche „Vogelperspektive" einnimmt, vermuten lässt.

Für all das gibt es einen biblischen Begriff, und der heißt *Liebe.* Das Wort *Liebe* hat in unserer Sprache so viele Gelegenheitsarbeiten übernehmen müssen, dass es schwierig ist zu sagen, für was es denn nun eigentlich steht. Wir müssen es dennoch versuchen. Einer der Hauptwesenszüge der Liebe besteht darin, dass sie die Person oder Sache, die geliebt wird, stark und radikal bestätigt. Sie versucht nicht, sie zu manipulieren oder aus der Fassung zu bringen. Sie wünscht sich das Beste für ihr Objekt und tut alles, um das Beste zum Vorschein zu bringen. Doch zur selben Zeit kann echte Liebe – sei sie nun gegenüber einer Person oder einem Objekt, einem Baum, einem Stern, einem Berg oder einem literarischen Text – niemals in dem Sinne objektiv sein, dass sie eine losgelöste „Vogelperspektive" einnimmt. Die Liebe bringt auf der Ebene des Erkennens das zusammen, was die Aufklärung trennt, die auch – und aus denselben Gründen – in meinem Betätigungsfeld den historischen Jesus und den Christus des Glaubens auseinanderzureißen versucht. Das geht nicht. Liebe ist unteilbar, und Jesus ist unteilbar, und die beiden gehören ganz offensichtlich zusammen. Und wenn Sie meinen, dass sich das wie ein pietistischer Kurzschluss anhört, so als würde ein Glaubensschritt auf Jesus zu alles andere irrelevant werden lassen, dann zeigt das nur, wie tief die geteilte Wirklichkeit in uns verwurzelt ist.

Es ist in der Tat Jesus, der das Subjekt von allem ist. Innerhalb des größeren Narratives der Bibel finden in ihm alle Verheißungen Gottes ihr Ja, wie Paulus sagt. Zu diesen Verheißungen gehören auch die Verheißungen bezüglich des Erkennens. In ihm sind alle Schätze der Weisheit und Erkenntnis verborgen, wie Paulus sagt – beide, sowohl die Schätze, die Weisheit und Erkenntnis erfassen und feiern können, als auch die Schätze, die wir Weisheit und Erkenntnis nennen. Oder um es mit dem atemberaubenden Anfang des Johannesevangeliums zu sagen: „Im Anfang war das Wort" – die Rede, die Selbstäußerung, die schöpferische Macht und persönliche Gegenwart des transzendenten Gottes. Und das Wort ward Fleisch und schlug in unserer Mitte sein Zelt auf. Alle Kulturen, in der Antike wie in der Moderne, fanden das herausfordernd. Es überrascht daher nicht, dass unsere auf ihre Weise damit umging. Die Aufgabe, vor der diejenigen stehen, die Jesus nachfolgen, besteht darin, gegen alles anzukämpfen, was versucht, die biblische Vision in die fremden Schubladen anderer Weltanschauungen zu pressen. Sie besteht auch darin, dass wir uns selbst um das größere Bild bemühen, das durch unsere rechte Gehirnhälfte unterstützt wird – ein Bild, erfrischt und erneuert durch die mitreißende Geschichte und mächtige Bilderwelt der Bibel. Und natürlich können wir mit unserer Arbeit aus der linken Gehirnhälfte heraus fortfahren, worin auch immer sie bestehen mag, und das alles im Vertrauen darauf, dass Jesus der Herr der Welt ist und alle Wahrheit ihm gehört.

Wir werden nicht alles richtig machen. Unsere Aufgabe besteht nicht darin, in allem triumphierende Experten zu werden. Das wäre nur eine Kapitulation vor einer anderen Version des modernen Traums. Unsere Aufgabe besteht vielmehr darin, der Vision treu zu bleiben, ihr demütig, aber freudig nachzugehen, im Vertrauen auf Gott den Schöpfer und Ursprung des Lebens – im Vertrauen darauf, dass, wie Paulus sagt, unsere Arbeit im Herrn nicht vergeblich sein wird.

8. Götzendienst 2.0

Bevor ich so richtig ins Thema einsteige, möchte ich zunächst einmal den Hintergrund etwas näher beleuchten. Wir Bewohner der westlichen Welt sind, ob uns das nun gefällt oder nicht, Kinder der Aufklärung. Und die zentralen Gedanken der Aufklärung haben ihre Wurzeln im Epikureismus. Dessen Lehre könnte man grob gesagt folgendermaßen zusammenfassen: Die Götter sind ganz weit weg und interessieren sich auch nicht für uns, mach dich also locker und genieße dein Leben. Über diesen Epikureismus in seiner antiken und modernen Form und darüber, wie er unser heutiges Denken bestimmt, müssen drei Dinge gesagt werden.

Zunächst einmal ist festzustellen, dass es sich bei den Lehren Epikurs und denen des Lukrez', einem Dichter aus dem ersten vorchristlichen Jahrhundert, um schroffe Reaktionen handelt, die sich aber nicht gegen das Judentum richteten, das beide nicht kannten, und natürlich auch nicht gegen das Christentum, das es damals noch gar nicht gab. Sie wandten sich vielmehr gegen bestimmte Formen des antiken Heidentums, bei denen den Leuten Angst gemacht wurde, indem man behauptete, die Götter seien ständig hinter den Menschen her, und wenn sie einem nicht das gegenwärtige Leben versauerten, so könnten sie es aber immer noch nach dem Tod. Damals reagierte man darauf genauso wie später im fünfzehnten Jahrhundert, in dem die mittelalterliche Kirche eine Menge dieser antiken heidnischen Vorstellungen in Bezug auf den unvorhersehbaren göttlichen Zorn übernommen hatte, um die Leute mit der Angst davor zu einem bestimmten Glauben und Verhalten zu zwingen: Die Wiederentdeckung von Lukrez und damit auch von Epikur kam damals vielen wie eine gute Nachricht vor. Als Thomas Jefferson im achtzehnten Jahrhundert schließlich verkündete, er sei Epikureer, reagierten er und seine Aufklärungskollegen damit bewusst auf eine Form der christlichen Verkündigung, die den Menschen durch das Bild eines Gottes, der in diesem und im nächsten Leben zornig auf sie ist, Furcht einjagte.

Mein zweiter Punkt ist, dass der Epikureismus zwar nicht die Grundlage der modernen Wissenschaften darstellt, aber sehr wohl die Basis dessen, was man den modernen *Szientismus*, den modernen Wissenschaftsglauben nennen kann. Indem sie die Welt von jeglicher Möglichkeit einer göttlichen Intervention oder eines göttlichen Einmischens abgeschnitten haben, verschafften Epikur und seine Nachfolger der Welt eine Art Autonomie, eine Form von Unabhängigkeit. Diese Unabhängigkeit ist der Vorfahre der aufklärerischen Vorstellung von einer Autonomie der Wissenschaften.

Sie ist auch die Wurzel der politischen Autonomie, die der kleine Bruder der Autonomie der Wissenschaften ist – und die parallele Entwicklung dieser beiden Ideen in der westlichen Welt sollte uns zu denken geben. Auf dieselbe Weise, wie der Epikureismus jede Form göttlicher Einmischung ablehnte und so die natürliche Welt auf sich selbst zurückwarf, so kann man auch das göttliche Recht der Könige loswerden und die Demokratie sich selbst entwickeln lassen. Diese Überzeugung steht hinter der Annahme, dass alle ganz selbstverständlich eine Demokratie nach westlichem Muster anstrebten, sobald irgendwo auf der Welt ein Diktator gestürzt worden ist. Wenn das jedoch nicht geschieht, was in der Regel der Fall ist, dann haben wir kein anderes Erklärungsmuster zur Hand, mit dem wir verstehen könnten, was da passiert. Tatsächlich ist es so, wie Marx ganz klar erkannt hat: Wenn wir den Dingen einfach ihren Lauf lassen, kann das zu Revolutionen hochkochen, ebenso wie das auch in der Natur in vielen Bereichen der Fall ist. Wer also mit epikureischen Vorstellungen an die Politik herangeht, muss mit Entwicklungen rechnen, die Vulkanausbrüchen nahekommen.

Das führt mich zu meinem dritten Gedanken, den wir ebenfalls im Hinterkopf behalten sollten, wenn wir uns mit unserer modernen Kultur beschäftigen: Dieses eben dargestellte Zusammenspiel von Ideen hat das hervorgebracht, was wir *Säkularismus* nennen. Der Säkularismus ist ein komplexes Phänomen, das allerdings zum dominantesten Zug der westlichen Kultur geworden ist, besonders in den Vereinigten Staaten. Trotz – oder vielleicht gerade wegen – der fortwährenden und oftmals schrillen Religiosität der amerikanischen Kultur gibt es einen ständig anwachsenden Druck, das Reden über Gott aus dem öffentlichen Leben zu verbannen. Den Druck, alles – von der wissenschaftlichen Forschung über die Politik bis hin zur Ehe – auf die Annahme zu gründen, die Welt sei genau so, wie sie einem vorkommt, ohne irgendeinen Bezug zu etwas jenseits des Sichtbaren und wissenschaftlich Messbaren.

Ich muss das Thema dieser Abhandlung deshalb in einen dreifachen Kontext stellen, weil es grundlegend zu sein scheint, dass wir erkennen, wo wir herkommen, damit wir das Konzept einer Trennung von Heiligem und Säkularem beziehungsweise von Religiösem und Nichtreligiösem nicht schlichtweg übernehmen, so als sei das alles einfach nur Teil einer unveränderlichen kulturellen Landschaft. Das ist es nämlich nicht. Ironischerweise kann man die gegenwärtige kulturelle Landschaft sogar nur als eine weitere Entwicklung in der sehr komplexen Geschichte der modernen westlichen Welt verstehen. Sie hat sich jedoch politisch als auch naturwissenschaftlich durch den bemerkenswerten Anspruch der Gründerväter der Vereinigten Staaten sehr verfestigt, die im ausgehenden achtzehnten Jahrhundert tatsächlich davon überzeugt waren, der Geburt eines neuen *saeculums* beizuwohnen, so wie der römische Dichter Virgil vor zweitausend Jahren in der Zeit des Augustus auch an den Anbruch eines goldenen Zeitalters geglaubt hatte.

Dieser Anspruch, der sich besonders in Amerika sehr wirkmächtig unter der Oberfläche von vielen kulturellen Vorannahmen versteckt, bringt es mit sich, dass jeder Versuch, sich mit der vermeintlichen Rolle des Säkularismus kritisch auseinanderzusetzen, automatisch als ein Angriff auf die großartige moderne Weltordnung verstanden wird, die uns so viel Segen gebracht hat, nicht zuletzt im medizinischen Bereich.

All das führt mich zum Hauptabschnitt, in dem ich darlegen möchte, dass die angenommene Pattsituation zwischen dem, was wir Religion nennen, und dem, was wir die säkulare Welt nennen, und den Kulturen, die rund um diese Pattsituation entstanden sind, auf einem grundlegenden Missverständnis beruht. Es gibt nämlich durchaus andere Möglichkeiten, die ganze Angelegenheit zu betrachten, die sie nicht nur genauer beschreiben würden, sondern uns auch eher befähigen würden, unseren Weg zu finden. Zudem wären sie christlicher, weil sie eher der interessanten und oft vergessenen Botschaft von Jesus entsprächen.

Was ist mit den Göttern passiert?

Im Physikunterricht lernt man schnell, dass die Natur das Vakuum verabscheut. Man kann zwar ein Vakuum schaffen und mit der richtigen Technologie auch aufrechterhalten, doch der Luftdruck bedroht es von allen Seiten, was manchmal sogar zu einer Implosion führen kann. So ähnlich ist das meiner Meinung nach auch in Bezug auf Philosophie und Weltanschauungen. Sie verabscheuen das Vakuum. Man kann Gott oder die Götter zwar im Obergeschoss verschwinden lassen, damit sie außer Sichtweite sind, so wie man es vielleicht mit einem älteren Verwandten macht, der einem peinlich ist. Die Geschichte zeigt allerdings wieder und wieder, dass sich dann andere Götter irgendwo heimlich hineinschleichen und den Platz der alten einnehmen.

Diese anderen Götter sind übrigens alte Bekannte. Schon die Antike kannte sie sehr gut. Nehmen wir nur die drei, die die naheliegendsten sind: Da wären Mars, der Gott des Krieges. Mammon, der Gott des Geldes. Und Aphrodite, die Göttin der erotischen Liebe. Einen der faszinierendsten Aspekte der modernen westlichen Vorstellungswelt finden wir in den Werken der „Meister des Misstrauens" Nietzsche, Marx und Freud, die behaupten, sie könnten die Motive offenlegen, die unter der äußerlich glatten und verständlichen Oberfläche der modernen Welt schlummern. Im Grunde geht es nur um Macht, verkündete Nietzsche. Letztlich läuft alles aufs Geld hinaus, sagte Marx. Es dreht sich ausschließlich um Sex, entgegnete Freud. Auf jeden Fall werden Macht, Geld und Sex als Antriebskräfte gesehen, die einfach da sind, ob uns das nun gefällt oder nicht. Wir können uns zwar so etwas wie eine Freiheit der Entscheidung vorstellen, tatsächlich sind wir jedoch in Bezug auf diese Impulse blinde Sklaven.

Betrachten wir sie einmal in umgekehrter Reihenfolge. Man kann sich heute kaum noch vorstellen, wie die Verhältnisse während meiner Kindheit in den 1950er-Jahren ausgesehen haben. So etwas wie Pornografie gab es damals praktisch nicht. Die große Mehrzahl der verheirateten Paare blieb auch verheiratet. Während meiner Schulzeit habe ich genau einen Jungen kennengelernt, der aus einem zerbrochenen Elternhaus kam. Ohne jeden Zweifel hat es damals im Verborgenen sehr viel von dem gegeben, was man als illegitime sexuelle Aktivitäten angesehen hat, dennoch gab es in der Gesellschaft eine breite Akzeptanz der jüdisch-christlichen Moralvorstellungen. Das bedeutete – und das ist wichtig für das, was ich sagen möchte –, dass die meisten Menschen wenigstens ein wenig unter dem Druck standen, bestimmten Impulsen zu widerstehen, denen sie, wenn sie nur auf sich selbst gestellt gewesen wären, sicher nachgegangen wären. Nachdem allerdings Freud populär geworden und durch Romane und Theaterstücke in die Mainstream-Kultur eingesickert war, fingen die Leute an, von ihren erotischen Impulsen, die oft die „Lebenskraft" genannt wurden, auf die gleiche Weise zu reden wie davor von den Geboten Gottes: *Bei so etwas sollte man kei-*

nen Widerstand leisten. Das wäre heuchlerisch und falsch. Ich denke nicht, dass die Leute heute noch genauso ehrfurchtsvoll von der Lebenskraft reden wie damals; sie wird schlichtweg vorausgesetzt. Der verstorbene Christopher Hitchens, ein weiterer Hohepriester des zeitgenössischen Atheismus, hat gesagt, die beiden Dinge, die man sich auf keinen Fall entgegen lassen solle, wenn sich einem die Gelegenheit dazu biete, seien ein Auftritt im Fernsehen und Sex. Der Göttin Aphrodite dienen also Millionen, auch wenn sie sie unter anderem Namen kennen.

Die heutige westliche Welt muss darüber hinaus kaum an den Raum erinnert werden, den Mammon, die Anbetung des Geldes, in unserer Gesellschaft einnimmt. London trägt stolz den Titel der Finanzhauptstadt der Welt, und die großen Finanzskandale und Bankenkrisen, die unser System im vergangenen Jahrzehnt durchgeschüttelt haben, haben unser Vertrauen auf diesen antiken und doch sehr modernen Gott in keiner Weise erschüttert. Obwohl irgendetwas schiefgelaufen ist, meinen wir immer noch, dass das Einzige, was wir tun müssten, darin besteht, das System zu stützen und wieder zum Laufen zu bringen – trotz der himmelschreienden Ungerechtigkeit, trotz der Länder, die unter unbezahlbaren Schuldenlasten ächzen, trotz der wachsenden Armut sogar innerhalb unserer westlichen Wohlstandsgesellschaften und so weiter. Vermutlich ist es keine Übertreibung, wenn man sagt, dass viele Studenten heute zu Recht oder zu Unrecht hoffen, ein Universitätsabschluss sei das Ticket für einen guten Job und ein gutes Gehalt und das reiche aus als Begründung für ein Hochschulstudium. Persönliche Erfahrungen mit der Anbetung des Mammons kann man z. B. dann sammeln, wenn man einen Job angeboten bekommt, der sehr viel weniger einbringt als der, den man gerade macht. Wie würden Sie sich entscheiden?

Das Gleiche gilt in Bezug auf Mars und den ganzen Bereich der Macht, des Zwangs und schließlich der Waffen, der Gewalt und des Krieges. Die westliche Kultur geht davon aus, dass die

Antwort auf die Probleme der Welt darin besteht, irgendwen zu bombardieren. Ich habe es im Jahr 2002 schon gesagt und werde seitdem nicht müde, es zu wiederholen: Dadurch, dass wir unsere moderne Militärmaschinerie auf die vermeintlichen Quellen des Terrors im Nahen Osten loslassen, wird alles nur noch sehr viel schlimmer werden. Und ich muss sagen, ich habe im vergangenen Jahrzehnt nichts erlebt, was mich Lügen gestraft hätte. Doch unsere englischsprachige Kultur, die mit Erfolgsgeschichten aus zwei Weltkriegen groß geworden ist, hat sich selbst in die Position eines Weltpolizisten manövriert. Egal, wie viele Leichensäcke vom Kriegsschauplatz nach Hause geschickt werden – wir nehmen immer noch an, dass die Welt auf diese Weise funktionieren sollte. Experimente wie Desmond Tutus Wahrheits- und Versöhnungskommission in Südafrika werden zwar bewundert, aber nicht übernommen.

In jedem dieser drei Fälle – Aphrodite, Mammon und Mars – haben sich die erwähnten antiken und wohlbekannten Götter nicht einfach ins Obergeschoss verbannen lassen, sondern sind gegenwärtig und mächtig – und das umso mehr, weil sie nicht erkannt werden. In welcher Hinsicht sind sie Götter? Die Menschen der Antike hatten keine Probleme, darauf eine Antwort zu geben. Erstens: Diejenigen, die diese Götter anbeten, werden so wie die Objekte ihrer Anbetung. Denn ihr Charakter wird geformt, indem sie das Objekt ihrer Anbetung imitieren und sein inneres Wesen in sich aufnehmen. Zweitens fordert die Anbetung dieser Götter Opfer, Menschenopfer nämlich. Vermutlich muss ich diesen Gedanken nicht näher erläutern. Wie viele Millionen von Kindern, seien sie nun geboren oder ungeboren, sind bisher auf dem Altar der Aphrodite geopfert worden, indem man ihnen eine behütete Kindheit vorenthalten hat, weil beide Elternteile von den Forderungen und Zwängen ihrer erotischen Sehnsüchte umgetrieben worden sind? Wie viele Millionen Leben sind bisher durch Geld ins Verderben gestürzt worden – entweder, weil man es nicht hat, oder, noch schlimmer, weil man zu viel davon hat? (Und wenn Sie jetzt denken, dass man gar nicht zu viel davon haben kann, zeigt das nur, wie tief die Anbetung des Mammons in uns verwurzelt ist.) Und wie viele leiden gerade in diesem Augenblick unter den unersättlichen Forderungen der Macht, der Gewalt und des Krieges? Nun, bitte verstehen Sie mich nicht falsch: Ich sage nicht, dass Sex böse ist. Ich sage nicht, dass Geld an sich schlecht ist. Ich sage noch nicht einmal, dass es keinerlei Begründung für den Einsatz von Gewalt gibt, wenn man die Schwachen gegen ein gewalttätiges Übel verteidigen oder sich gegen eine ungerechte Tyrannei zur Wehr setzen muss. Ich bin weder eine Spaßbremse, noch ein Marxist und auch kein Pazifist. Ich möchte nur aufzeigen, dass unsere Gesellschaft, die Gott ins Obergeschoss verbannt hat, damit wir im Erdgeschoss unser Leben so leben können, wie wir es möchten – sei es nun als Gemeinschaft oder individuell – in Wirklichkeit wieder in die Krallen der Kräfte zurückgefallen ist, die größer sind als wir selbst. Kräfte, die mächtiger sind als die Summe all der Menschen, die ihnen Gefolgschaft leisten – Mächte, die wir eben deshalb als Götter bezeichnen können.

Und bisher habe ich nur die offensichtlichen angesprochen. Es gibt noch weitere antike Götter, die immer noch fröhliche Urstände feiern: die Götter des Blutes und des Bodens, der ethnischen und territorialen Identitäten und Ansprüche. Den meisten von uns ist es peinlich, auch nur an sie zu denken, doch sie erheben auch in unserer scheinbar so säkularen Gesellschaft ihre Häupter. Und hinter ihnen steht eine Macht, die wir ständig anrufen, eine Macht, die besonders die Medien beherrscht – die Macht des Fortschritts. „Heute, in unserer modernen Welt …", beginnt der Sprecher, während er zu irgendeiner Diskussion überleitet, üblicherweise zugunsten eines säkularistischen Vorschlags. „Jetzt, wo wir im einundzwanzigsten Jahrhundert leben …", sagen die Leute, so als ob das Umblättern eines Kalenderblattes automatisch ein Update der moralischen Systeme und Grundannahmen mit sich bringe. Wer nur für einen Augenblick nachdenkt, erkennt, wie lächerlich das ist, trotzdem sagen die Leute so etwas immer noch und, was noch schlimmer ist, sie glauben es auch immer noch.

Wenn wir noch ein wenig länger nachdenken, erkennen wir, wie das mit den drei erwähnten Hauptgöttern zusammenpasst. Der westliche Fortschritt bedeutet, dass wir jetzt unbemannte Drohnen losschicken können, um Menschen in Pakistan umzubringen. Was aber würden wir sagen, wenn eine andere Macht *uns* so etwas antun würde? Der medizinische Fortschritt erlaubt es uns, mit mehr Menschen risikolosen Geschlechtsverkehr zu haben – jedenfalls bis zu einem bestimmten Punkt. Wenn uns aber lediglich die möglichen Gesundheitsrisiken vom Sex abhalten, warum sollten wir uns in diesem Bereich nicht austoben? Die elektronischen Systeme ermöglichen es uns, mit Milliarden von Dollar, dem Geld anderer Leute, zu spekulieren und zu zocken – warum sollten wir es also nicht tun? Unsere schöne, neue, säkularistische Welt wird von Impulsen zerrissen und angetrieben, die ein früheres Zeitalter als göttlich angesehen hätte, die wir jedoch in unserem spätmodernen Epikureismus nicht als solche benennen und uns deshalb nicht kritisch mit ihnen auseinandersetzen.

Nun, jetzt könnten Sie einwerfen, *was hat denn das alles mit Religion zu tun*? Viele im Westen meinen immer noch, dass sich Religion nur da manifestiert, wo man Gebete aufsagt, in die Kirche geht, vielleicht die Bibel oder irgendeinen anderen heiligen Text liest und nicht zuletzt in der Hoffnung lebt, dass man nach dem Tod in den Himmel kommt, wie vage man das auch immer ausdrücken mag. Doch das ist eine durch und durch moderne Definition von Religion, die niemand in der antiken Welt anerkannt hätte und die auch heute von vielen Menschen außerhalb der westlichen Welt abgelehnt wird. Seit Anbeginn der Zeit hat Religion etwas mit den größeren Grundannahmen des alltäglichen Lebens zu tun, ob es sich nun um die Ehe oder die Musik handelt, die Politik oder das Zusammenleben, den Wein oder den Krieg. Ein Teil des Dilemmas besteht deshalb darin, dass wir das, was wir Religion nennen, von dem getrennt haben, was wir Politik nennen, und zwar auf genau dieselbe Weise, wie der Epikureismus die Götter von der Welt getrennt hat (oder jedenfalls dachte, es zu tun). In Wirklichkeit ist er allerdings schon in der antiken Welt eine unbeständige Philosophie gewesen, eher geeignet für die kleine Anzahl reicher Müßiggänger, die es sich gemütlich machen konnten, und daran hat sich bis heute nichts geändert. Epikureismus ist eine Philosophie für die Elite oder für diejenigen, die gerne die Elite wären.

Vielleicht sind die Erschütterungen, die wir erleben – die Katastrophen, die mit der Anbetung von Mars, Mammon und Aphrodite verbunden sind – Hinweise darauf, dass das theologische Vakuum, das durch die Trennung von Gott und Welt entstanden ist, schließlich doch implodiert. Aber wissen wir, wie wir uns unter diesen Umständen zu verhalten haben? Haben wir eine Übersichtskarte, die uns hilft, uns in einem so gefährlichen und komplexen Terrain zu bewegen? Das führt mich zu meinem dritten und letzten Punkt. Ich möchte zeigen, dass wir in einer sehr viel integrierteren, verbundeneren Welt leben, als es unsere Kultur wahrhaben möchte. In dieser Welt gibt es Formen des Erkennens und des Seins, die wir erforschen können und die jene nicht hilfreichen Polarisierungen des Säkularismus infrage stellen.

Glauben und erkennen in einer integrierten Welt

Heute nehmen viele Menschen, vor allem Akademiker, an, dass in der objektiven Welt der exakten Naturwissenschaften die eigentliche intellektuelle Arbeit stattfindet. Und sie glauben, je mehr man sich in Richtung der sogenannten Geisteswissenschaften bewege, insbesondere Metaphysik und Theologie, desto mehr heiße Luft werde letztlich produziert. Das ist ein Aspekt der epikureischen Grundannahme, nicht der Naturwissenschaften selbst. Viele Zeiten und Kulturen nämlich haben eine sehr gründliche wissenschaftliche Arbeit geleistet, ohne davon auszugehen, dass man dieses Wissen von anderen Formen des Wissens trennen müsse.

Nichtsdestotrotz sind viele der heute führenden Naturwissenschaftler damit groß geworden, die Wirklichkeit in dieser Weise einzuteilen. Manche haben es, ohne sich der Ironie dessen bewusst zu sein, sogar zum Glaubensartikel erhoben, dass Glaubensartikel aus Klassenzimmern und Laboren verbannt werden müssen. Und einige Christen sind auf diesen Zug aufgesprungen. In den späten 1990er-Jahren habe ich in einer Denkfabrik in Washington, D. C., eine Rede über das ökologische Engagement von Christen gehalten, nach der ich darauf hingewiesen worden bin, dass ich die christliche Hälfte meiner Zuhörerschaft in dem Augenblick verloren hätte, als ich auf die wissenschaftlichen Belege für den Klimawandel hinwies. Allein die Erwähnung der Naturwissenschaften hatte offensichtlich die Botschaft übermittelt, ich liebäugele mit dem Atheismus. Das wäre jedoch nur eine Wiederholung des Fehlers, den ich eben schon erwähnt habe, nämlich dass man Wissenschaft mit Wissenschafts*glauben* verwechselt, dass man die nüchterne und weise Erforschung der Natur mit der Weltanschauung des Epikureismus verwechselt, die an sich weder bewiesen ist noch tatsächlich bewiesen werden kann.

Worin besteht also die Alternative? An dieser Stelle hat, was einige vielleicht überraschen wird, die christliche Weltsicht eine Menge zu bieten, wenn man sie zunächst zu ihren Anfängen im alten Israel, dann zu Jesus und den Schriften der ersten zwei oder drei christlichen Jahrhunderte zurückführt. Die Kategorie, die in den Schriften und bei den großen Glaubenslehrern immer wieder auftaucht, ist die *Weisheit*, griechisch *sophia*, *chokma* auf Hebräisch. Die Weisheit ist eine seltsame, evokative Größe, die manchmal in Form einer Dame personifiziert wird, die Menschen zu einem Festmahl einlädt, bei dem sie ihnen zeigt, wie man sich in dieser wundervollen, aber auch gefährlichen Welt bewegt. Weisheit ist nach den heiligen Schriften das, was der Meisterhandwerker besessen hat, der die wunderschöne Stiftshütte konstruierte. Sie ist das, was der Pharao in Josef erkennt, als dieser ihn berät, wie er mit der vor der Tür stehenden ökologischen und ökonomischen Katastrophe umgehen soll. Sie ist das, was Daniel hatte, als er während Belsazars Gastmahl das Menetekel an der Wand entdeckte. In unserer Kultur trennen wir oft Fähigkeiten im Bereich der Architektur und der Ingenieurswissenschaften von solchen in der Philosophie und von politischen Einsichten. Die Gestalt der Weisheit bringt sie jedoch zusammen. Denn nach der Heiligen Schrift ist Weisheit das, was man braucht, um unverfälscht, vollkommen Mensch zu werden. Und eine unverfälschte, vollkommene Menschheit ist das, was unserer Kultur mit ihrer Vortäuschung von Religion und ihrem Haufen namenloser, aber mächtiger Götter unglaublich fehlt.

Drei Schritte führen zur biblischen Weisheit. Sie sind alle in einem oft wiederholten, prägnanten Satz zusammengefasst, der sich in unseren Ohren verboten anhören mag: „Die Furcht des Herrn", sagen die Schreiber, „ist der Weisheit Anfang." Unser Problem besteht darin, dass wir vergessen haben, wer „der Herr" ist, stattdessen halten wir ihn für einen fernen, gesichtslosen Bürokraten. Als Folge davon haben wir auch vergessen, dass Furcht kein kriecherischer, sklavischer Zustand ist, sondern eher die Ehrerbietung und Ehrfurcht, die dem Schöpfer und Erhalter aller Dinge legitimerweise zusteht. Das Konzept des Glaubens verändert sich ja durchaus mit seinem Objekt. Wenn man z. B. an ein Wesen glaubt, das einem unförmigen, charakterlosen Gas gleicht, ist das etwas vollkommen anderes, als wenn man an den Vater Jesu Christi glaubt. So verändert sich auch das Konzept der Furcht, je nachdem, ob man sich den Gott, an den man glaubt, eher als himmlischen Tyrannen oder als den Gott der treuen Liebe vorstellt. Was ich sagen möchte, ist Folgendes: In den biblischen Traditionen und in den späteren Traditionen, in denen sie reflektiert werden, stellt man sich das menschliche Subjekt nicht als ein einsames, isoliertes Individuum vor, als jemanden, der die Dinge mit sich selbst ausmacht. Nein, sondern als jemanden, der seinen Platz innerhalb eines Koordinatensystems, in Bezug auf drei Koordinaten, gefunden hat: Die erste besteht darin, dass das Subjekt zum Ebenbild des Schöpfers geschaffen wurde, was bedeutet, dass das Subjekt dazu berufen ist, die Weisheit und Fürsorge des Schöpfers in die Welt *hineinzuspiegeln* und den Lobpreis der Schöpfung zurück zum Schöpfer.

Zweitens sieht die Erkenntnis, die mit der Weisheit im biblischen Sinne verbunden ist, das Studienobjekt nicht als isolierte Größe, die manipuliert oder ausgebeutet werden kann, sondern als Teil einer sehr viel größeren Welt aus überlappenden Verbindungen und gegenseitigen Beziehungen.

Als Drittes erkennt der Erkennende niemals isoliert. Die wahre Weisheit ist beides, sowohl mutig als auch demütig. Sie fürchtet sich nie zu sagen, was sie zu sehen glaubt, aber sie sehnt sich immer nach anderen Blickwinkeln.

Auf diese Weise kommen wir jetzt zu einer integrierten Form des Erkennens. Diese integrierte Form des Erkennens ist etwas ganz anderes als die reine Objektivität, von der der Szientismus träumt. Sie ist aber auch ganz anders als der vermeintlich reine Subjektivismus, den die epikureischen Naturwissenschaftler ihren Kollegen in den geisteswissenschaftlichen Fachbereichen, insbesondere in der Theologie und ähnlichen Forschungsrichtungen, vorwerfen. Alles Erkennen, behauptet die biblische Weisheitslehre, involviert den Menschen in weitaus komplexere Beziehungen als die eines distanzierten Beobachters, der scheinbar eine Vogelperspektive einnimmt. Die Naturwissenschaftler untersuchen das, was wiederholt werden kann; die Historiker das, was nicht wiederholt werden kann. Aber in vielen anderen Aspekten ist die Reihenfolge des Erkennens beim Historiker dieselbe wie beim Naturwissenschaftler: Sie beginnt mit der Beobachtung und führt zu einer Hypothese, die dann überprüft wird. All das ist durchdrungen vom Staunen über die großartige Komplexität des Lebens in einer anderen Zeit und an einem anderen Ort. Und der Philosoph oder Metaphysiker tut in entsprechender Weise dasselbe im Hinblick auf die große Frage, wie das alles zusammenpasst. Und wieder verlangt der ganze Prozess Demut, Geduld und die Kraft, dem Drang zu widerstehen, sich einfach das Material zu schnappen und ihm seine eigenen Vorstellungen und seine eigene Persönlichkeit aufzupressen.

Insbesondere die Demut ist notwendig, weil, wie uns Paulus erinnert, all unser Wissen im Augenblick Stückwerk ist. „Jetzt erkenne ich stückweise", oder, wie er es in schärferem Ton sagt, wenn jemand wirklich meint, etwas erkannt zu haben, dann erkennt er noch nicht auf so tiefe Weise, wie er erkennen sollte. Und das ist der Punkt, an dem er die ganze Sache herumdreht. Der Wunsch nach Erkenntnis ist eine zutiefst menschliche Sehnsucht, aber letztendlich ist sie nur ein Unterpunkt von etwas sehr viel Größerem, Tieferem und Eigentümlicherem. Letzten Endes laufen die verschiedenen Arten des Erkennens, die von der Weisheit vorgegeben werden, auf die eine hinaus, die wir Liebe nennen können.

Liebe ist natürlich eine Form der Erkenntnis, aber die Liebe transzendiert die Unterscheidung zwischen objektiv und subjektiv, die in der westlichen Welt so tief in unser Denken eingegraben ist. In der Liebe besteht die Hauptsache darin, das Objekt dieser Liebe zu bewundern, zu respektieren, zu feiern und sich daran zu freuen. Sie besteht darin, das Objekt der Liebe es selbst sein zu lassen und danach zu streben, dass es auf herrliche und freie Weise es selbst sein darf – nicht darin, seiner habhaft zu werden, es zu kontrollieren oder es in eine andere Form zu pressen. Das wäre nicht Liebe, sondern Lust. Ist die Liebe also ein Streben nach Objektivität? Natürlich nicht. Genau in dem Moment, in dem die Liebe das radikale Anderssein des Geliebten feiert – sei es nun ein zwanzig Millionen Lichtjahre entfernter Stern oder ein zwanzig Millimeter entfernter Mensch – geht die Liebe eine Beziehung mit dem Geliebten ein. Eine Beziehung, die definiert ist durch die Natur des Geliebten, in der Bewunderung mit Neugierde gemischt ist – mit dem Wunsch nämlich, mehr zu entdecken – und der Respekt mit einer Sehnsucht nach Nähe, einem Wunsch zu erkennen und (soweit das möglich ist) erkannt zu werden.

In den letzten zweihundert Jahren westlicher Epistemologie haben wir eine Aufspaltung der Liebe erlebt. Es ist natürlich möglich, die Dinge aufzuteilen, wie es geschehen ist, sodass die unterschiedlichen Formen des Erkennens so unterschiedlich scheinen, dass sie nahezu, wenn nicht sogar ganz und gar inkompatibel aussehen. Das ermöglicht derjenigen Form der Erkenntnis, die wir uns vielleicht in den exakten Naturwissenschaften erwerben, in vielen Bereichen ungehindert voranzupreschen. Das hat uns nicht nur das Penicillin beschert (das durch einen Zufall entdeckt worden ist), sondern auch die Gaskammern (die absichtlich geschaffen worden sind). Diese Form der Erkenntnis macht große Sprünge, aber nicht immer in die richtige Richtung. Wir besitzen Tausende von Maschinen, um einen Krieg anzufangen, aber keine einzige, um Frieden zu schaffen. Wir haben Computer und iPhone-Apps, die einen Millionenprofit aus einem winzigen Unterschied zwischen Wechselkursen schlagen können, aber kein Gerät, das die ärmsten Länder aus ihrer Not befreien könnte. Wir wissen, wie man Internetpornografie herstellt, haben aber keine Ahnung, wie man eine Ehe rettet. Die ganze Objektivität oder Neutralität der naturwissenschaftlichen Erkenntnis, so wie sie in der Regel wahrgenommen wird, spielt den Göttern in die Hände, die wir heimlich anbeten.

Wir haben es nun schon zu lange riskiert, unsere gesamte Welt zu zerlegen, um zu sehen, wie sie funktioniert, damit wir sie zu unserem kurzfristigen Vorteil nutzen können. Vielleicht müssen wir endlich andere Perspektiven einnehmen, denn schließlich spiegelt das, was wir aus unserer zergliederten Welt gemacht haben, ganz offensichtlich die Götter wider, die wir heimlich anbeten, anstatt den einen Gott, zu dessen Ebenbild wir erschaffen sind.

Für den Christen besteht der zentrale Gedanke selbstverständlich darin, dass in Jesus, dem jüdischen Messias, die Weisheit Mensch geworden ist. Sie ist eine Person geworden, die die Wiedereingliederung brachte, nach der sich die Welt gesehnt hat, indem sie die Zergliederung und den selbstsüchtigen Hass der Welt auf sich selbst nahm und dann von den Toten auferstand, um das Werk der neuen Schöpfung zu starten. Die moderne Naturwissenschaft, jedenfalls soweit ich mich mit ihren Anfängen auskenne, nahm ihren Anfang bei Menschen, die es als ihre Aufgabe ansahen, die natürliche Welt als Teil der geheimnisvollen Schöpfung eines weisen Schöpfers mit Respekt und Freude zu erkunden. Die epikureische Einteilung der Welt seit der Aufklärung hat dagegen die Entstehung einer zerteilten Welt der Erkenntnis begünstigt, eine zweigleisige Kultur, in der jede der beide Seiten für die andere zunehmend undurchschaubarer, ja sogar abstoßend geworden ist. In den Vereinigten Staaten wurde das manchmal mit anderen Aspekten der Kulturkämpfe verbunden, zum großen Schaden für alle Beteiligten.

Ich glaube, dass es an der Zeit ist, für eine neue Integration zu sorgen. Deshalb schlage ich Ihnen vor, mit der fleischgewordenen Weisheit, mit Jesus selbst, als dem Ort zu beginnen, wo wir entdecken können, was das bedeuten könnte – nicht nur für uns selbst, sondern für die weitere Welt um uns herum. Sie weiß nämlich nur zu gut, wie sich eine geteilte Existenz anfühlt, und sehnt sich nach dem Tag, an dem die Dinge wieder zusammengeführt werden und den Sinn ergeben, den sie ursprünglich haben sollten. Der große Anspruch, den die ersten Christen erhoben haben, ist nicht so sehr der gewesen, dass sie in und durch Jesus über ein neues Geheimwissen verfügten; manche Leute haben zwar versucht, in diese Richtung zu gehen, aber das war, wie Paulus schreibt, einfach nur ein cleverer Weg, wie sie sich über andere erheben wollten. Der große Anspruch war stattdessen, dass sie in Jesus eine größere Wirklichkeit entdeckt hatten, in der ihr bruchstückhaftes Wissen einen neuen Sinn erfuhr. Diese größere Wirklichkeit war das, was sie *agapē*, Liebe, nannten: die Liebe des Schöpfergottes für sie und die Liebe, die sie in sich selbst für den Schöpfer, für seine Welt und füreinander fanden. Authentischer christlicher Glaube sollte nicht gegen naturwissenschaftliche Erkenntnis ausgespielt werden. Richtig verstanden, sind Glaube und Erkenntnis die Auswirkungen einer größeren Wirklichkeit, deren Name Liebe ist.

Jesus ist aus jedem nur erdenklichen Blickwinkel heraus historisch erforscht worden. Manche sind daran verzweifelt, ihn zu verstehen. Manche haben sich gefragt, ob er überhaupt existiert hat, obwohl sich kein ernsthafter Historiker diese Frage stellen würde. Als Historiker kann ich nicht nur mit Gewissheit sagen, dass Jesus tatsächlich im Palästina des ersten Jahrhunderts gelebt hat, sondern auch, dass er seinen überraschten Zeitgenossen tatsächlich erzählt hat, dass Gott jetzt auf eine neue Weise seine Herrschaft über die Welt antritt, und dass er in dem Glauben in seinen Tod ging, dass das der Weg ist, auf dem Gottes kraftvolle Liebe die Mächte des Bösen besiegen und seine neue Schöpfung auf den Weg bringen würde. Wiederum als Historiker muss ich sagen, dass ich ohne die Auferstehung Jesu nicht erklären kann, warum seine Jünger seinen Anspruch nach seinem Tod noch ernst genommen haben.

Natürlich stellt das auf der Ebene der Weltanschauung eine Herausforderung für uns dar, genauso wie für die Zeitgenossen Jesu. Sie wussten ebenso gut wie heutige Menschen, dass Tote tot bleiben. Jesu erste Anhänger glaubten allerdings nicht nur, dass er tatsächlich wieder lebendig geworden war. Sie glaubten auch, dass er durch den Tod hindurchgegangen und auf der anderen Seite wieder herausgekommen war und dadurch auf dem Weg in eine neue Form des Seins vorangeht. Eine Form des Seins, in der die Macht der Liebe die Liebe zur Macht besiegt, in der Schöpfung und Schönheit über Tod und Verwesung triumphieren und in der Gott Menschen jeglicher Art begegnet, ihnen Heilung und Versöhnung anbietet, einen neuen Anfang und eine neue Weise zu leben. In der Naturwissenschaft wie in der historischen Wissenschaft kommt es manchmal gerade dann zu einem großen Schritt nach vorne, wenn man ein neues Element in die Mitte des Bildes legt und entdeckt, dass sich dadurch all die verstreuten Teile auf sinnvolle Weise zusammenfügen lassen. Das wird geschehen, wenn wir Jesus „in die Mitte nehmen".

Weil es Jesus ist, wird das alles nicht sofort passieren. Er möchte, dass wir erwachsen werden und Verantwortung übernehmen, dass wir die Dinge durchdenken, Lernende werden, Jünger, nicht einfach nur stumme Nachfolger. Aber weil es Jesus ist, schenkt er uns auch die Kraft und den Mut, zu glauben, zu lernen und mitzumachen bei seinem Projekt der Heilung, der Hoffnung und der Liebe.

9. Unsere Politik ist zu klein

Damals, in den frühen 1980er-Jahren, hätte ich nie gedacht, dass ich heute einmal so leidenschaftlich daran interessiert sein würde, die Frage nach Gott im öffentlichen Raum zu stellen. Zu jener Zeit wurde mir nach und nach klar, manchmal geradezu schmerzlich klar, dass die Arbeit, die ich in die Erforschung Jesu in seinem historischen Kontext steckte, mich irgendwann dazu zwingen würde, politische Fragen ernster zu nehmen. Als sich diese ganze Arbeit schließlich zu dem Buch *Jesus und der Sieg Gottes* verdichtet hatte, hatte ich nicht nur akzeptiert, dass dies alles mit unausweichlichen politischen Konsequenzen verbunden war, sondern war auch begeistert über die neuen möglichen Verbindungen, die sich zwischen zwei bis dahin scheinbar völlig separaten Welten ergaben. In dieser Zeit fing ich auch an, die politischen Dimensionen der paulinischen Briefe herauszuarbeiten, welche ja bis heute umstritten sind. Und während des letzten Jahrzehnts des zwanzigsten und des ersten Jahrzehnts des einundzwanzigsten Jahrhunderts engagierte ich mich im öffentlichen Leben genauso wie im Gemeindedienst, weswegen ich dazu gezwungen war, noch weiter über Glaube und Politik nachzudenken, und das nicht nur gemütlich im Lehnstuhl, sondern im Sinne einer praktischen Herausforderung. Was ich Ihnen hier vorstellen möchte, ist also so etwas wie ein Zwischenbericht zu einem Thema, mit dem ich noch lange nicht abgeschlossen habe.

Als autobiografische Einleitung mag das genügen. Wie der Paulus des 2. Korintherbriefes hoffe ich auch, dass Sie ein wenig Torheit ertragen können. Und wo ich schon dabei bin, lassen Sie mich gleich auch noch darauf hinweisen, dass das politische Spektrum im Vereinigten Königreich und in ganz Europa sich sehr vom Spektrum in den Vereinigten Staaten unterscheidet. In Großbritannien werden die Themen auf eine andere Weise miteinander verbunden als in Amerika. Dazu kommt, dass diejenigen, die in den letzten vierzig Jahren im Vereinigten Königreich Glauben und öffentliches Leben miteinander integrieren wollten, in der Regel im linken Bereich des politischen Spektrums zu Hause gewesen sind, wohingegen diejenigen, die dasselbe in den Vereinigten Staaten getan haben, eher den Rechten zuneigten. Der Untertitel von Jim Wallis' Buch *God's Politics* ist *Why the Right Gets It Wrong and the Left Doesn't Get It* (*Gottes Politik: Warum die Rechten sie falsch verstehen und die Linken gar nicht* – auf Deutsch ist das Buch unter dem Titel *Wer, wenn nicht wir. Streitbare Visionen für eine gerechte Politik* erschienen). Hätte er über die britische Szene geschrieben, hätte er „rechts" und „links" vermutlich getauscht. Das ist der Grund, warum die britische Wochenzeitung *The Economist* in einem Sonderbericht über Glaube und Politik wieder und wieder dafür eintritt, die einzige Antwort auf unsere Probleme könne nur in einer strikten Trennung von Kirche und Staat bestehen. Ohne jeden Zweifel befürchtete das Herausgeberteam dieser wirtschaftsfreundlichen Zeitschrift, sich mit einigen sehr ernsten Fragen beschäftigen zu müssen, sobald man Gott von der Leine lässt.

Beide Länder, England und Amerika, wurden jedoch zu Opfern sehr ernster Terroranschläge und haben darauf gemeinsam geantwortet, indem sie in Afghanistan und im Irak Krieg geführt haben. Und während der Krisen und Debatten der Jahre seit 2001 wurde es auf geradezu peinliche Weise deutlich, dass die Frage nach der Stellung Gottes im öffentlichen Leben eine ist, mit der wir uns über einen längeren Zeitraum auf allen möglichen Ebenen werden beschäftigen müssen. Im Jahr 1987 veröffentlichte der britische Theologe John Bowker das Buch *Licensed Insanities* (*Zugelassene beziehungsweise erlaubte Formen des Wahnsinns*), in dem er aufzeigte, dass jeder der weltweiten Hauptkonfliktherde eine nicht wegzudenkende religiöse Komponente aufweist und dass der Grund, warum keiner unserer

Politiker damit umzugehen weiß, darin besteht, dass sich keiner von ihnen in seiner Ausbildung mit Religion (geschweige denn mit der Bibel) beschäftigt hat. Diese prophetische Stimme verhallte ungehört. Und der Grund für diese allgemeine Taubheit führt uns zu meinem ersten Hauptgedanken.

Gott ist in der Öffentlichkeit nicht erlaubt?

Der Grund, warum niemand sich die Mühe gemacht hat, Menschen wie Bowker ernst zu nehmen, besteht darin, dass die westliche Gesellschaft seit zweihundert Jahren mehr oder weniger annimmt, Gott gehöre nicht ins öffentliche Leben hinein. Die geteilte Welt der Aufklärung, die scheinbar mit der nachvollziehbaren Begründung geschaffen wurde, dass damit die abstoßenden Religionskriege aufhörten, hatte in Wahrheit in einer nicht ganz so edelmütigen Motivation ihren Ursprung: Haltet Gott aus dem öffentlichen Leben heraus und dann können wir die Welt zu unserem eigenen Vorteil beherrschen. Als der Deismus zunächst von einem impliziten, später auch von einem expliziten öffentlichen Atheismus abgelöst wurde, rechtfertigten westliche Demokratien seine Existenz mit dem Schlagwort *vox populi vox Dei* (Volkes Stimme ist Gottes Stimme), womit sie sich den Anschein einer öffentlichen Theologie gaben, während sie in Wirklichkeit Gott in die Wahlurne verbannten und auf diese Weise jede politische Kritik vonseiten des christlichen Evangeliums neutralisierten. Aus dieser Perspektive betrachtet, besteht die massive Errungenschaft von William Wilberforce im ersten Drittel des neunzehnten Jahrhunderts darin, dass er nicht müde wurde, eine aus der Bibel abgeleitete politische Kritik in einer Welt zu äußern, in der so etwas zunehmend als philosophischer und kultureller Fauxpas gesehen wurde.

Doch die Disjunktion zwischen Gott und der öffentlichen Welt hat sich mehr und mehr in die grundlegende Weltanschauung der westlichen Welt hineingearbeitet. Das lässt sich nicht zuletzt an der zunehmend schriller werdenden Rhetorik der Säkularisten beobachten, die immer noch an ihrer mittlerweile offensichtlich überholten These festhalten, dass Religion schon seit Langem ausgestorben sein müsste. Doch weil diese die Dreistigkeit besitzt, nicht nur weiterzuexistieren, sondern sich auch noch öffentlich zu Wort zu melden, richten sich die Säkularisten nun mit einer solchen Wut und einem solchen Unverständnis gegen sie. Es ist faszinierend zu sehen, wie Dawkins, Hitchens und andere mit zunehmender moralischer Entrüstung die Rhetorik eines Voltaires am Ende des achtzehnten und eines Nietzsche am Ende des neunzehnten Jahrhunderts wiederholen. Sie repräsentieren die Hochwassermarke der Spätmoderne und ihre gesteigerte Entrüstung lässt sich durch den alarmierenden Anstieg des Fundamentalismus erklären, der in unterschiedlichen Formen auf vielen Kontinenten zu sehen ist. Ich möchte hier darlegen, dass die Bibel es uns ermöglicht, einen Weg der Weisheit zu gehen. Dieser ist aber nicht nur einfach ein Mittelweg zwischen Säkularismus und Fundamentalismus, sondern so etwas wie eine Flugbahn, die uns zeigt, dass diese beiden hässlichen Geschwister, die einander entgegengesetzten Flügel einer heute vollkommen diskreditierten Weltsicht sind, an der Wahrheit vorbeigehen.

Vermutlich ist es kaum noch notwendig, für die postmoderne Sicht einzutreten, wonach die großen Narrative der Moderne ihre Kraft eingebüßt haben. Der 11. September 2001 war ein entscheidender postmoderner Augenblick, in dem zwei große Narrative aufeinanderprallten und explodierten, und die Antwort auf dieses Ereignis in Form von noch mehr hochmoderner Kriegsführung war ein erschütterndes Beispiel dafür, wie sehr man an der Wahrheit vorbeigehen kann. Mir ist, nicht zuletzt von einigen hochrangigen Personen im Weißen Haus und anderswo, vorgeworfen worden, dass ich an dieser Stelle danebenliege. Ich fürchte jedoch, dass sich meine Bußfertigkeit diesbezüglich in engen Grenzen hält. Diese meine begrenzte Bußfertigkeit hat nichts damit zu tun, dass ich dem

Terror gegenüber weich geworden wäre oder das 13. Kapitel des Römerbriefes nicht im Blick hätte, in dem die Rechte der herrschenden Regierung legitimiert werden (wie die Leute, die mich verleumden, absurderweise behaupten). Ich habe mich daran gewöhnt, anklagende E-Mails zu bekommen, in denen es heißt: „Uns gefällt, was Sie über Jesus und die Auferstehung schreiben. Und wir sind fasziniert von dem, was Sie über Paulus sagen – aber warum sind Sie unserem Präsidenten gegenüber so kritisch?" Und meine Antwort ist: „Wenn Sie tatsächlich gelesen haben, was ich über Jesus und sein Reich geschrieben habe, und wenn Sie verstehen, worum es Paulus wirklich ging, dann müssen Sie die Frage nach Gott im öffentlichen Raum auf eine neue Weise ernsthaft betrachten. Wenn Sie mir vorwerfen, ich würde geistliche Themen mit politischen vermischen, dann ist das einfach nur eine Umformulierung der altbekannten Dichotomie der Aufklärung – und das in einem Augenblick, in dem das auf katastrophale Weise unangebracht und irreführend ist." Doch mehr dazu in Kürze.

Währenddessen schwelen die großen ethischen und öffentlichen beziehungsweise politischen Fragen unserer Zeit weiter: die globale Verschuldung, die ökologische Krise, die neue Armut in unserer glitzernden westlichen Gesellschaft, die Fragen von Gender und Sex, Stammzellenforschung, Euthanasie und nicht zuletzt die komplexen Fragen des Nahen Ostens. Und solange die Debatten nur entlang der Scheidelinien von Fundamentalismus und Säkularismus geführt werden, wird nicht mehr dabei herauskommen, als dass man sich gegenseitig angreift. An dieser Stelle beißt sich ironischerweise die „Traumkatze" der Aufklärung in den Schwanz, weil ihre größte Stärke – die Betonung der Vernunft als Mittel zu einem friedlichen Zusammenleben – durch ihre größte Schwäche unterminiert wird: die dualistische Trennung von Gott und öffentlichem Raum, durch die der menschliche, öffentliche Diskurs zu Meinungsmache und Emotivismus degeneriert.

Als eine vielleicht nicht beabsichtigte Konsequenz hat die

postmoderne Revolution offenbart, dass wir trotz allem mit Gott im öffentlichen Raum rechnen müssen, wenn die Vernunft tatsächlich das tut, was sie zu tun vorgibt. Ich möchte deshalb einen Vorschlag machen, der uns helfen könnte, den Pfad der biblischen Weisheit einzuschlagen, während wir uns in die gefährliche und unsichere Zukunft der Post-Postmoderne hineinbegeben (also, wenn Sie möchten, in das Leben nach dem Leben nach der Moderne). Die Welt von morgen muss dringend einen Weg nach vorne finden, der weder der des Säkularismus ist noch der des Fundamentalismus noch der der schlichten Dekonstruktion, die verkündet, dass beides falsch ist, aber keine Alternative präsentiert. Für Sie sicher nicht überraschend, bin ich davon überzeugt, dass solch ein Weg in den grundlegenden Zeugnissen des christlichen Glaubens gefunden werden kann, insbesondere in den vier Evangelien.

Das öffentliche Gesicht Gottes: Evangelium und Reich Gottes damals und heute

In seinem Buch *The Great Awakening* (*Die große Erweckung*) erzählt Jim Wallis davon, dass er, obwohl er in einer evangelikalen Gemeinde aufgewachsen war, als junger Mann noch nie eine Predigt über die Bergpredigt gehört hatte. Das ist eine sehr aussagekräftige persönliche Beobachtung, die ein Phänomen widerspiegelt, über das ich mir zunehmend Sorgen mache: dass sich nämlich ein Großteil der evangelikalen Christenheit auf beiden Seiten des Atlantiks eher auf die Briefe stützt als auf die Evangelien und dabei oft auch noch die Briefe falsch versteht. In Wahrheit zeigt sich damit am Beispiel des Evangelikalismus schlichtweg ein Problem, das sehr viel größer ist: Die gesamte westliche Kirche, Katholiken wie Protestanten, Evangelikale wie Liberale, Charismatiker ebenso wie soziale Aktivisten – sie alle haben keine Ahnung, warum es die Evangelien überhaupt gibt. Seit der Reformation und der Aufklärung steht die gesamte Forschung an den Evangelien in vielen Bereichen in der Gefahr, ihr Ziel zu verfehlen, wobei der bisherige Tiefpunkt darin bestand, die kanonischen Evangelien als spät und in sozialer Hinsicht als konformistisch zu betrachten, während man die gnostischen Abhandlungen als früher und aufregender ansieht.

Matthäus, Markus, Lukas und Johannes drehen sich alle auf jeweils unterschiedliche Weise um die Frage, wie Gott in der Öffentlichkeit auftritt, darum, wie das Reich Gottes durch das öffentliche Auftreten *und* den Tod und die Auferstehung Jesu auf Erden so verwirklicht wird wie im Himmel. Die massive Konzentration von Quellen- und Formkritik, die nahezu industrielle Entwicklung von Echtheitskriterien (oder noch öfter Unechtheitskriterien) und die unglaubliche Aufgeblasenheit, mit der gnostische Aussprüche und Quellen den kanonischen Texten vorgezogen werden, von denen sie doch alle abstammen – das alles unterstützt die Meinung der westlichen Welt und Kirche, dass die vier Evangelien nicht das sagen können, was sie sagen wollen. Die Evangelien werden so bevormundet, mundtot gemacht, zergliedert und schließlich ganz als Größe, mit der man rechnen muss, eliminiert.

Die zentrale Botschaft aller vier Evangelien – jeweils in unterschiedlicher Weise – lautet, dass der Schöpfergott, der Gott Israels, endlich die Welt wieder für sich beansprucht, und das in und durch Jesus von Nazareth. Das – um es sehr allgemein auszudrücken – ist die Botschaft vom Reich Gottes, die wiederum die Antwort Jesu auf die Frage ist: „Wie würde es aussehen, wenn Gott die Dinge in die Hand nimmt?" Ganz gleich, ob wir nun im einundzwanzigsten Jahrhundert leben oder im ersten, überfällt uns dann sofort die grundlegende Frage: „Von welchem Gott reden wir denn überhaupt?" Wenn man Christopher Hitchens oder Friedrich Nietzsche liest, wird einem schnell klar, dass das Gottesbild von einem Weltenherrscher, auf das sie reagieren, das eines himmlischen Tyrannen ist, der einer unwilligen Welt und unwilligen Menschen seinen Willen aufdrückt und sie dabei in ihrer Gestaltungsfreiheit behindert, ihre Individualität und Menschlichkeit kleinhält und von ihnen verlangt, sie sollten sich willkürlichen und schädlichen Gesetzen unterwerfen. Und für den Fall, dass sie sich weigern, droht er ihnen schlimme Konsequenzen an. Dieser Narrativ (der zu einem gehörigen Teil aus säkularistischer Projektion besteht) unterstützt die deistische Agenda der Aufklärung, die auf Jahrhunderte der Religionskriege folgte, genauso wie die Machtinteressen derer, die Gott gerne in einen fernen Himmel verbannen würden, damit sie mit ihrer Ausbeutung der Erde so weitermachen können wie bisher.

Zentral für die vier kanonischen Evangelien ist jedoch der Gedanke, dass das Kommen von Gottes Reich auf Erden so wie im Himmel nicht dazu dient, eine fremde und entmenschlichende Tyrannei aufzurichten, sondern gerade die fremden und entmenschlichenden Tyranneien mit der Nachricht von einem Gott – dem Gott, der in Jesus erkennbar ist – zu konfrontieren. Einem Gott, der sich radikal von ihnen unterscheidet und dessen Gerechtigkeit die wahre Menschlichkeit retten und wieder herstellen will. Das Problem mit unseren oberflächlichen politischen Philosophien besteht darin, dass wir nur die beiden Extreme Tyrannei auf der einen und Anarchie auf der anderen Seite wahrnehmen wollen und die Demokratie als einen gefährlich fragilen Mittelweg betrachten, mit dem man beide Extreme abwenden kann. Die Nachricht von Gottes souveräner Herrschaft erscheint daher auch Demokraten, nicht nur Anarchisten, zwangsläufig als beunruhigend großer Schritt in Richtung Tyrannei, weil wir Gott und den Evangelien gegenüber die gleichen hermeneutischen Vorbehalte haben wie gegenüber allen Machthabern, die uns versichern, sie wollten nur unser Bestes. Die Geschichte, die von den Evangelien erzählt wird, wehrt sich jedoch systematisch gegen diese Dekonstruktion, und das aus drei Gründen, die mit der internen und externen Integration der Evangelien zu tun haben.

Erstens präsentiert sich die große Geschichte, die die Evangelien jeweils erzählen (sie erzählen sie zwar auf unterschiedliche Weise, doch die kanonischen Evangelien stehen dennoch eng beieinander, wenn man sie mit dem sogenannten Thomasevangelium oder ähnlichen Schriften vergleicht), als ein zusammenhängendes Ganzes, das für die Forschung nahezu nicht zu durchdringen ist. Die Aufmerksamkeit der Forschung richtet sich denn auch *entweder* auf Jesu Verkündigung vom Reich Gottes und seine machtvollen Taten – Heilungen, Gastmähler und so weiter –, durch die das Reich implementiert wird, *oder* auf seinen Tod und seine Auferstehung. Die Evangelien werden deshalb entweder als soziales Projekt mit einem unglücklichen, zufälligen und bedeutungslosen Ausgang verstanden oder als Passionsgeschichten mit ausführlichen Einleitungen. Tatsächlich sind einige der über die Jahre entwickelten Methoden der neutestamentlichen Forschung alles andere als neutral und objektiv, sie wurden vielmehr geschaffen, um das eine oder das andere Modell zu unterstützen. Und sogar die Redaktions- und Kompositionskritik, die versucht, die Evangelien als Ganzes zu betrachten, hat Schwierigkeiten, das große Ganze zu erkennen, weil dem theologischen Kontext des Westens so sehr der Gedanke widerstrebt, Gott könnte in der Öffentlichkeit wirken.

Auf diese Weise wurden die Evangelien sowohl in Gemeindekreisen als auch in der Forschung entweder als Begründung für ein soziales Engagement verstanden, dessen naiver Optimismus der radikalen Tatsache des Kreuzes keinen Platz einräumt, geschweige denn der Auferstehung – also jene Form der Naivität, die Reinhold Niebuhr regelmäßig aufs Korn nahm –, oder sie wurden nur als etwas gesehen, was den groben historischen Hintergrund für das ausformulierte und rettende paulinische Evangelium vom Kreuz Jesu lieferte. Wenn man Letzterem zuneigt, dann bleibt für die Geschichten über die Heilungen Jesu und seine moralischen Lehren nur eine Rolle übrig: Entweder man sieht sie wie der große Deutsche Rudolf Bultmann als Zeugnis des Glaubens der ersten Gemeinde oder wie seine fundamentalistischen Doppelgänger als Geschichten, die die Göttlichkeit Jesu beweisen, jedoch nicht als den Anfang eines programmatischen Vorgehens (trotz Lukas 4, trotz der Bergpredigt, trotz der furchtbaren Warnungen bezüglich der Schafe und der Böcke!).

Versuche, die Evangelien auf eine integrierte Weise zu lesen, stoßen auf beiden Seiten auf erbitterten Widerstand. Diejenigen, die Jesu soziales Programm betonen, wehren sich mit Händen und Füßen gegen jeden Versuch, seinen Tod und seine Auferstehung zu unterstreichen, gerade so, als würde das ein fundamentalistisches Programm, ob nun katholisch oder evangelisch, legitimieren. Und diejenigen, die seinen Tod und seine Auferstehung betonen, lassen nichts unversucht, jeden Versuch einer Fortsetzung von Jesu Wirken unter den Armen mit einem Bannfluch zu belegen, gerade so, als würde das in die Werkgerechtigkeit führen, entweder auf direktem Weg oder auf der existenzialistischen Metaebene historischer Methoden.

Diese Debatten, die auf dem Feld der scheinbar so objektiven Methoden der neutestamentlichen Forschung ausgetragen werden, spiegeln – egal, wie gelehrt ihre jeweiligen Vertreter sich geben – schlichtweg die sterile Antithese zwischen den Zwillingstyranneien Säkularismus und Fundamentalismus wider. Ein integriertes Verständnis der Evangelien in ihrer gegenwärtigen Form wendet sich gegen beides, indem es nicht nur zeigt, wie es aussehen würde, wenn Gott die Welt regierte, sondern die Geschichte – den historischen Bericht – darüber liefert, wie diese Regierung tatsächlich ihren Anfang nahm.

Daraus können wir Folgendes lernen: (1) Ja, Jesus hat in der Tat Gottes souveräne Herrschaft auf Erden wie im Himmel gestartet, doch das konnte nicht ohne seinen Tod und seine Auferstehung erreicht werden. Das Problem, auf das Gottes Reichs-Projekt die Antwort war und bleibt, ist größer, als dass es allein durch ein Sozialprogramm zustande gebracht werden könnte. (2) Ja, Jesus starb (wie Paulus sagt) „für unsere Sünden", aber seine Agenda im Umgang mit Sünde und ihren Auswirkungen und Konsequenzen bestand nie darin, einzelne Seelen *aus* der Welt *heraus* zu erlösen, sondern darin, Menschen zu erlösen, damit sie Teil seines Projektes der Erlösung der Welt würden. „Mein Reich ist nicht *von* dieser Welt", sagte er zu Pilatus. Wenn es das gewesen wäre, wäre er der Anführer einer bewaffneten Widerstandsbewegung geworden wie andere weltliche Reich-Gottes-Propheten. Das Reich, das er gebracht hat, war aber ganz und gar *für* diese Welt, was bedeutet, dass Gott auf der öffentlichen Bühne der Welt erschienen ist und sie nicht wieder verlassen wird, sondern die Mächte *sowohl* der Tyrannei *als auch* des Chaos besiegt (wenn man so will, sowohl den schrillen Modernismus als auch den schwammigen Postmodernismus) und an ihrer Stelle die Herrschaft der wiederherstellenden, heilenden Gerechtigkeit aufgerichtet hat. Das muss sich in einer Forschungsmethode widerspiegeln können, wenn die Forschung an den Evangelien deren historischen, theologischen und nicht zuletzt auf die Gerechtigkeit zielenden Gehalt gerecht werden will.

Der Ausspruch, „gebt dem Kaiser, was des Kaisers ist", der immer noch regelmäßig (wie im *Economist*-Artikel!) gebraucht wird, um die Trennung von Gott und öffentlichem Leben zu unterstreichen, weist tatsächlich ganz und gar in die entgegengesetzte Richtung, nicht zuletzt aufgrund seiner Kontextualisierung innerhalb von Jesu Ankündigung des Reiches Gottes. Statt uns Fragmente der Evangelien vorzunehmen, sollten wir uns mit ihnen als Ganzes beschäftigen, dann sehen wir, wie die komplette, vielschichtige Reich-Gottes-Arbeit aussieht. Und – das ist mein Hauptpunkt – diese vollständige Geschichte widersteht, auf diese Weise gelesen, einer Dekonstruktion durch Machtspielchen, genau aus dem einen Grund, weil sie auf dem Kreuz besteht. Die Herrscher dieser Welt verhalten sich auf eine Weise, verkündet Jesus, aber ihr sollt euch auf eine andere Weise verhalten, *weil* der Menschensohn gekommen ist, um sein Leben als Lösegeld für viele zu geben. Wir entdecken hier sogenannte Sühnetheologie *innerhalb* einer Aussage der sogenannten politischen Theologie. Wenn also das eine ohne das andere gesagt wird – wie das sowohl Professoren wie Prediger unentwegt tun –, widersteht man dieser Integration, der Geschichte-von-Gott-in-der-Öffentlichkeit, die die Evangelien als Ganzes betrachtet nachdrücklich präsentieren.

Zweitens fordern die Evangelien als Ganzes, dass man sie auf eine tief greifende und radikal integrierte Weise mit dem Alten Testament zusammen betrachtet (das ist eine Formulierung, die ich benutze, weil sie die Perspektive der Evangelien reflektiert, nach der sie die großartige, unvollendete Erzählung des hebräischen und aramäischen Kanons zum Höhepunkt bringen). Die nach dem Holocaust in jeder Hinsicht angebrachte Angst, man könne die Bibel antijüdisch verstehen, hat die Anerkennung dieses Sachverhaltes jedoch vernebelt. Wir erweisen den Evangelien allerdings keinen Dienst, wenn wir die Tatsache ausblenden, dass jedes von ihnen auf jeweils eigene Weise (wiederum im Gegensatz zum Thomasevangelium und dem Rest) *unterstreicht*, dass die jüdische Erzählung von Schöpfung, Sündenfall, Abraham, Mose, David und so weiter – die Geschichte, wie der Schöpfergott seine Schöpfung vor einem ansonsten unausweichlichen Schicksal bewahrt – eine von Gott gegebene und direkt von Gott stammende Geschichte ist. Die Evangelien behaupten, dass es *dieses* Projekt gewesen ist, das in und durch Jesus erfolgreich zu Ende gebracht worden ist. Die Evangelien sind ebenso wie das paulinische Evangelium in dieser Hinsicht eine Torheit für die Heiden, sowohl die antiken als auch die modernen, und auf gleiche Weise ein Ärgernis für die Juden. Wir gewinnen nichts, weder exegetisch noch historisch, theologisch oder, wie ich denke, politisch, wenn wir versuchen, die Evangelien für die Heiden etwas weniger jüdisch-töricht aussehen zu lassen (und umgekehrt). Dasselbe gilt auch in Bezug auf ihre Behauptung der Erfüllung, die wir nicht zugunsten des Judentums abschwächen können.

Drittens demonstrieren die Evangelien auf diese Weise eine

enge Integration mit der genuinen frühchristlichen Hoffnung. Wie ich schon an anderer Stelle ausgeführt habe, geht es dabei *nicht* um die Hoffnung auf den Himmel im Sinne eines glückseligen, körperlosen Lebens nach dem Tod, bei dem die Schöpfung ihrem Schicksal überlassen wird, sondern um die Hoffnung, die in Epheser 1, Römer 8 und Offenbarung 21 zum Ausdruck kommt – die Hoffnung auf eine Erneuerung und ein schlussendliches Zusammenkommen von Himmel und Erde, auf den großen Schlussakt von Gottes Projekt, als Retter in einer letztgültigen, öffentlichen Welt gegenwärtig zu sein. Und das Hauptaugenmerk der Evangelien besteht in der Tatsache, dass dieses Projekt mit dem öffentlichen Wirken Jesu, seinem Tod und seiner Auferstehung in entscheidender Weise inauguriert worden ist, um fortan niemals wieder fallen gelassen zu werden.

Aus der Perspektive dieser drei Integrationen, die an anderer Stelle bis ins kleinste Detail dargelegt werden könnten, erkennen wir, auf welch entscheidende Weise die üblichen Lesarten danebenliegen, die in der heute weit verbreiteten neognostischen Bewegung existieren oder im Fundamentalismus, der ihre konservative Analogie ist. Wenn mir als Außenseiter eine Vermutung erlaubt ist, würde ich sogar sagen, dass die religiöse Rechte in den Vereinigten Staaten (zu der es in Großbritannien keine wirkliche Parallele gibt) als unbeholfener Versuch verstanden werden kann, das Zusammenkommen von Gott und der Welt zurückzuerobern, das in der Bibel zwar trotzig behauptet wird, das die Aufklärung jedoch verwirft und das der Fundamentalismus mit seiner dualistischen Theologie aus Entrückung und Armageddon ebenfalls verwirft. Es ist, als spürte die religiöse Rechte instinktiv, dass Gott in den öffentlichen Raum gehört, aber ohne zu verstehen, warum oder wozu das gut sein soll. Auch die politische Linke in den Vereinigten Staaten – und manchmal auf beiden Seiten des Atlantiks – spürt instinktiv, dass dieser Gott als Teil seines Programmes der wiederherstellenden Gerechtigkeit den Einzelnen mit radikalen moralischen Anforderungen konfrontieren würde. Deshalb karikiert sie seine öffentliche Gegenwart als Form der Tyrannei, um sich diese Herausforderung durch eine billige und düstere aufklärerische Kritik vom Leibe zu halten.

Wie Sie vielleicht von mir erwarten, möchte ich unterstreichen, dass insbesondere die Auferstehung Jesu, betrachtet durch die Brille einer sorgfältigen Auslegung der Evangelien, nicht als Beweis für die Einzigartigkeit Jesu, geschweige denn seine Göttlichkeit verstanden werden kann. Erst recht kann sie nicht als ein Beweis für das Leben nach dem Tod, den Himmel und die Hölle verstanden werden (so als sei Jesus nur deshalb von den Toten auferstanden, um Dante und Michelangelo recht zu geben!). Sie ist vielmehr der *innerhalb der Welt aus Raum, Zeit und Materie* geschehene Anfang der Gott-in-der-Öffentlichkeit-Wirklichkeit der neuen Schöpfung, die sich Reich Gottes nennt – einer Wirklichkeit, die in den dreißig Jahren nach Tod und Auferstehung unter den Augen des römischen Kaisers offen und ungehindert verkündet werden würde. Der Grund, warum diejenigen, die das verkündeten, verfolgt wurden, bestand darin, dass Gottes öffentliches Wirken eine so tief greifende Bedrohung für die Herrscher dieser Welt darstellte, wie es der Gnostizismus in allen seinen Varianten niemals sein kann. Die aufklärerische Ablehnung der leiblichen Auferstehung hat sich zu lange hinter ihrer eigenen historisch-kritischen Rhetorik verstecken dürfen (so als ob vor Gibbon oder Voltaire noch niemandem aufgefallen wäre, dass Tote in der Regel tot bleiben), obwohl ihr die Auferstehung leugnender Narrativ offensichtlich nur ihrem eigenen Machtanspruch diente, ihrer eigenen alternativen Eschatologie, nach der die Weltgeschichte nicht an Ostern ihren Höhepunkt erreicht hatte, sondern mit Rousseau und Jefferson, mit dem Sturm auf die Bastille und der amerikanischen Unabhängigkeitserklärung.

Auf exegetischer Ebene besteht deshalb mein zentrales Vorhaben darin, gegenüber den Methoden der neutestamentlichen Forschung, die in den letzten paar Generationen einen

Großteil der Forschung dominiert haben, eine *politische* Hermeneutik des Verdachts zu formulieren. Dadurch soll die politische *Bedeutung* der Evangelien – die nicht gegen ihre theologische Bedeutung ausgespielt werden darf, sondern mit ihr integriert werden muss, wenn wir der Intention der Evangelien treu bleiben wollen – wieder das Tageslicht erblicken können. Ich kann mich noch gut daran erinnern, wie schockiert und aufgeregt ich gewesen bin, als ein befreundeter Historiker mich darauf hingewiesen hat, dass Bultmanns Agenda aus den 1920er-Jahren – sich von Jesus als einsamem Helden wegzubewegen und sich auf die frühe Gemeinde und ihren Glauben zu konzentrieren – unmittelbar mit Deutschlands Ablehnung des Kaisers und der Etablierung einer *Gemeinde* in Form der Weimarer Republik korrelierte. Auf dieselbe Weise könnten wir jede Form der Evangelienkritik einer ähnlichen Analyse auf dem Hintergrund ihres jeweiligen politischen Settings unterziehen, inklusive meiner eigenen.

Wir müssen deshalb Forschungsmethoden entwickeln, die es den vier Evangelien ermöglichen, wieder das zu werden, was sie tatsächlich sind: die Geschichte von Gottes öffentlichem Reichs-Projekt, das jedes Individuum zu Umkehr und Glaube auffordert, weil es die ganze Welt dazu auffordert. Das bedeutet, dass theologische Möchtegern-Interpretationen, die die politische Dimension ignorieren, *in gleicher Weise* ausgeschlossen sind wie politische Möchtegern-Interpretationen, die die theologische Dimension ignorieren. Beides ist naiv und anachronistisch. Eine echte historische Kritik wird – im Gegensatz zu einer ideologischen Kritik (sei sie nun rechts oder links, säkularistisch oder fundamentalistisch), die das edle Wort *historisch* nur als Nebelgranate benutzt, hinter der sie ihre eigene reduktionistische Agenda voranbringen kann – immer auf einem Sowohl-als-auch bestehen und nicht auf einem Entweder-oder.

Weisheit für die Herrscher – und die Gemeinde

Nahezu im Zentrum der ersten Kapitel der Apostelgeschichte finden wir ein Gebet der Gemeinde, in dem sie angesichts drohender Verfolgung von einem der offenkundig politischsten Psalmen Gebrauch macht (Apostelgeschichte 4,24-30). Psalm 2 verkündet, dass Gott seinen gesalbten König in Zion auf den Thron setzen wird und damit die Herrscher der Welt aufruft, von ihm Weisheit zu lernen, obwohl die Nationen ein großes Getöse veranstalten und alles versuchen, um Gottes Reich zu verhindern. Dieser Gedanke, durch den ein Großteil der politischen Theologie des Alten Testaments ins Blickfeld rückt, wird durch die ersten Kapitel der Weisheit Salomos eindrücklich unterstrichen. Wie wir wissen, hat das Königshaus Davids auf vielfältige Weise versagt. Doch die Verheißung und die Warnung bleiben bestehen. Psalm 2 erscheint auch am Anfang der Evangelienerzählungen, als Jesus bei seiner Taufe durch den Geist gesalbt wird. Die Exegese hat sich sehr stark damit beschäftigt, dass an dieser Stelle vom „Sohn Gottes" die Rede ist, und sich gefragt, welche christologischen Deutungen damit verbunden sind. Ich schlage vor, dass wir uns gleichermaßen mit der politischen Bedeutung beschäftigen, freilich ohne die Christologie dabei in den Hintergrund zu drängen. Die Evangelien sind eine Aufforderung an die Herrscher der Welt, im Dienst des messianischen Gottessohnes Weisheit zu lernen, und als solche liefern sie den Impuls für ein neues biblisches Verständnis von der Rolle der Herrscher der Welt und von den Aufgaben der Gemeinde in Beziehung zu ihnen.

Es ist bemerkenswert, dass die Urgemeinde, die sich sowohl der jüdischen wie der heidnischen Tyranneien bewusst war, die gottgegebene Herrschaft nicht ablehnte, selbst dann nicht, wenn es sich um eine heidnische Herrschaft handelte. Das ist eine furchtbare Enttäuschung für nachaufklärerische Liberale, die es viel lieber gesehen hätten, wenn sich die Urgemeinde für eine Art heiliger Anarchie entschieden hätte, in der es überhaupt keinen Platz für Herrscher gegeben hätte. Es gehört jedoch zum schöpfungsgemäßen Blick auf die Welt, dass man erkennt, dass Gott die Welt geordnet haben möchte, nicht chaotisch, und dass menschliche Machtstrukturen das gottgewollte Mittel sind, um dieses Ziel zu erreichen – ansonsten würden immer die mit den größten Muskeln und dem meisten Geld gewinnen und die Witwen und Waisen hätten ständig das Nachsehen. An dieser Stelle leistet auch Kolosser 1 einen entscheidenden Beitrag gegen die Dualismen, nach denen irdische Herrscher per se eine schlechte Sache sind (dieselben Dualismen dominieren, wie ich bereits ausgeführt habe, sowohl den Inhalt wie die Methodik eines Großteils der neutestamentlichen Forschung). Hier leistet auch die Vorstellung vom Allgemeinwohl, die von den römisch-katholischen Bischöfen in den 1990er-Jahren wieder neu vorgetragen worden ist und jetzt (allerdings meiner Meinung nach nicht in aller Deutlichkeit) von Jim Wallis unterstrichen wird, ihren Beitrag.

Das Neue Testament ermutigt nicht zu dem Konzept einer vollständigen Unterscheidung zwischen dem politisch Guten, das von der Gemeinde verfolgt, und dem politisch Guten, das von der Welt außerhalb der Kirche verfolgt werden soll. Denn die Gemeinde soll als ein Leib betrachtet werden, durch den Gott sich der Welt zuwendet und sie wieder in Beschlag nimmt. Hier müsste meiner Meinung nach die im Grunde genommen täuferische Vision von Wallis und anderen mit einer stärkeren Schöpfungstheologie unterfüttert werden. (Ich weiß, dass es viele Formen des Täufertums gibt, und hoffe, dass ich hier genügend Sympathie zeige mit vielem von dem, was sie betonen. Allerdings gibt es einen Punkt, an dem die Täufer vor der gefährlichen Aufgabe zurückschrecken, *mit* der Welt zu arbeiten, die meiner Überzeugung nach genauso eine christliche Verpflichtung ist wie die Arbeit *gegen* die Welt.)

Wenn man diesen ersten Punkt positiv formuliert, muss man also sagen, dass das Neue Testament den gottgegebenen Platz auch eines säkularen Herrschers erneut bestätigt, sogar den Platz von in jeder Hinsicht fehlerhaften, sündigen, eigensüchtigen, ihre Zeit vertrödelnden, korrupten Herrschern wie Pontius Pilatus, Felix, Festus und Herodes Agrippa. Sie verstanden ihren Auftrag falsch, und sie werden gerichtet werden, aber Gott möchte, dass es Herrscher gibt, weil Ordnung, ja sogar eine korrupte Ordnung, besser ist als Chaos. Hier finden wir in den Evangelien, in der Apostelgeschichte und besonders bei Paulus eine Spannung, die nicht ohne große Gefahr aufgelöst werden kann. In der heutigen westlichen Welt haben wir sowohl in konzeptioneller wie in praktischer Hinsicht nahezu die Fähigkeit verloren, gleichzeitig zu betonen, dass Herrscher korrupt sind und deshalb kritisiert werden müssen und dass sie trotzdem gottgegeben sind und ihren Anweisungen deshalb Folge geleistet werden muss. Denn diese Auffassung hört sich an, als würden wir uns gleichzeitig für Anarchie und Tyrannei einsetzen. Doch das zeigt nur, wie sehr unsere Konzepte uns dazu verführt haben, die Texte zu verbiegen, in denen beides nebeneinandersteht. Wie kann das sein?

Die Antwort darauf finden wir in Abschnitten wie Johannes 19, 1. Korinther 2 und Kolosser 2. Die Herrscher dieses Zeitalters verdrehen zwangsläufig ihre gottgegebene Berufung (Ordnung in die Welt zu bringen) in die satanische Möglichkeit der Tyrannei. Doch das Kreuz Jesu, der als wahrer Sohn Gottes gemäß Psalm 2 inthronisiert worden ist, verkörpert den paradoxen Sieg, der sich dem Götzendienst und der Korruption der Herrscher entgegenstellt und sie stürzt. Und wie in Kolosser 1,18-20 illustriert wird, werden die Herrscher als Ergebnis *versöhnt* – auf irgendeine geheimnisvolle Weise wieder als diejenigen eingesetzt, die Gottes weise Ordnung in der Welt aufrichten sollen, ob sie das nun so sehen oder nicht. Das ist der Punkt, an dem Römer 13 ins Spiel kommt, aber eben nicht als Beglaubigung eines jeden von irgendeinem x-beliebigen Herrscher erträumten Programms. Und mit Sicherheit auch nicht als Beglaubigung dessen, was die demokratisch gewählten Regierungen eines Landes in Bezug auf ihre Vorgehensweise gegenüber anderen Ländern entscheiden, sondern in Bezug auf einen streng begrenzten Zweck, ähnlich wie bei Jesajas Anerkennung des Kyrus – nämlich dass der Schöpfergott sogar durch die Herrscher, die ihn nicht kennen, aufs Neue Ordnung und sogar Rettung in die Welt bringen kann. Das steht auch hinter der Erzählung der Apostelgeschichte.

Das treibt uns allerdings voran und führt uns in das vielleicht unerwartete und mit Sicherheit herausfordernde Nachdenken darüber, inwieweit die gegenwärtige politische Situation auf dem Hintergrund der paradoxen Herrschaft Jesu verstanden werden kann. Angefangen von Matthäus über Johannes bis hin zur Apostelgeschichte, vom Kolosserbrief bis zur Offenbarung wird Jesus als derjenige bejubelt, der *schon jetzt* Herr des Himmels und der Erde ist, und insbesondere als derjenige, durch den der Schöpfergott schließlich alle Dinge im Himmel und auf Erden wiederherstellen und vereinigen wird. Und das wirft ein deutliches Schlaglicht auf die gegenwärtigen Aufgaben irdischer Herrscher. Vor dem Tod und der Auferstehung Jesu hätte eine biblische Aufgabenbeschreibung der heidnischen Herrscher darin bestanden, Gottes Schöpfung in Ordnung zu halten und zu verhindern, dass sie ins Chaos stürzt. Jetzt, seit dem Tod und der Auferstehung Jesu (obwohl beides natürlich in den Psalmen und bei den Propheten schon antizipiert worden ist) wird ihre Aufgabe vom anderen Ende des Teleskops her betrachtet. Anstatt sich von der Schöpfung her zu bewegen, sollen sie nach vorn blicken (egal wie unbeabsichtigt und unwillig) auf das endgültige Eschaton. Mit anderen Worten, Gott wird eines Tages alle Dinge durch Jesus in Ordnung bringen, und die irdischen Herrscher, ob sie nun Jesus und das kommende Reich anerkennen oder nicht, sind mit der Aufgabe betraut, dieses endgültige Gericht und die endgültige Barmherzigkeit zu *antizipieren*. Sie sollen nicht nur Gottes Schöpfung daran hindern, ganz und gar schlecht zu werden. Sie sollen in eingeschränkter Form vorwegnehmend die Zeit verkörpern, in der Gott alle Dinge neu machen und aufs Neue verkündigen wird, dass alles „sehr gut" ist.

All das hört sich vielleicht nach einem Wolkenkuckucksheim an. Diejenigen, für die alle menschlichen Autoritäten nur Tyrannen in unterschiedlichen Verkleidungen sind, können es gar nicht anders sehen. Die christliche Vorstellung von Gott, der durch die irdischen Herrscher wirkt, macht nur dann Sinn, wenn die Gemeinde ihre eigene Berufung ernst nimmt, nämlich die Herrscher an ihre Aufgabe zu erinnern, der Macht die Wahrheit ins Gesicht zu sagen und die Autoritäten zur Verantwortung zu ziehen. Wir sehen, dass dies in der Apostelgeschichte immer wieder geschieht und weiterhin im Zeugnis und in den Schriften der Apologeten des zweiten Jahrhunderts. Und auch bei den Märtyrern, weil das Martyrium (das geschieht, wenn die Gemeinde Zeugnis von Gottes Ruf an die Herrscher ablegt und die Herrscher die Boten umbringen) unabdingbar zur politischen Theologie dazugehört. Man kann so hohe Vorstellungen von der gottgegebenen Aufgabe der Herrscher haben, wie man möchte – doch die eigene Theologie vom Zeugnis der Gemeinde und dem Martyrium müssen damit Schritt halten können.

Auf dieses Zeugnis fällt in Johannes 16,8-11 ein helles Schlaglicht. Der Geist, verkündet Jesus, wird der Welt die Augen auftun über die Sünde, die Gerechtigkeit und das Gericht – über das Gericht, weil der Herrscher dieser Welt gerichtet ist. Wie soll der Geist das tun? Innerhalb der johanneischen Theologie geschieht das eindeutig durch das Zeugnis der Gemeinde, in der und durch die der Geist wirkt. Die Gemeinde wird mit den Herrschern der Welt das tun, was Jesus mit Pilatus in Johannes 18 und 19 getan hat, als er den Herrscher mit der Botschaft vom Reich und der Wahrheit konfrontiert hat, obwohl beides zutiefst unwillkommen und tatsächlich auch unverständlich gewesen ist. Eine Art und Weise, wie die Gemeinde so etwas tun kann, besteht darin, die Werke der Gerechtigkeit und Gnade, der Schönheit und der gelingenden Beziehungen zu wirken, von denen die Herrscher instinktiv spüren, dass diese aufblühen sollten, die sie selbst zu vollbringen aber scheinbar nicht in der Lage sind. Doch die Gemeinde darf selbst dann, wenn sie es mit offen heidnischen und feindseligen Herrschern zu tun hat, nicht aufhören zu glauben, dass Jesus der Herr ist, vor dem sich die Herrscher beugen müssen und dessen endgültiges Gericht sie zu antizipieren berufen sind. Die Gemeinde muss aufgrund ihrer biblischen Verpflichtung, Gottes Werke im öffentlichen Raum zu wirken, lernen, wie sie kooperieren kann, ohne Kompromisse einzugehen (weswegen die Lehre vom Allgemeinwohl so wichtig ist), und wie sie Kritik übt, ohne in einen Dualismus zu verfallen.

Absolut grundlegend ist dabei insbesondere, dass die Gemeinde lernt, die gegenwärtigen demokratischen Arbeitsweisen zu kritisieren. Ich meine damit nicht nur, dass wir Wahlverfahren, Wahlkampftaktiken oder den Einsatz des großen Geldes im Wahlprozess hinterfragen sollten. Ich meine, dass wir die Tatsache ernst nehmen sollten, dass die gegenwärtige Glorifizierung der Demokratie eine Folge genau jenes aufklärerischen Dualismus ist, jener Verbannung Gottes aus dem öffentlichen Raum und der Erhebung der *vox populi*, um das Vakuum zu füllen. All das ist jedoch, wie wir gesehen haben, in keinster Weise adäquat, wenn es um die Öffentlichkeit des Reiches Gottes geht.

Und wir sollten die Tatsache ernst nehmen, dass die antiken Juden und Christen sich nicht sehr dafür interessiert haben, wie die Herrscher zu Herrschern geworden sind – also den Prozess, wie sie an die Macht gekommen sind –, sondern sich vielmehr extrem daran interessiert zeigten, was diese Herrscher taten, wenn sie erst einmal an der Macht waren. Die größten Demokratien der Antike, die von Griechenland und Rom, hatten hochentwickelte Verfahren, mit denen die Herrscher zur Verantwortung gezogen wurden, sobald ihre Wahlperiode vorüber war (wenn nicht sogar davor), und brachten sie, wenn nötig, vor Gericht. Es wurde nirgendwo als ausreichend angesehen, einfach nur nicht wiedergewählt zu werden (was die größte Drohung in heutigen Demokratien darstellt). Als Kofi Annan von seinem Amt als Generalsekretär der Vereinten Nationen verabschiedet wurde, bestand einer der Hauptpunkte seiner Ansprache darin, dass wir dringend Wege entwickeln müssten, wie wir Regierungen, insbesondere mächtige Regierungen, zur Verantwortung ziehen könnten. Das ist ein zentraler Bestandteil der Berufung der Gemeinde, den wir niemals hätten aufgeben sollen und nun um jeden Preis wiedergewinnen müssen.

All das erfordert, dass die Gemeinde kontinuierlich zur Verantwortung gezogen wird, weil auch wir sehr leicht falschliegen und so ein Teil des Problems werden können, statt ein Teil der Lösung zu sein. Aus diesem Grund muss die Kirche *semper reformanda* (eine sich immer reformierende) sein, während sie die Bibel, insbesondere die Evangelien liest. Zum Glück ist es das, wozu die Evangelien geschaffen wurden und worin sie gut sind – trotz Generationen von sogenannten kritischen Methoden, die anscheinend manchmal nur deshalb erdacht wurden, um die Evangelien davon abzuhalten, sie selbst zu sein. Die Gemeinde sollte zu einer Art des Bibellesens ermutigt werden, das die Öffentlichkeit Gottes und der Evangelien in den Blick nimmt, wodurch dann Reformen initiiert werden, die es der Gemeinde ermöglichen, ihre Rolle zu übernehmen. Die Rolle, die darin besteht, die Mächtigen zur Verantwortung zu rufen und auf diese Weise Gottes wiederherstellende Gerechtigkeit voranzubringen.

Gott in der öffentlichen Welt der Post-Postmoderne

Unsere Kultur bewegt sich auf allen möglichen Wegen auf eine Post-Postmoderne zu, die sich zwar erst noch herausbilden muss, nach der sich jedoch unsere öffentliche Welt sehnt, die gelangweilt und mit Nichtigkeiten beschäftigt in Richtung eines gefährlichen und dehumanisierenden Verhaltens abrutscht. Ich habe dargelegt, dass der Gott der Bibel und insbesondere der Gott der Evangelien nur als ein Gott-in-der-Öffentlichkeit verstanden werden kann und dass die kritischen Methoden, die erdacht worden sind, um diesen Gedanken der Evangelien mundtot zu machen, durch eine angemessene historische, theologische und politische Kritik hinterfragt werden sollten. Sie müssen durch Methoden ersetzt werden, die der Wirklichkeit der Texte gerecht werden und damit – in einem viel tieferen Sinn – auch der öffentlichen Welt, an die sich die Evangelien richten. Wir stehen auf diese Weise vor der Herausforderung unserer Generation, uns einerseits von der sterilen Alternative unterschiedlicher Typen von postaufklärerischer Tyrannei wegzubewegen – den Fundamentalismen und Säkularismen, die sich so oft auf dem ausgedienten Schlachtfeld einer ideologiegetriebenen Pseudo-Exegese ihre Schusswechsel geliefert haben – und andererseits nicht ins postmoderne Chaos zu verfallen. Wie kann uns das gelingen?

Es gibt viele Weisen, durch die die Gemeinde von morgen auf dem Weg zu einer gesunden und fruchtbaren Post-Postmoderne vorangehen könnte. Eine von ihnen ist sicherlich diese: das biblische Zeugnis von Gott in der Öffentlichkeit ernst zu nehmen und seine Implikationen in Bezug auf die Struktur politischer Institutionen genauso zu durchdenken wie die Entscheidungen, die diese treffen müssen. Und nicht zuletzt wird es darum gehen, durchdachte exegetische Methoden zu entwickeln, die die volle Aussagekraft, Weisheit und Herausforderung der Bibel wieder zu Gehör bringen, nachdem uns die lautstarken Vergewisserungen des Fundamentalismus, die ebenso lautstarken Leugnungen des Säkularismus und der aufkommende Nihilismus – alles dennoch notwendige postmoderne Reaktionen – in den Ohren gellten. Bitte verstehen Sie mich nicht falsch: Weil es sich bei all dem explizit um eine Agenda bezüglich des allgemeinen Wohles handelt, fordere ich ausdrücklich nicht, dass die biblische Exegese nur der Kirche oder christlichen Forschern vorbehalten sein soll. Weise, ganzheitliche Exegese ist ein Projekt des Allgemeinwohls und dient im Gegenzug den weit größeren Projekten für das Allgemeinwohl, die unsere Welt so dringend braucht. Das gehört sowohl zur Vision der ursprünglichen Schöpfung als auch zur Vision der neuen Schöpfung, die, wie ich dargelegt habe, notwendig ist, wenn wir die Bibel tatsächlich in ihrer Tiefe verstehen und so mit und nicht gegen Gott arbeiten wollen – den Gott, der ganz am Anfang die öffentliche Welt geschaffen und sie dann, trotz gegenteiliger Behauptungen, nie im Stich gelassen hat. Sich mit Gott in der Öffentlichkeit zu beschäftigen, ist immer kompliziert, aber niemals langweilig.

10. Wie man sich auf die Welt von morgen einlässt

Schon seit dem öffentlichen Wirken Jesu und vor allem seit Ostern existiert zwischen Christus und der Kultur eine Bruchlinie. Jesus erfüllte die jahrhundertealte Hoffnung Israels, allerdings nicht auf eine Weise, die irgendjemand erwartet oder erwünscht hätte. Die Bruchlinien, die schon während seiner öffentlichen Wirkungszeit erschienen, wurden nach seiner Auferstehung noch deutlicher, und, wie wir an Paulus sehen, taten sich seine ersten Nachfolger schwer damit, die Nachfolge Jesu ins richtige Verhältnis zu der traditionellen jüdischen Lebensweise zu setzen.

Diese Schwierigkeiten waren jedoch nur klein, wenn man sie mit den größeren vergleicht. Wenn Israels Messias nämlich der Herr der Welt ist, dann trennt die Linie zwischen Christus und Kultur, zwischen dem Messias und dem Sittenkodex der Welt nicht einfach nur zwei Lebensweisen, vielmehr trennt sie die ehrgeizige und mächtige heidnische Welt als Ganzes von dem menschgewordenen Gott Israels, dem Mann, der behauptet hat, der rechtmäßige Herr und Meister jener Welt zu sein. Die Frage ist also nicht nur, wie man sich zwischen zwei miteinander konkurrierenden Ansprüchen bewegt. Es geht vielmehr darum, Jesus als dem wahren Herrn der Welt loyal zu sein und infolgedessen zu glauben, dass seine Lebensweise das ist, was die Welt am nötigsten braucht. Mit anderen Worten: Es geht um eine Agenda für Mission und Dienst. Weil allerdings Jesu Lebensweise ein Weg der sich hingebenden Liebe ist, können diese Mission und dieser Dienst niemals darin bestehen, dass man einer unwilligen oder nicht bereiten Öffentlichkeit eine angeblich christliche Politik oder Ethik aufnötigt. Sie bestehen viel eher darin, zuzulassen, dass Jesu Art und Weise, das

Reich Gottes zu bringen, durch uns und in uns wirkt. Immer da, wo sie danach getrachtet hat, die Gesellschaft von innen heraus zu transformieren, ist die Gemeinde so gewesen, wie sie sein soll.

Die frühchristlichen Antworten waren in dieser Hinsicht nicht immer dieselben, sondern hingen zum Teil davon ab, welche Position die jeweilige Kultur eingenommen hatte. Als sich Paulus in Griechenland aufhielt, entschied ein leitender Beamter, das Christentum sei eine interne Angelegenheit des Judentums (Apostelgeschichte 18,12-16). Weil das Judentum einen legalen Status hatte, gab es also auch kein Problem mit dem Christentum. Der griechischen Gemeinde war es deshalb möglich zu wachsen, ohne dass staatliche Stellen sich einmischten. In Kleinasien (der heutigen Türkei) gab es hingegen ein Problem. Die meisten Christen waren ehemalige Heiden, und Jesus nachzufolgen bedeutete, dass sie nicht länger die lokalen Gottheiten anbeteten. Aber zu den lokalen Gottheiten gehörte nun auch der Kaiserkult. Für die Juden gab es eine offizielle Ausnahmeregelung in Bezug auf den heidnischen Gottesdienst, die für den Kaiserkult ebenfalls galt. Als sich allerdings das Christentum dem Kaiserkult verweigerte, begannen die Schwierigkeiten. Die jüdische Gemeinde und mit ihr die jüdischen Christen wurden unter Druck gesetzt, die ehemaligen Heiden auf Linie zu bringen, indem sie sich beschneiden ließen. Das ist kompliziert, nicht wahr? Allerdings auch nicht komplizierter als die Situation, in der sich in unserer Welt viele christliche Bürger und Institutionen befinden. Wo soll man die Linie ziehen? Was zählt schon als Kompromiss? Nur Mut, diese Fragen sind nicht neu. Sie sind so alt wie das Evangelium. Aus der Tatsache, dass wir uns heute mit ihnen beschäftigen müssen, kann man also nicht schließen, dass wir irgendwo falsch abgebogen sind. Sie stellen vielmehr den christlichen Normalfall dar. Und Jesus bleibt über all dem der Herrscher.

Indem sie mit diesen Fragen kämpfte, hat die Urgemeinde ihre eigene Version dessen gelebt, was das jüdische Volk schon seit dem Exil vorgemacht hatte. Innerhalb eines gewissen Spektrums haben sich in diesem Zeitraum auch die Juden hin und her bewegt. Manchmal waren die heidnischen Herrscher eine Hilfe, zum Beispiel als Kyrus den Befehl zum Wiederaufbau des Tempels gab. Manchmal waren sie das gerade nicht, zum Beispiel als Antiochus Epiphanes die jüdischen Speisegebote auszuradieren versuchte oder als Hadrian die Beschneidung verbieten wollte. Das Buch Daniel zeigt die ganze Bandbreite von gewaltsamer Verfolgung bis hin zur Beförderung innerhalb der Verwaltung. Die Fragen sind damals in jeder Hinsicht dringlich gewesen, so wie sie es für Juden und Christen in der heidnischen Diaspora immer gewesen sind: Was wird als Loyalität und was als Disloyalität betrachtet? Was zählt als gefährlicher Kompromiss und was als weise Flexibilität? Wann muss man Widerstand leisten, wann sollte man wegrennen, wann sollte man bleiben und versuchen, die Verhältnisse von innen heraus zu verbessern? Wann sollte man ausharren und sich dem Martyrium stellen? Woher weiß man das und wer kann es sagen?

Das Neue Testament als Ganzes scheint davon auszugehen, dass es zum normalen christlichen Leben gehört, sich diesen Fragen stellen zu müssen. Ein flüchtiges Blättern durch den 1. Petrusbrief oder die Offenbarung legt den Schluss nahe, dass der christliche Normalzustand darin besteht, mit den Herrschern und Gewalten über Kreuz zu liegen, weswegen es, wie Petrus insistiert, umso wichtiger ist, dass man den Christen außer ihrem Glauben und den Dingen, die mit ihm verbunden sind, nichts weiter vorwerfen kann. Wenn sie uns angreifen, dann sollen sie uns wenigstens – wie die Männer des Darius den Daniel – aus den richtigen Gründen angreifen. Und wenn wir ins zweite, dritte und vierte Jahrhundert schauen, finden wir verschiedene Haltungen, die die Gemeinde einnahm. Während sie sich tief in die heidnische Gesellschaft hineinbewegte, stieß sie teilweise auf massiven Widerstand, auf Verfolgung, Folter und Martyrium.

Was sind also die Ausgangspunkte für eine weise christliche Reflexion darüber, wo wir uns befinden und woher wir den Mut nehmen sollen, uns mit dem Durcheinander und den Herausforderungen der Welt von morgen auseinanderzusetzen? Zusätzlich zu den Errungenschaften Jesu, deren Konsequenzen ich in meinem Buch „*Jesus: Wer er war, was er wollte und warum er für uns wichtig ist*" darzulegen versucht habe, möchte ich mich mit zwei Texten beschäftigen: dem Brief des Paulus an die Kolosser und dem Johannesevangelium.

Christus, die Kultur und Paulus' Brief an die Kolosser

Der paulinische Kolosserbrief enthält viel mehr explosives Material, als seine Kürze erahnen lässt. Paulus schrieb ihn aus dem Gefängnis heraus. Während er seine weitreichenden und alles umfassenden Aussagen über Jesus aufschreibt, weiß er also, dass er damit der augenscheinlichen Wirklichkeit trotzt. Und trotzdem hält er sich nicht zurück:

> Er ist das Ebenbild des unsichtbaren Gottes,
> der Erstgeborene vor aller Schöpfung.
> Denn in ihm ist alles geschaffen,
> was im Himmel und auf Erden ist,
> das Sichtbare und das Unsichtbare,
> es seien Throne oder Herrschaften oder Mächte oder Gewalten;
> es ist alles durch ihn und zu ihm geschaffen.
> (Kolosser 1,15-16)

Und so weiter. Gerade wenn wir vor einem großen kulturellen Umbruch stehen, haben wir es nötig, uns von Paulus erinnern zu lassen, dass unsere Zuversicht nicht auf der Stabilität der westlichen Kultur ruht oder darauf, dass die moderne Demokratie grundsätzlich gut ist. Unsere Zuversicht gründet sich in Jesus und nur in ihm. Das ist die Botschaft, die wir hören müssen. Und wir sollten Gemeinschaften und Bildungsinstitutionen schaffen und erhalten, in denen diese außergewöhnliche, atemberaubende, törichte Wahrheit tief mit allem verwoben ist, was wir tun.

Manche sehen darin vielleicht die Aufforderung, alle akademische Forschung fahren zu lassen: Denn wenn Christus die Antwort ist, welchen Sinn kann es dann noch haben, eine Frage zu stellen? Ich sehe es freilich genau umgekehrt: Jesus ist Herr der Welt, alle Wahrheit ist von daher seine Wahrheit; lasst uns deshalb losziehen und sie mit Ehrfurcht und Begeisterung erkunden. Ob man nun durch ein Teleskop oder durch ein Mikroskop schaut, ob man nun Texte untersucht oder Traditionen, ob es sich nun um Ozeanografie oder Paläografie handelt, man vollzieht Jesu Gedanken nach.

Wie Paulus verkündet – trotz seines Schmachtens im Gefängnis! – sind insbesondere alle Herrscher und Gewalten durch und für Jesus den Messias geschaffen worden. Wir sind heute dazu aufgerufen, neu zu durchdenken, was das in Bezug auf die westliche Demokratie bedeuten könnte. Was hat Kolosser 1 mit dem gegenwärtigen Hickhack in der Europäischen Union und Großbritanniens unruhiger Position innerhalb der EU zu tun? Was, um ein anderes zufälliges Beispiel anzuführen, hat der Kolosserbrief mit Vorwahlen und Parteistrukturen zu tun, mit teuren Werbekampagnen und Show-Debatten? Denn Paulus ging es nicht darum, sich eine bestimmte politische Struktur zu betrachten und dann zu überlegen, wie gut oder schlecht sie Gottes Zielen dient. Das hatte vorher zu geschehen. Gott hat die Welt geschaffen, damit die Menschen sich um sie kümmern sollten. Das ist ein Bestandteil der Gottesebenbildlichkeit des Menschen. Obwohl die Menschen rebelliert haben, möchte Gott immer noch durch menschliche Vermittlung Ordnung und Harmonie in seine Welt bringen – und das, obwohl diese Ordnung und Harmonie oft sterile, dehumanisierende Tyranneien werden (weil die Menschen immer noch Rebellen sind).

Gott geht das Risiko ein. Doch innerhalb dieser Welt der Rebellen und Risiken hat Gott in seinem Messias Jesus ein neues Volk eingesetzt, das sein Leib ist, der Ort, an dem seine Herrlichkeit bereits in der Welt aufscheint. Die Gemeinde ist nicht einfach nur eine religiöse Körperschaft, die nach einem sicheren Platz strebt, um sich innerhalb der größeren politischen und sozialen Welt um ihre eigenen Angelegenheiten zu kümmern. Die Gemeinde ist nicht mehr und nicht weniger als das Volk, das durch seine bloße Existenz und insbesondere durch seine Heiligkeit und seine Einheit (Kolosser 3) bezeugt, dass Jesus der wahre Herr der Welt ist, so lächerlich oder vielleicht sogar ärgerlich sich das auch anhören mag.

Wie wir alle wissen, besteht die Gefahr darin, dass wir im Westen, obwohl wir in manchen Bereichen unser spezifisch christliches Zeugnis bewahrt haben, uns in anderen ohne jeden Zweifel kompromittiert haben. Wichtiger Bestandteil der aufklärerischen Grundlagen, denen die Vereinigten Staaten durch ihre Unabhängigkeitserklärung und ihre Verfassung explizit beigepflichtet haben und denen auch Großbritannien indirekt auf tausend ungeschriebene Weisen Gefolgschaft leistet, ist, dass die Gemeinde sich aus dem öffentlichen Leben heraushalten und im Privaten ihre Angelegenheiten regeln soll.

Das spiegelt die latente epikureische Philosophie wider, die den Mainstream des westlichen Denkens mindestens seit dem fünfzehnten Jahrhundert prägt, mit einem Höhepunkt im achtzehnten und neunzehnten Jahrhundert: Gott oder die Götter sind weit, weit weg, und die Welt läuft nach ihren eigenen Gesetzen weiter. Innerhalb dieser Weltanschauung kann sich die Gemeinde ihre Unabhängigkeit dadurch erkaufen, indem sie sich auf die damit verbundene heidnische Philosophie einlässt. Es ist schon in Ordnung, sagen wir – wenn Gott und die Welt so weit voneinander getrennt sind, dann kümmern wir uns eben um die Gott-Geschichte, verhelfen Menschen zu einer privaten Spiritualität in der Gegenwart und einer glückseligen Hoffnung für die Zukunft, aber hinterfragen nicht grundlegend die Systeme, die daraus resultieren. Ich vermute, dass einer der Gründe, warum die Debatte um Schöpfung und Evolution in Amerika so viel Wirbel verursacht (viel mehr als irgendwo anders), darin liegt, dass die Leute alle Obertöne – soziale, kulturelle und politische – hören, die damit verbunden sind. Der Gedanke, dass Gott irgendetwas mit dem andauernden Prozess der Welt zu tun haben könnte, widerspricht allem, wofür die westliche Kultur bisher steht – inklusive der westlichen *christlichen* Kultur.

Paulus hat damit freilich nichts zu tun. Er war im Gefängnis, eben *weil* er eine Botschaft verkündet und den Menschen eine entsprechende Lebensweise beigebracht hatte, nach der Jesus den letztgültigen Herrschaftsanspruch über jeden Aspekt des Lebens erhob. C. S. Lewis hat das in dem bekannten Wort zusammengefasst, es gäbe im Universum keinen neutralen Boden. Jeder Quadratzentimeter, jeder Sekundenbruchteil wird, so schreibt er, von Gott beansprucht und von Satan im Gegenzug ebenfalls. Lewis schloss sich damit der Ansicht vieler christlicher Denker an, die über den Theologen und Politiker Abraham Kuyper letztlich bis auf Paulus selbst zurückreichen. Doch indem er das tat, trat er und traten sie entschlossen der großen Trennung entgegen, die über uns im Westen gekommen ist.

Es ist gefährlich, so entschlossen Stellung zu beziehen. Die entsprechenden Angriffe erfolgen allerdings normalerweise nicht frontal. Satan verkleidet sich in der Regel als Engel des Lichts. Wenn eine Gemeinde oder christliche Organisation daran erinnert wird, dass sie sich um geistliche Angelegenheiten zu kümmern habe und sich zurückziehen solle, damit sich die Welt um den Rest kümmern könne, sehen wir zwar weder Hörner, Hufe noch den Ziegenbart, doch es kommt einer Infragestellung der Herrschaft des Messias Jesus gleich. Ich frage mich und ich frage Sie, ob die Probleme dieser neuen Generation, in der uns Regierungen unwillkommene Tagesordnungen überstülpen, nicht eine neue Manifestation von etwas sein könnten, mit dem wir seit vielen Jahren kooperiert haben. Haben wir denn eine Kultur gepflegt, in der die Herrschaft und die Lehren Jesu, zum Beispiel die über Armut, menschliche Würde oder Krieg, in Ehren gehalten, studiert und praktiziert worden sind? Oder sind wir damit – wie so viele Christen auf beiden Seiten des Atlantiks – zufrieden, uns einmal von diesem und dann wieder von jenem der gegenwärtigen politischen Winde treiben zu lassen? Richten wir unsere Segel entsprechend dieser jeweiligen Winde aus, sodass am Ende nur noch ein oder zwei echte Unterschiede übrig bleiben, die vielleicht etwas mit Sexualität und Familienbild zu tun haben, und beschweren uns dann, wenn die Mächte und Gewalten, die sich still und leise unserer Kooperation in anderen Bereichen versichert haben (zum Beispiel in Bezug auf den zügellosen Individualismus und die neoliberale Vorstellung von einem guten Leben) sich nun anschicken, jene letzten verbliebenen Bastionen anzugreifen?

Der Kolosserbrief besteht dagegen auf der totalen und obersten Herrschaft des Messias Jesus, nicht indem er behauptet, die anderen Autoritäten existierten nicht, sondern indem er sagt, dass die, die existieren, seiner Herrschaft unterworfen sind. Doch wie sieht dieses Unterworfensein aus? Wie geschieht es? Es geschieht durch die, die zum Messias gehören, die gestorben sind und mit ihm auferweckt wurden, die ihre Herzen und Häupter erheben und lernen, wie man dieses ungeheuer anziehende Leben lebt, bekleidet mit den Gewändern von Jesus selbst – eine Transformation, die immer wieder sogar die härtesten heidnischen Beobachter in Staunen und Verwunderung darüber versetzt hat, wie so etwas geschehen kann.

Die heidnische Welt wird in Kolosser 3 in zwei Listen beschrieben, in denen heidnisches Verhalten aufgezählt wird: auf der einen Seite sexuelle Unmoral in allen ihren Formen und auf der anderen üble und zornige Rede. Oh, was für eine Ironie. Ich kenne viele Gemeinden, die nicht den leisesten Verdacht sexueller Unmoral tolerieren würden (jedenfalls nicht nach außen hin), die aber wahre Brutstätten für Tratsch, Verleumdung und üble Nachrede sind. Und ich kenne andere Gemeinden, wo jeder nett zu allen ist, in denen aber der sexuellen Zügellosigkeit kein Einhalt geboten wird und alle „wertschätzend" damit umgehen, weil man sich ja ansonsten „schlimme Dinge sagen" müsste. Demgegenüber denke ich oft, dass das alternative Modell, das Paulus vorschlägt, zu der Art von Gesellschaft führen würde, in der jeder gerne leben möchte:

> So zieht nun an als die Auserwählten Gottes, als die Heiligen und Geliebten, herzliches Erbarmen, Freundlichkeit, Demut, Sanftmut, Geduld; und ertrage einer den andern und vergebt euch untereinander, wenn jemand Klage hat gegen den andern ... Über alles aber zieht an die Liebe, die da ist das Band der Vollkommenheit ... Und alles, was ihr tut mit Worten oder mit Werken, das tut alles im Namen des Herrn Jesus und dankt Gott, dem Vater, durch ihn. (Kolosser 3,12-17)

Das sind die positiven Tugenden der christlichen Gemeinschaft. Sie ergeben sich nicht zufällig. Man muss sie durchdenken, individuell wie gemeinschaftlich. Man muss gemeinsam dafür arbeiten, umkehren, wenn man in diesen Bereichen versagt hat, und einander vergeben. Und wenn wir das tun, wird sich das schlechte Verhalten des Körpers oder der Zunge als das erweisen, was es ist: in sozialer Hinsicht destruktiv und Gott den Schöpfer entehrend.

Solche Gemeinschaften sind der Weg, wie Gott die Welt verändert – nicht indem sie sich von der Welt zurückziehen, sondern indem sie sich, wie Paulus es getan hat, mutig an die Orte der Macht und Autorität in der Welt begeben und wie er dafür beten, dass sich eine Tür öffnet, um über das Geheimnis des wahren Königs der Welt sprechen zu können (4,3). Das, so sagt Paulus, ist der Grund, warum er diesen Brief in Ketten schreibt. Doch das Evangelium lag nicht in Ketten. Es transformierte

Leben und Gemeinschaften unter der Herrschaft des wahren Königs. Hier ist das Zentrum unserer Zuversicht, was auch immer die Welt uns in den Weg werfen mag: Der gekreuzigte und auferstandene Jesus ist *schon jetzt* Herr der Welt. Das ruft uns zu einem erneuerten Gebetsleben, einer erneuerten Heiligung, einem erneuerten und fröhlichen Vertrauen auf die Kraft Jesu, die auf neuen Wegen vorwärtsdrängt.

Der Geist und die Welt

Auf einigen wenigen Seiten kann man dem Kolosserbrief nicht gerecht werden, noch viel weniger kann man sich in dieser Kürze mit dem Johannesevangelium befassen. Ich möchte deshalb einfach nur einen Strang innerhalb des Evangeliums skizzieren, der oft übersehen wird, aber dennoch eine Botschaft für unsere Zeit darstellt. Wir lesen das Johannesevangelium oft durch die abgedunkelte pietistische Brille des neunzehnten Jahrhunderts und übersehen dabei das helle, blendende johanneische Licht, das dieses Buch auf das Zeugnis der Gemeinde im sozialen wie im politischen Bereich wirft. Eines der Hauptprobleme unserer Welt besteht darin, dass sich die Gemeinde mit den beiden großen Veränderungen des achtzehnten und neunzehnten Jahrhunderts abgefunden hat. Wir haben gar nicht versucht, die Dinge richtigzustellen, weil wir diese Umbrüche gar nicht bemerkt haben. Zunächst also ein paar Worte über diese doppelte Veränderung, und dann wenden wir uns dem Johannesevangelium zu.

Im achtzehnten Jahrhundert fing der Staat damit an, die Dinge zu übernehmen, für die bis dahin die Kirche zuständig gewesen war. Krankenhäuser, Schulen und Ähnliches sind eigentlich christliche Erfindungen. Außerhalb des Christentums bekam man ärztliche Versorgung und Bildung, wenn man dafür bezahlen konnte, und man siechte ungebildet dahin, wenn man kein Geld hatte. Der transformative Genius der frühchristlichen Bewegung bestand darin, die in Jesus dem Messias nach außen gewandte, praktische Liebe Gottes für alle Menschen zu verkörpern. Davor hatte niemand auch nur über so etwas nachgedacht, aber es fand Beifall und war der Hauptgrund für das rapide Wachstum der Gemeinde. Bis auf den heutigen Tag übrigens, wie mir eine jüdische Bekannte bestätigte. Sie erzählte mir nämlich, dass ihre Kinder zuweilen für christliche Paare Babysitterdienste leisten. Wenn ihre Dienste gebraucht werden, weil sich ein Paar wieder einmal ehrenamtlich im Jugendkreis, im Gefängnis oder im Sterbehospiz engagiert, sagen die jüdischen Babysitter, die Eltern seien weg, um „Christen zu sein". Gott sei Dank wird die Gemeinde manchmal immer noch so gesehen. Und Gott sei ebenso für den grundlegend christlichen Impuls gedankt, der dazu geführt hat, dass der moderne Staat medizinische Versorgung und Bildung für alle bereithält, nicht nur für die Reichen. Doch wenn der Staat sich das Recht herausnimmt zu bestimmen, wie das geschehen soll, und der Kirche sagt, sie solle die Finger davon lassen, sich mit privater Spiritualität begnügen und sich nicht in die Diskussionen über Gentechnik und Sterbehilfe einmischen, oder wenn er festlegen will, was wir in Bezug auf Geschichte, Wirtschaft und Geisteswissenschaften vermitteln – dann müssen wir Widerstand leisten. All diese Dinge sind grundlegende Bestandteile unserer Berufung. Wir sind hocherfreut, wenn nun ganze Gesellschaften daran Teil haben wollen, aber wir werden diese Berufung nicht aufgeben oder uns sagen lassen, wie wir sie zu leben haben. Wie man das sagt, ist selbstverständlich eine Frage der Weisheit und des liebevollen Umgangs, ohne die Wahrheit zu vernachlässigen. Aber *dass* wir es sagen ist nicht verhandelbar.

Das führt mich zum zweiten Punkt. Angefangen vom vorchristlichen Judentum bis hinein in die Gegenwart haben Gottes Leute sich das Recht und die Verantwortung herausgenommen, der Macht die Wahrheit ins Gesicht zu sagen, manchmal mit Worten, oft mit ihren Körpern. Das Martyrium war regelmäßig das überzeugendste Argument von allen. Die nachaufklärerische Welt hat zwar zwei andere Weisen entwickelt, durch die der Macht die Wahrheit ins Gesicht gesagt werden kann, allerdings hat keine von ihnen ihren Zweck ebenso gut erfüllt.

So gibt es auf der einen Seite Oppositionsparteien, durch die freilich schnell die übliche Polarisierung aus zwei Parteien und ihren Kulturkämpfen entsteht, unter der sowohl Großbritannien als auch die Vereinigten Staaten leiden. Jedes Thema wird im Schwarz-Weiß-Schema nach dem Motto „Wir gegen die" betrachtet. Und selbst wenn das nicht der Fall sein sollte, gibt es einen Aufstand von kleinen Parteien, die für instabile Koalitionen und Absprachen im Hinterzimmer sorgen, die mit den eigentlichen Problemlösungen nichts zu tun haben. Das sind die Schwierigkeiten unserer Demokratien mit Regierung und Opposition.

Auf der anderen Seite gibt es elektronische Medien und Printmedien, die zunehmend komplexer werdende Welt des Journalismus, die sich in der Verantwortung sieht, mit der Regierung und nicht selten auch der Opposition abzurechnen. Wenn Sie daran zweifeln, empfehle ich Ihnen einen Blick auf die Zitate, die in der Lobby des *Tribune*-Gebäudes in Chicago in Stein gemeißelt sind. Nehmen wir zum Beispiel ein Wort von Robert R. McCormick, vor achtzig Jahren Eigentümer und Herausgeber der *Chicago Tribune*: „Die Zeitung ist eine Institution, die von der modernen Zivilisation entwickelt worden ist, um die Neuigkeiten des Tages zu präsentieren, Handel und Industrie zu fördern, die öffentliche Meinung zu bilden *und anzuführen und die Kontrolle der Regierung zu übernehmen, die keine Verfassung der Welt ausüben kann.*" (Hervorhebungen von mir) Das ist atemberaubend, umso mehr, weil das eigentlich *unser* Job als Nachfolger Jesu wäre. (Ich kann mich nicht zurückhalten hinzuzufügen, dass McCormicks berühmteste Feldzüge – und hier zitiere ich schamlos aus dem englischen Wikipedia-Eintrag – gegen „Gangster und Halsabschneider, die Prohibition und die Prohibitionisten, lokale, bundesstaatliche und nationale Politiker, die Wall Street, die Ostküste und ihre Bevölkerung, die Anhänger der demokratischen Partei, Roosevelts New Deal und Trumans Fair Deal, liberale Republikaner, den Völkerbund, den Weltgerichtshof, den britischen Imperialismus, den Sozialismus und den Kommunismus" gerichtet waren. Es ging ihm also bei Weitem nicht nur um Regierungen.)

Doch diese beiden Weisen, der Macht die Wahrheit ins Gesicht zu sagen – durch offizielle Oppositionsparteien und durch die Medien –, versagen regelmäßig. Wie wir alle wissen, sind Oppositionsparteien oft an dem Blödsinn und der Schlechtigkeit der Regierung beteiligt, und die Zeitungen stacheln sie schnell in exakt den Bereichen an, wo Kritik aber am angebrachtesten wäre. Die Berufung der Gemeinde, der Macht die Wahrheit zu sagen, ist also von zwei Systemen übernommen worden, die dieser Aufgabe nicht gewachsen sind. Wir brauchen deshalb dringend die Stimme der christlichen Weisheit, um das gutzuheißen, was hervorragend ist, und das zur Rechenschaft zu ziehen, was es nicht ist. Wenn die Kirche genau das probiert, lassen die Medien natürlich regelmäßig nichts unversucht, um sie als überholt darzustellen, nicht nur, weil sie nicht mögen, was wir vielleicht zu sagen hätten, sondern auch, weil wir damit ein Gebiet betreten, das sie uns weggenommen haben und nicht wieder zurückgeben wollen. Wieder einmal finden wir uns deshalb mit dieser Beschneidung unserer historischen Rolle und gottgegebenen Berufung ab. Oder, noch schlimmer, wir lassen uns wie eine Herde Schafe in den Stall dieser oder jener Partei treiben und von Zielvorstellungen bestimmen, die wir allzu eilfertig für Gottes Zielvorstellungen halten, weil wir nicht in der Lage sind, zwischen der Parteilinie und dem christlichen Gewissen zu unterscheiden.

Was hat nun das Johannesevangelium zu all dem zu sagen? In ihm finden wir Jesu Beschreibung dessen, was passieren wird, wenn der Heilige Geist über seine Nachfolger ausgegossen wird:

> Wenn er [der Heilige Geist] kommt, wird er der Welt die Augen auftun über die Sünde und über die Gerechtigkeit und über das Gericht; über die Sünde: dass sie nicht an mich glauben; über die Gerechtigkeit: dass ich zum Vater gehe und ihr mich hinfort nicht seht; über das Gericht: dass der Fürst dieser Welt gerichtet ist. (Johannes 16,8-11)

Diese Verse kommen einem sehr schwer und undurchsichtig vor. Im größeren Kontext betrachtet ist ihre Aussage allerdings mehr als offensichtlich. Jesus hat bereits zuvor von seinem Sieg über „den Fürsten dieser Welt" gesprochen, wobei das Resultat darin besteht, dass er nun „alle zu sich zieht" (12,31-32). Er hat davor gewarnt, dass die Welt seine Nachfolger so hassen wird, wie sie ihn gehasst hat, und ihnen gesagt, dass sie sich freuen sollen, weil er die Welt besiegt hat (15,18-25; 16,33). Und auf dem Höhepunkt des Buches, im 18. und 19. Kapitel, tritt Jesus Pontius Pilatus entgegen – das Reich Gottes tritt dem Reich des römischen Kaisers entgegen – und erklärt ihm, dass Gottes Reich auf Wahrheit gegründet ist, auf einer Wahrheit, die Macht neu definiert. Diese Neudefinition wird dann in die Praxis umgesetzt, als ein schwacher und schwankender Pilatus ihn zum Tode verurteilt, durch den ein souveräner und mächtiger Jesus sein Erlösungswerk für die Welt vollendet (19,30). Die versteckte Wahrheit, die versteckte Macht, die Energie, die das Reich Gottes vorantreibt, ist die göttliche, sich selbst hingebende Liebe: Wie er die Seinen geliebt hatte, die in der Welt waren, so liebte er sie bis ans Ende (13,1).

Was bedeutet es also, wenn der Geist der Welt die Augen über die Sünde auftut? Und wie soll das geschehen? In den letzten Generationen haben die Christen vom Heiligen Geist in einer Weise gesprochen, als sei er entweder so etwas wie eine wundersame Inspiration oder eine nette persönliche Erfahrung. Wenn jedoch der Geist kommt, um das zu tun, was Jesus hier beschreibt, wird die Gemeinde sich nicht zurücklehnen und zuschauen können. Nein, gerade *durch uns und unser Zeug-*

nis überführt der Geist die Welt von der Sünde. Das ist ein Teil unserer Kernberufung. Sich dem zu verweigern würde bedeuten, den Geist zu dämpfen.

Lassen Sie uns diese drei Elemente jeweils für sich betrachten. Die Gemeinde, die um den Geist betet, muss zunächst ihre Berufung wahrnehmen, in Bezug auf die Sünde Stellung zu beziehen, denn indem sich die Welt den Glauben an Jesus versagt, versagt sie sich zugleich genuin menschliches Leben. Diese nach außen gerichtete Berufung ist ein weiterer Grund, warum es so wichtig ist, dass die Gemeinde in persönlicher und gemeinschaftlicher Hinsicht auf einen hohen ethischen Standard achtet, denn leider findet die Welt sehr schnell etwas, das man den Christen vorwerfen kann. Und natürlich sollte die Gemeinde in einer Weise gegenüber der Welt auftreten, die nichts mit einer snobistischen Ich-bin-heiliger-als-du-Haltung zu tun hat. Vielmehr sollte sie ein so beeindruckendes Modell von Gottes genuiner Menschlichkeit abgeben, dass die Welt im Vergleich dazu als heruntergekommen und schäbig offenbar wird, als ein Ort der Lügen und des Todes und eben nicht der Wahrheit und des Lebens.

Zweitens soll die Gemeinde zeigen, dass die Welt in Bezug auf die Gerechtigkeit falschliegt. Jesus wird bei seiner Himmelfahrt vom Vater bestätigt, und das ist der ultimative Moment der Gerechtigkeit beziehungsweise der, an dem die Welt in Ordnung gebracht wird. Die Welt denkt, sie wüsste, was Gerechtigkeit ist. Aber wieder und wieder liegt sie dabei falsch, indem sie die Reichen und Mächtigen bevorzugt, die Augen vor dem Bösen in den Chefetagen verschließt und das Schreien der Armen und Bedürftigen überhört, deren gute und gerechte Versorgung der Bibel zufolge Gott besonders am Herzen liegt. Also muss sich die Gemeinde in der Kraft des Geistes und im Licht der Himmelfahrt Jesu zum Thron der Welt für Gottes Gerechtigkeit einsetzen und die Aufmerksamkeit der Welt auf die Bereiche lenken, in denen sie falsch handelt.

Das hat unmittelbar und nachdrücklich zur Folge, dass wir

unsere Regierungen zur Verantwortung dafür ziehen müssen, wie es z. B. um die Gerechtigkeit für die Ärmsten der Welt bestellt ist, die von westlichen Banken durch unbezahlbare, sich immer weiter anhäufende Zinslasten für Kredite arm gehalten werden – Kredite, die vor Jahrzehnten korrupten Diktatoren gewährt worden sind. Diese Ungerechtigkeit ist dadurch sogar noch vergrößert worden, dass unsere Regierungen in atemberaubender Weise superreiche Firmen und Banken finanziell retten, wenn sie pleitegehen: Die Superreichen haben für die Superreichen das getan, was sie den Superarmen immer noch verweigern. In der Alten Kirche erwarben sich die Bischöfe einen guten Ruf dadurch, dass sie sich unermüdlich für die Bedürfnisse und Rechte der Armen einsetzten. Sie gingen zwar den Reichen und Mächtigen auf die Nerven, aber sie weigerten sich, den Mund zu halten. Sie taten genau das, was nach Jesu Aussage geschehen würde, wenn der Geist käme und die Ungerechtigkeit der Welt im Licht der Gerechtigkeit Gottes bloßstellte. Auf dieselbe Weise, wie sie die offensichtlichen Ungerechtigkeiten untersucht, hat die Gemeinde auch die Verantwortung, solche Fälle zu prüfen, wo Worte wie *Gerechtigkeit* und *Recht* benutzt werden, es in Wirklichkeit jedoch nur um Interessengruppen geht. Wie Papst Benedikt XVI. in seiner Ansprache vor den Vereinten Nationen im Jahr 2008 ausgeführt hat, ist die Rede von (Menschen-) Rechten der großen christlichen Tradition entliehen. Wenn man sie jedoch von diesen christlichen Wurzeln abschneidet, ergeben sich alle möglichen Formen des Missbrauchs, von denen jede von der postmodernen Überlegenheitsposition der Opferrolle herab argumentiert. Die verschiedenen Formen des Missbrauchs bewirken jedoch lediglich, dass die gesamte Idee der Rechte ausgehöhlt wird. Ein Teil der Aufgabe, die Welt zur Verantwortung zu ziehen, besteht also darin, in diesen Bereichen klar, demütig und weise zu denken und zu reden.

Als Drittes zeigt die Gemeinde in der Kraft des Geistes der Welt, dass diese in Bezug auf das Gericht falschliegt. Am Kreuz und in der Auferstehung hat Jesus das Urteil über die finstere Macht gesprochen, die er den „Fürst dieser Welt“ nennt. Der Fürst der Finsternis herrscht durch Gewalt und Tod und durch die Androhung von beidem. Jesus zieht die volle Kraft dieser Mächte auf sich und zeigt in seiner Auferstehung, dass er sie überwunden hat. Er startet Gottes neue Schöpfung, und die Mächte des Todes wissen, dass sie besiegt sind. Das stellt allen Gewalteinsatz infrage, alle Versuche, den Tod zu benutzen, um die Welt zu kontrollieren. Natürlich gibt es viele Gelegenheiten, bei denen Länder und Regierungen Polizeikräfte einsetzen müssen. Und wenn man in Betracht zieht, wie schlecht die Welt ist, muss die Polizei manchmal Gewalt einsetzen. Doch aus dieser Ausnahmesituation heraus entstehen allzu schnell Machtgelüste, die auf Gewalt aufbauen, und genau die sind es, die der Geist durch die Gemeinde zur Rechenschaft ziehen muss.

Ich denke nicht, dass wir in den Gemeinden des Westens ausreichend genug über diese dreifache Berufung nachgedacht haben, die Jesus seinen Leuten durch seinen Geist aufträgt. Wir haben uns so sehr mit der durch die Aufklärung herbeigeführten Minimierung der Rolle der Gemeinde arrangiert, dass wir auf solche Gedanken vermutlich überrascht oder alarmiert reagieren. Wir finden sie trotzdem in der Heiligen Schrift. Die Frage, die ich aufwerfen möchte, ist folgende: Wie können wir eine Generation prägen, durch die der Geist wirkt und die Welt sensibel macht für Sünde (im Angesicht westlicher Arroganz und gefühlter moralischer Überlegenheit), für Gerechtigkeit (in einer Welt, in der die biblische Bedeutung, nämlich Gerechtigkeit für die Armen, von einer abgelöst wurde, die unter Gerechtigkeit staatlich sanktionierte Gewalt versteht) und für das Gericht (in einer Kultur, die sich aufführt, als könne sie über die Wahrheit gebieten)? Darin besteht die Herausforderung.

All dem gegenüber wird sich ein enormer Widerstand formieren, sowohl innerhalb als auch außerhalb der Gemeinde. Wir machen uns auf, einen Boden zurückzuerobern, den wir nicht nur verloren haben, sondern von dem wir in vielen Bereichen sogar vergessen haben, dass wir ihn jemals besaßen. Dazu kommt, dass wir auf die eine oder andere Weise mit dem Martyrium zu tun bekommen werden. Auf dem Weg in den Tod hat Jesus uns mitgegeben, dass Diener nicht über ihrem Meister stehen. Doch das führt uns zurück ins Zentrum der Skizze von Christus und unserer Kultur, die ich weiter oben gezeichnet habe. Das Martyrium wird nicht ständig erlitten werden müssen. Manchmal – durch die Gnade Gottes und die Kraft des Geistes vielleicht sogar oft – wird das Zeugnis der Gemeinde zu einer großen Veränderung der Herzen führen. Das ist schon mehr als einmal geschehen. Aufgrund der Auferstehung glaube ich, dass es wieder passieren kann und wird. Doch das ist nichts Neues. Es ist schlichtweg das, was Jesus nicht nur verheißen, sondern ebenso geboten und vorgelebt hat.

Im eindringlichen und mehrdeutigen Schlusskapitel des Johannesevangeliums werden wir Zeugen einer der peinlichsten Begegnungen der gesamten Bibel, in der Jesus seinen Jünger Petrus dreimal fragt, ob er ihn lieb hat. Irgendwann in ihrem Leben klammern sich alle christlichen Leiter verzweifelt an diesen Dialog, denn wir alle haben schmerzhaft erfahren, wie es ist, Jesus im Stich zu lassen. Wir alle haben die erstaunlichen Worte Jesu vernommen: „Weide meine Lämmer!“, „Weide meine Schafe!“, „Kümmere dich um meine Schafe!“ – Worte der Bevollmächtigung, aber auch Worte der Vergebung und umgekehrt. Die neue persönliche Begegnung mit dem Herrn selbst, das offene und demütige Schuldeingeständnis und die erneute Bevollmächtigung – das ist es, wovon wir als christliche Leiter Tag für Tag und Woche für Woche leben.

Doch worum es mir hier geht, ist die folgende und abschließende Szene dieses Kapitels. Wenn wir es mit neuen Herausforderungen zu tun haben, sind wir wie Petrus geneigt, uns umzuschauen und zu sehen, wer noch so alles da ist und was dieser oder jener tut. „Herr“, sagen wir, „was wird aber mit diesem?“ Ich bin davon überzeugt, dass wir sowohl persönlich wie gemeinschaftlich Jesu Antwort als ein Signal zu einem neuen Gehorsam in Bezug auf die Herausforderungen verstehen sollten, vor die wir gestellt sind. Andere Organisationen mögen sie anders angehen. Andere Individuen mögen sie anders angehen. Unsere Aufgabe besteht nicht darin, über sie nachzudenken, sondern über *ihn* nachzudenken und darüber, was es bedeutet, *ihm* in eine Zukunft zu folgen, die wir nicht kennen, die er jedoch in seiner siegreichen Souveränität fest in Händen hält. Jesus wendet sich Petrus zu. „Wenn ich will“, antwortet er, „dass er bleibt, bis ich komme, was geht es dich an? Folge du mir nach!“ Wir wissen nie, was hinter der nächsten Ecke auf uns wartet. Doch das ist nicht die Quelle der christlichen Hoffnung und der christlichen Zuversicht. Unsere Hoffnung und Zuversicht kommen daher, dass wir wissen, wem wir nachfolgen. „Was geht es dich an?“, fragt er. Anderer Leute Probleme und Herausforderungen sind anderer Leute Probleme und Herausforderungen. „Folge du *mir* nach!“

11. Apokalyptik und die Schönheit Gottes

Ich möchte Ihnen drei Rätsel, drei Puzzles vorlegen und werde Ihnen erläutern, dass wir alle drei nur auf eine einzige Weise zusammenfügen können, nämlich indem wir sie alle zusammen betrachten und jeweils eines die anderen lösen lassen. Das erste Puzzle erhalten wir schon bei der Frage, wieso die apokalyptische Vorstellung von einer großen Verheerung, durch die Gottes letztgültige Ziele zur Verwirklichung kommen, in unserer Zeit zur Waffe einer bestimmten und höchst einflussreichen Denkrichtung geworden ist, nicht zuletzt in Amerika. Das Rätsel der Apokalyptik besteht für jeden ernsthaften Christen, jeden mitdenkenden Leser des Neuen Testaments in der Frage, ob man (und wenn ja, wie) die Apokalyptik überhaupt noch aus den Fesseln der „Endzeitfahrplan"-Denkrichtung befreien kann, deren Anhänger sich auf eine Entrückung freuen, bei der sie plötzlich in den Himmel emporgehoben werden und diese Welt für immer hinter sich lassen. Wer dieser Ansicht zustimmt, hat keine Veranlassung, sich über den heutigen Zustand der Welt Sorgen zu machen oder über Probleme wie die globale Erwärmung oder den sauren Regen. Tatsächlich sind solche Leute manchmal sogar stolz auf die von ihnen verursachte Umweltverschmutzung, denn schließlich ist die Welt nicht ihr Zuhause, sondern nur eine Durchgangsstation, und wenn sie mit ihrem Verhalten deren Abriss beschleunigen können, umso besser.

Diese nachlässige Haltung der Schöpfung gegenüber geht Hand in Hand mit einem gewissen Kriegseifer, besonders wenn es sich um bestimmte Arten des Krieges gegen bestimmte Arten von Feinden handelt, insbesondere um den Krieg, der zum großen Harmageddon führt. Die dahinterstehende theologische Linie ist höchst einflussreich geworden, und das wiederum besonders in Amerika. Kann die eigentliche Idee hinter der biblischen Apokalyptik vor denen gerettet werden, die sie auf diese Weise verstehen? Oder müssen wir zusammen mit den liberalen Theologen von gestern und den liberalen Politikern von heute bekennen, dass es sich bei der ganzen Angelegenheit um einen altmodischen Unsinn handelt und dass wir, wenn es das ist, was die Bibel sagt, froh sein sollten, wenn niemand die entsprechenden Texte liest?

Das zweite Puzzle ist ganz anders und hat mit dem Platz zu tun, den die Kunst innerhalb der christlichen Weltsicht einnimmt. Ich bin in einer Welt aufgewachsen, in der die Künste sozusagen eher die schöne Grenze der Wirklichkeit darstellten als ein Fenster in die Wirklichkeit. In Gesellschaft wie Gemeinde war es nett, gute Musik zu hören, schöne Bilder zu betrachten, großartige Architektur, vielleicht sogar einen brillanten Tanz zu sehen, doch innerhalb der Moderne meiner Jugendzeit schien das alles nichts mit dem wirklichen Leben in der Welt oder dem wirklichen christlichen Glauben zu tun zu haben. Die Künste boten Entspannung und Erholung für diejenigen, die so etwas mochten. Aber wir erwarteten von ihnen (sieht man einmal von Ausnahmen wie so gefährlich subversiven Charakteren wie Bühnenautoren ab) nicht, dass sie sich in irgendeiner Weise in Bezug auf die Frage einmischten, wie wir die Welt zu organisieren, wie wir ein Land zu regieren, wie wir unsere Arbeit zu gestalten und erst recht nicht wie wir unseren Glauben zu verstehen und auszudrücken hätten. Ich habe in meiner Kindheit und Jugend Händels *Messias* und die *Matthäus-Passion* von Bach gesungen. Allerdings wäre es weder mir noch meinen Zeitgenossen eingefallen, diese Musik als etwas anderes als das Zuckerstückchen zu betrachten, mit dem bittere Medizin versüßt und die Bibel hörbar gemacht wird. Wir sahen diese Musik nicht als etwas, das enger mit einer christlichen Weltsicht verbunden werden sollte.

Ich vermute, dass viele in unserer Welt und in unseren Gemeinden mit dieser Frage zu kämpfen haben. Nicht zuletzt diejenigen, deren Talente im Bereich der Künste liegen, die allerdings merken, dass weder die breitere Öffentlichkeit noch die Gemeinde etwas mit ihnen anzufangen wissen und sich insgeheim fragen, wozu es sie überhaupt gibt. Meiner Erfahrung nach wird ein christlicher Maler oder Dichter, Bildhauer oder Tänzer regelmäßig für so etwas wie eine Kuriosität gehalten, also für etwas, das toleriert und sogar geschätzt werden sollte und dem man vielleicht sogar erlauben kann, gelegentlich eine Show zu veranstalten. Doch der Gedanke, dass Künstler eine Berufung haben, die Schönheit Gottes neu vorzustellen und neu auszudrücken, unsere Blicke zu heben und unser Bild der Realität zu verändern, bleibt den meisten oft fremd.

Zur selben Zeit – eine weitere Schwierigkeit in meinem zweiten Puzzle – hat es die Welt der Postmoderne noch schwerer gemacht zu erkennen, wozu die Künste gut sind und wie sie in der christlichen Gemeinschaft in guter Weise wertgeschätzt werden könnten. Ohne ins Detail zu gehen, muss man doch feststellen, dass der Eklektizismus der Postmoderne, der im Bereich der Architektur begonnen und sich schnell überall verbreitet hat, und dieser Grundzug, dass alle modernen Ansprüche lächerlich und verächtlich gemacht werden müssen, zu einer Polarisierung innerhalb der Künste geführt hat, über die alle Beteiligten gleichermaßen unglücklich sind. Auf der einen Seite finden wir eine sentimentale Gefühlsduselei, die es schwer macht, irgendetwas Positives oder Fröhliches auszusagen, ohne gleich dem Verdacht des Kitsches anheimzufallen. Auf der anderen Seite hat die spätmoderne Brachialbewegung innerhalb der Architektur eine Form von ohrfeigenartiger Antiästhetik produziert, in der etwas umso mehr als wirkliche Kunst gilt, je hässlicher, gewalttätiger und schockierender es ist, womit der Trivialität, dem schlichten Gefallen älterer Vorstellungen von Schönheit das Existenzrecht abgesprochen wird und stattdessen die Aufmerksamkeit und sogar das Ergötzen auf den Schrecken und die scheinbare Sinnlosigkeit des Lebens gelenkt wird. Wie kann man in einer auf diese Weise polarisierten Kultur Künstler sein – wie kann man *christlicher* Künstler sein?

Das dritte Puzzle hat mit der Exegese zu tun. Sie sind sicher mit der majestätischen Szene im sechsten Kapitel des Propheten Jesaja vertraut, einem Abschnitt, der gerne an Konfirmationen und insbesondere Ordinationen vorgelesen wird. Der Prophet hat im Tempel eine Vision von JHWH umgeben von Engeln, wobei das ganze Haus mit Rauch gefüllt ist. Die Engel singen ein Lied, das bis in die jüdischen und christlichen Liturgien unserer Tage seinen Widerhall gefunden hat: „Heilig, heilig, heilig ist der Herr Zebaoth, alle Lande sind seiner Ehre voll!" *Alle Lande sind seiner Ehre voll.* Das ist eine bemerkenswerte Aussage, und die augenblickliche Reaktion des Propheten ist denn auch: „Nein, das sind sie nicht! Nehmen wir mich zum Beispiel: Ich vergehe! Denn ich bin unreiner Lippen und wohne unter einem Volk von unreinen Lippen!" Und dann folgen die furchterregende Reinigung Jesajas und seine Berufung, machtvolle Worte zu sprechen, zuerst Worte des Gerichts und dann schließlich Worte der Gnade.

Der Gesang der Engel im 6. Kapitel steht freilich in Spannung zu dem, was wir ein paar Kapitel später lesen. In der Zukunftsvision im 11. Kapitel, der großen Vision von Gottes gesalbter Herrschaft in Weisheit und Gerechtigkeit, finden wir die großartige Verheißung einer wiederhergestellten Schöpfung: „Da werden die Wölfe bei den Lämmern wohnen und die Panther bei den Böcken lagern. Ein kleiner Knabe wird Kälber und junge Löwen und Mastvieh miteinander treiben ... Man wird nirgends Sünde tun noch freveln auf meinem ganzen heiligen Berge; denn das Land wird voll Erkenntnis des Herrn sein, wie Wasser das Meer bedeckt." *Die Erde wird voll von der Erkenntnis JHWHs sein,* eine Prophetie, die in Habakuk 2,14 wiederholt wird, *die Erde wird voll werden von Erkenntnis der Herrlichkeit des Herrn.* (Vgl. auch Psalm 33,5 und 72,19.) Und wir möchten Jesaja fragen: Wie bitte, was sagst du da? Ist die Erde nicht *schon jetzt* voll von JHWHs Herrlichkeit? Oder ist das etwas, worauf wir erst noch warten müssen, bis schließlich in der Zukunft alles in Ordnung gebracht wird?

Vielleicht erkennen Sie bereits, wie diese drei Puzzle zueinanderpassen könnten – die Frage nach der Apokalyptik, die Frage nach der Rolle der Künste im Allgemeinem und im Besonderen innerhalb der Gemeinde und dieses zugespitzte exegetische Problem. Lassen Sie mich zunächst meine Gedanken in Grundzügen vorstellen, ich werde sie danach mithilfe einer Reihe majestätischer biblischer Texte erläutern: Jesaja 65,17-25 und Offenbarung 21,9-27. Mein Vorschlag sieht folgendermaßen aus: Lassen Sie uns mit der Frage nach der Rolle der Künste beginnen. Wahre Kunst nähert meiner Meinung nach mehr und mehr die Vorstellungen von dem, wie die Dinge sind, an die Vorstellung von dem an, wie sie sein sollten. Wir Menschen ahnen tief in uns drin, dass wir Kinder der gegenwärtigen Schöpfung sind, die gleichzeitig beides ist, herrlich und abscheulich, und dass wir für eine vollkommenere Schöpfung geschaffen sind, eine neue Ordnung, eine Welt, die von der Herrlichkeit des Schöpfers überfließt, die voll ist von Gerechtigkeit und Freude und, ja, Schönheit. Der Schwerpunkt der neuen Schöpfung liegt in der Erlösung und Transformation dieser gegenwärtigen Schöpfung, was bedeutet, dass Abscheulichkeit und Schrecken überwunden sind. Auf diese Weise wird also, wenn ich das einmal so sagen darf, Jesajas Dilemma gelöst.

Der wahre Schwerpunkt der biblischen Apokalyptik liegt im Gegensatz zu den verzerrten und dualistischen Versionen, die heutzutage auf so machtvolle Weise um sich greifen, darin, dass es in der biblischen Apokalyptik darum geht, wie Gottes Zukunft in die Gegenwart hineinbricht. Das kann oft nur bruchstückhaft, in Jesus aber vollends gesehen werden und nicht durch abstrakte Theologie und noch nicht einmal durch Predigten am besten ausgedrückt werden, sondern durch genuine und visionäre Kunst. In der Apokalyptik geht es sowohl der biblischen Form als auch dem Inhalt nach nicht um eine

Verleugnung der gegenwärtigen Schöpfung, sondern um die Überwindung ihrer Probleme und die Verwirklichung ihrer Verheißung. Die Apokalyptik ist damit der Schlüssel, um die Schönheit Gottes zu verstehen und neu auszudrücken.

Lassen Sie mich das ein wenig weiter ausführen. Eine vollkommen biblische Weltsicht verlangt es, dass wir insbesondere drei Dinge festhalten. Erstens, dass die gegenwärtige Schöpfung gut und Gottes Werk ist: Die ganze Erde ist voll von der Herrlichkeit JHWHs, und jeder Versuch zu behaupten, die geschaffene Ordnung sei schlecht oder heruntergekommen, ist eine Leugnung dieser herrlichen Wahrheit. Doch zweitens ist, wie Jesaja protestiert, die Welt auch voll von radikal Bösem, voll von menschlicher Bosheit und ihren Früchten, und wer das leugnet, lebt in einem sentimentalen Wolkenkuckucksheim. Im Gnostizismus, aber nicht in der Heiligen Schrift, obsiegt manchmal diese zweite Wahrheit über die erste, sodass das Böse in der Welt die Erkenntnis des Guten, der Gegenwart der Herrlichkeit des Schöpfers in ihr, unmöglich macht. Drittens und grundlegend sprechen allerdings die biblischen Bücher von Jesaja bis zur Offenbarung und nicht zuletzt die großen neutestamentlichen Theologen Paulus und Johannes von einem neuen Himmel und einer neuen Erde, der Erneuerung und Wiederherstellung der Schöpfung, und nicht davon, dass sie aufgegeben wird. Und wenn sie das tun, dann reden sie insbesondere von dem neuen Jerusalem – aber nicht wie in der einen oder anderen pseudochristlichen Fantasterei als von einer rein himmlischen Stadt, die die Erde hinter sich gelassen hat, sondern sie sprechen von einer Stadt, die vom Himmel auf die Erde kommt als Ausdruck der endgültigen Erfüllung von Jesu Gebet. Ein Teil der Bestimmung Jerusalems war es immer, der Ort zu sein, an dem Gottes Herrlichkeit den Tempel erfüllt, so wie sie die Stiftshütte in der Wüste erfüllt hat, nicht um damit den Rest der Welt als irrelevant erscheinen zu lassen, sondern eher als Antizipation der Verheißung, dass eines Tages die

Herrlichkeit Gottes die ganze Erde erfüllen wird (Exodus 40,34ff.; 1. Könige 6,11ff.; 2. Chronik 5,13ff.; 7,1ff.).

Diese Verheißung über den Tempel wird sogar dann wiederholt, als Jerusalem vom unmittelbar bevorstehenden Gericht bedroht wird (Hesekiel 10,4), und ebenso als Teil der Verheißung einer Wiederherstellung (Hesekiel 48,35; 2. Makkabäer 2,8). Die großen Verheißungen im Jesajabuch kehren an diesen Punkt zurück: JHWH wird etwas Neues tun, wird die Schöpfung umgestalten, sodass die Wüste blühen wird wie eine Rose, und dann wird seine Herrlichkeit offenbart werden und alles Fleisch zusammen wird es sehen (Jesaja 35,2; 40,5; 60,1). Aus diesem Gedankenmuster heraus entsteht die Apokalyptik, die in sich selbst nicht die dualistische Weltsicht ist, für die sie manchmal gehalten wird (obwohl sie in diese Richtung abgleiten kann, wenn der jeweilige Autor nicht so sehr daran festhält, dass die Schöpfung gut ist und eine neue verheißen wird). Sie ist viel eher ein Einblick in die schon existierende Wirklichkeit einer neuen Schöpfung innerhalb der alten, sodass die, die in der alten leben, einen Blick auf die neue erhaschen können, was in ihnen aber gerade keinen Eskapismus, sondern Hoffnung auslösen soll. Die Apokalyptik ist damit ein Echo des Augenblicks in der Wüste, als Jakob von einer Leiter zwischen dem Himmel und der Erde träumte und nach dem Aufwachen verkündete, JHWH sei an diesem Ort und er habe es nicht gewusst.

Ich glaube, dass der Sinn der Kunst nicht zuletzt darin besteht, etwas Ähnliches ausdrücken zu können, die Aufmerksamkeit zu fokussieren – nicht auf einen oberflächlichen oder trivialen, pietistischen Standpunkt, der nur dazu dient, die Gemüter von der Welt und ihren Problemen weg zu einer anheimelnden Betrachtung von Gottes Gegenwart hinzulenken. Nein, die Kunst soll viel eher den Blick auf die vielschichtigen und vieldimensionalen Aspekte der gegenwärtigen Welt lenken, auf die Leiden und Schrecken, ja, aber auch auf die kreative Spannung zwischen der gegenwärtigen Erfüllung der Welt mit der Herrlichkeit JHWHs und ihrer verheißenen zukünftigen Erfüllung, so wie die Wasser das Meer bedecken. Wenn die Kunst nur mit den Gegebenheiten der gegenwärtigen Welt versucht, von der neuen, der endgültigen Welt zu sprechen, dann degeneriert sie zu bloßer Sentimentalität. Wenn sie aber von der gegenwärtigen Welt nur in Bezug auf ihr Elend und ihre Schrecken spricht, dann degeneriert sie zu bloßer Brutalität. Die Berufung des Künstlers besteht darin, von der Gegenwart in einer Weise zu reden, die einerseits ihre Schönheit zeigt, aber auch darüber hinaus weist. Er sollte uns befähigen, beides erkennen zu können – die Herrlichkeit, die die Erde schon erfüllt, und die Herrlichkeit, die eines Tages im Überfluss hineingegossen wird. Und im Rahmen dessen sollte er auch das Elend aufzeigen, ohne die Verheißung zu ignorieren, und die Verheißung aufzeigen, ohne das Elend zu vergessen.

Der Künstler muss also in etwa so sein wie die Kundschafter Israels in der Wüste, die aus dem Gelobten Land Früchte mitbrachten, damit man sie schon im Voraus probieren konnte. Diese Geschichte ist übrigens einer der Momente, an dem JHWH überraschenderweise verspricht, dass nicht nur das verheißende Land, sondern die ganze Welt mit seiner Herrlichkeit erfüllt sein wird (Numeri 14,21; vgl. 14,10). Doch so, wie nicht alle Kundschafter einen ermutigenden Bericht abgaben, so schrecken auch viele Künstler vor der herausfordernden Vision der Zukunft zurück und ziehen es vor, eine scheinbar relevantere Botschaft der Verzweiflung zu übermitteln. Hierin besteht meiner Überzeugung nach die Herausforderung für den christlichen Künstler, in welchem Bereich auch immer: die Geschichte der neuen Welt auf eine Weise zu erzählen, dass die Menschen der alten Welt sie schmecken können und erleben wollen, auch wenn sie dabei die Realität der Wüste anerkennen, in der wir uns im Augenblick befinden.

Und nun, wo unsere Puzzlesteine nach und nach ein größeres Bild ergeben, indem sie zusammengefügt werden, kehren wir zu den beiden spektakulären Texten zurück. Jesajas Vision eines neuen Himmels und einer neuen Erde, die auf seiner früheren Vision im 11. Kapitel aufbaut, hebt die Freude der heiligen Stadt darüber hervor, dass sie nun ein Ort ohne Weinen und Traurigkeit geworden ist, ein Ort der Segnungen des Bundes und der Erneuerung (Jesaja 65,21ff. spiegelt hier Deuteronomium 28,30ff.). Und vor allem ein Ort der neuen Harmonie innerhalb der geschaffenen Ordnung, wo der Wolf und das Lamm beieinanderliegen und der Löwe Vegetarier wird und Stroh frisst. Ein Teil der Schwierigkeiten, mit denen sich diejenigen auseinandersetzen mussten, die von neuen Ländern geträumt haben – neuen Gebieten, in denen alles gut sein würde –, besteht darin, dass man, bevor man in diesem Utopia ankommt, zunächst einige Dinge tun muss, die ganz und gar nicht utopisch anmuten. Als weltweite Gemeinschaft sind wir genau in diese Falle getappt, wenn wir stolz verkündigen, dass wir an Frieden und Freiheit glauben, aber dann schnell noch ein paar Bomben mehr abwerfen und noch ein paar Menschen mehr in hoffnungsloser Schuldknechtschaft halten. Die Art und Weise, wie wir momentan das globale Imperium verwalten, fordert dringend zu radikaler, ja sogar apokalyptischer Kritik heraus. Und vielleicht sind es nicht zuletzt die Künstler, die uns, wenn sie die dringend benötigte Ermutigung und Unterstützung bekommen, helfen können, diese Kritik anzubringen. Sie könnten uns helfen, durch die postmoderne Barriere zu brechen, die uns daran hindert, die neue Wahrheit zu erkennen und uns auf einen weiseren und fruchtbareren Weg in die Zukunft zu begeben.

Die große Vision am Ende der Offenbarung des Johannes ist eine Vision letztgültiger Schönheit. Das Wort *Schönheit* taucht in der Bibel nicht oft auf, doch die Zelebration der Schöpfung, die sich von der Genesis über die Psalmen und Propheten bis hin zu den Evangelien und der Offenbarung durchzieht, sollte uns für die Tatsache sensibilisieren, dass die antiken Juden, obwohl sie nicht wie die Griechen über die Schönheit theoretisierten (das ist eine andere Geschichte und eine faszinierende dazu, aber mit ihr werden wir uns jetzt nicht beschäftigen), eine Menge darüber wussten. Ihre weitreichende ästhetische Sensibilität gossen sie nicht nur in Poesie hinein, sondern insbesondere in ein Gebäude: den Tempel in Jerusalem, dessen legendäre Schönheit Dichter, Musiker und Tänzer gleichermaßen inspirierte. Das ist der Tempel, in dem man einen Einblick in JHWHs Herrlichkeit bekam, nicht im Sinne eines *Rückzugs* von der Welt, sondern im Sinne eines Vorgeschmacks auf das, was *für* die ganze Welt verheißen ist. In der großen Vision des Johannes ist der Tempel verschwunden, weil die ganze Stadt nun zum Tempel geworden ist. Der Sinn dieser Stadt ist es also nicht, ein Ort zu sein, an dem man sich vor der bösen Welt zurückzieht, sondern durch sie wird neues Leben in die ganze Welt ausgegossen, um sie zu erneuern und zu heilen.

Leider werden die Verse 15-21 von Offenbarung 21 bei öffentlichen Lesungen oft weggelassen, vermutlich weil diejenigen, die die Texte dafür zusammenstellen, denken, diese Verse seien langweilig und repetitiv. In Abschnitten wie diesen sehen wir freilich mit den Augen des apokalyptischen Visionärs die beeindruckende, kraftvolle Schönheit von Gottes neuer Schöpfung – eine Schönheit, die als Inspiration für Künstler dienen soll und durch deren Werk zu unser aller Inspiration, während wir danach trachten, das Leben der neuen Schöpfung innerhalb der alten hervorzubringen. Die goldene Stadt, vollkommen proportioniert, gleich in Länge und Breite und bemerkenswerterweise auch in Höhe, hat, sagt Johannes, die Herrlichkeit Gottes und einen Glanz wie der eines sehr seltenen Edelsteins, wie Jaspis, klar wie ein Kristall. Ihr Mauerwerk ist aus Jaspis erbaut, die Stadt selbst aus purem Gold, durchsichtig wie Glas. Die Grundsteine sind geschmückt mit Edelsteinen: Jaspis, Saphir, Chalzedon, Smaragd, Sardonyx, Sarder, Chrysolith, Beryll, Topas, Chrysopras, Hyazinth und Amethyst. Die zwölf Tore sind zwölf Perlen, während die Straßen der Stadt aus reinem Gold sind, durchsichtig wie Glas. Ich muss zugeben, dass mein Wissen über Edelsteine so erbärmlich ist, dass ich mir noch nicht einmal vorstellen kann, wie diese glänzenden Grundsteine aussehen werden. Aber ich weiß – wer auch immer diesen Text geschrieben hat, der hat sich an diesen Edelsteinen erfreut und gewollt, dass es seinen Lesern ebenso geht: dass sie diese Edelsteine einen nach dem anderen genießen und dann noch einmal in ihrer glitzernden Kombination.

Ich weiß auch, dass das Bild von Straßen, die mit Gold gepflastert sind, nichts mit der Vorstellung eines fabelhaften Reichtums zu tun hat – wenn atemberaubende Schönheit auf rein monetäre Funktionen reduziert wird, dann tut mir die arme Menschheit leid! –, sondern eher ein Ausdruck der beeindruckendsten und wunderbarsten Schönheit ist, die man sich vorstellen kann. Das ist die apokalyptische Vision der Schönheit Gottes. Und sie wurde uns nicht deshalb gegeben, damit wir in unserer Sehnsucht, zu ihr zu gehören, unsere gegenwärtige Welt und unsere Verpflichtungen in ihr vergessen. Vielmehr ist sie uns gegeben, damit wir darangehen, der gegenwärtigen Welt Einblicke in diese Herrlichkeit zu gewähren, indem wir einen Frieden stiften, der die Vision Jesajas vom Wolf und dem Lamm und dem vegetarischen Löwen antizipiert; indem wir eine Gerechtigkeit schaffen, die die endgültige Herrschaft des wahren Messias antizipiert; indem wir eine Heilung wirken, die aus dem Wasser des Lebens entspringt, das aus der Stadt heraus in die Welt um sie herum hineinfließt. Und nicht zuletzt kann unsere herrliche Kunst dazu dienen, in einer Welt voller Hässlichkeit genuine Schönheit hervorzubringen, die eine Brücke zwischen der Gegenwarts- und der Zukunftsvision Jesaja schlägt, zwischen einer Welt voller Herrlichkeit und einer Welt, die noch vollkommener damit erfüllt werden wird.

Um Ihnen beim Nachdenken über die Berufung, die aus all dem folgt, zu helfen, möchte ich mit einem wahrhaft bemerkenswerten Beispiel schließen, anhand dessen deutlich wird, um was es mir hier geht. Nach Offenbarung 22 fließt der Strom des Lebens aus der Stadt heraus, um das umliegende Land zu bewässern, und an seinen Ufern wachsen die Bäume des Lebens: nicht ein einziger Baum, so wie in der Genesis, sondern viele Bäume, die jetzt frei verfügbar sind, die jeden Monat Frucht bringen und deren Blätter zur Heilung dienen. Dieses Bild vom Baum des Lebens und der radikalen und schönen Heilung, die es verheißt, war die Inspiration für ein außergewöhnliches Kunstwerk, das vom Britischen Museum gemeinsam mit der Hilfsorganisation *Christian Aid* in Auftrag gegeben und von Künstlern in Mozambique nach dem Ende des langen und blutigen Bürgerkrieges dort erstellt worden ist.

Das Werk ist eine Skulptur, die den Baum des Lebens darstellt. Insgesamt ist es ein bis anderthalb Meter hoch, mit Zweigen, die sich ebenfalls einen oder anderthalb Meter weit in alle Richtungen ausstrecken. In ihnen und in ihrem Schatten finden wir Vögel und andere Tiere. Und das ganze Kunstwerk – Baum, Kreaturen und alles – wurde ausschließlich aus eingesammelten Waffen hergestellt: aus Teilen und Bruchstücken von alten Kalaschnikows, Patronen und Macheten und all den furchtbaren Utensilien des Krieges. Utensilien, von denen die meisten in friedlichen westlichen Ländern hergestellt und nach Mozambique exportiert worden sind, damit die Entwicklungshilfe, die der Westen diesem armen Land gewährt hat, unseren eigenen Industrien zugutekommt. Die Hauptsache ist – und es handelt sich in vielerlei Hinsicht um ein unglaublich schönes Objekt – die Hauptsache ist, dass dieser besondere „Baum des Lebens“ die Verheißung aus Jesaja reflektiert, wonach die Schwerter zu Pflugscharen umgeschmiedet werden und die Speere zu Sicheln. Der Baum ist damit eine Erinnerung an beides, sowohl an die Schrecken der Welt mit ihren vielen menschlichen Torheiten und Tragödien als auch an die Hoffnung auf eine neue Schöpfung. Er sendet eine unmittelbare und machtvolle Botschaft an die Menschen in Mozambique, die vergessen hatten, wie man hofft und dass es so etwas wie Frieden überhaupt noch geben kann. Sie werden eingeladen, unter dem Baum zu sitzen und seine Früchte und seine Heilung zu genießen. Aber er ist auch ein Zeichen dafür, was genuine Kunst tun kann, wenn sie ein Symbol der ursprünglichen Schöpfung nimmt, in dieses die volle Anerkenntnis des Horrors der gegenwärtigen Welt hineinlegt, der uns für sich genommen in Verzweiflung stürzen würde, und die Verheißung der neuen Welt zelebriert, einer Welt, die mit Gottes Herrlichkeit erfüllt sein wird wie die Wasser das Meer bedecken. Hier zeigt sich Feier ohne Naivität, Kummer ohne Zynismus und Hoffnung ohne Sentimentalität. Es gleicht nahezu einer apokalyptischen Vision, vor diesem Baum zu stehen, einer Vision der Schönheit Gottes.

In vielen Bereichen unseres Suchens und Strebens sollte es unser Denken und Handeln erhellen und leiten, über diese Vision nachzudenken. Doch im Augenblick reicht es vielleicht, wenn wir innehalten, um uns zu besinnen und zu danken. Das ist die Vision von Gottes neuem Himmel und seiner neuen Erde. Innerhalb dieser Vision hat jede und jeder von uns eine spezielle Berufung, sei sie nun prophetisch, künstlerisch, politisch, theologisch, naturwissenschaftlich oder was auch immer. Durch sie ermutigt uns Gott, Zeichen der neuen Welt innerhalb der alten hervorzubringen, in der der Blick immer noch begrenzt ist und in der die Witwen immer noch weinen.

12. Zu Menschen der Hoffnung werden

Sobald man die Auferstehung verstanden hat, wird einem auch alles andere schließlich klar. Wie richtig dieser Satz ist, wurde mir überdeutlich, als ich vor einigen Jahren in einem Londoner Taxi im Verkehrschaos festsaß. Der Taxifahrer, der an meiner Kleidung sah, dass ich Bischof war, machte eine Bemerkung darüber, in welchen Schwierigkeiten wir Anglikaner bezüglich der Ordination von Frauen zum Bischofsamt steckten, um die es viel Streit gab. Ich stimmte ihm zu. Wir gingen damals tatsächlich durch schwierige Zeiten. Dann kam der Augenblick, den ich niemals vergessen werde. Der Taxifahrer wandte mir das Gesicht zu – wir standen, wie gesagt, schon eine Weile sinnlos auf der Straße herum – und verkündete: „Ich sage immer Folgendes: Wenn Gott Jesus Christus von den Toten auferweckt hat, dann ist alles andere im Grunde genommen nur noch Rock 'n' Roll, stimmt's?“ Das war ein großer Augenblick für das Evangelium, dessen Tiefe ich seitdem immer noch zu begreifen versuche.

Diese Botschaft stellt das Zentrum von dem dar, was ich hier erkunden möchte. Das zwanzigste Kapitel des Johannesevangeliums ist einer der außergewöhnlichsten und eindrücklichsten Abschnitte in einem ohnehin schon außergewöhnlichen und eindrücklichen Buch. Während meiner Zeit als Bischof von Durham habe ich im Zusammenhang mit der Besetzung von Pfarrstellen oft Bewerbungsgespräche geführt und dabei die Bewerberinnen und Bewerber in der Regel gefragt, welche beiden Kapitel der Bibel sie auf eine einsame Insel mitnehmen würden, dann allerdings hinzugefügt: „Nur damit wir uns nicht falsch verstehen – Römer 8 und Johannes 20 haben Sie schon im Gepäck.“ Diese beiden Kapitel, die sich in Stil und Darstellungsweise so sehr voneinander unterscheiden, enthalten so viel vom Evangelium, so ein gerütteltes, geschütteltes und überfließendes Maß davon, dass ich manchmal denke, mir würde es reichen, wenn ich bis in Ewigkeit nur sie und nichts anderes zu lesen hätte.

> Am Abend aber dieses ersten Tages der Woche, als die Jünger versammelt und die Türen verschlossen waren aus Furcht vor den Juden, kam Jesus und trat mitten unter sie und spricht zu ihnen: „Friede sei mit euch!" Und als er das gesagt hatte, zeigte er ihnen die Hände und seine Seite. Da wurden die Jünger froh, dass sie den Herrn sahen. Da sprach Jesus abermals zu ihnen: „Friede sei mit euch! Wie mich der Vater gesandt hat, so sende ich euch." Und als er das gesagt hatte, blies er sie an und spricht zu ihnen: „Nehmt hin den Heiligen Geist! Welchen ihr die Sünden erlasst, denen sind sie erlassen; und welchen ihr sie behaltet, denen sind sie behalten." Thomas aber, der Zwilling genannt wird, einer der Zwölf, war nicht bei ihnen, als Jesus kam. Da sagten die andern Jünger zu ihm: „Wir haben den Herrn gesehen." Er aber sprach zu ihnen: „Wenn ich nicht in seinen Händen die Nägelmale sehe und meinen Finger in die Nägelmale lege und meine Hand in seine Seite lege, kann ich's nicht glauben." Und nach acht Tagen waren seine Jünger abermals drinnen versammelt und Thomas war bei ihnen. Kommt Jesus, als die Türen verschlossen waren, und tritt mitten unter sie und spricht: „Friede sei mit euch!" Danach spricht er zu Thomas: „Reiche deinen Finger her und sieh meine Hände, und reiche deine Hand her und lege sie in meine Seite, und sei nicht ungläubig, sondern gläubig!" Thomas antwortete und sprach zu ihm: „Mein Herr und mein Gott!" Spricht Jesus zu ihm: „Weil du mich gesehen hast, Thomas, darum glaubst du. Selig sind, die nicht sehen und doch glauben!" Noch viele andere Zeichen tat Jesus vor seinen Jüngern, die nicht ge-

> schrieben sind in diesem Buch. Diese aber sind geschrieben, damit ihr glaubt, dass Jesus der Christus ist, der Sohn Gottes, und damit ihr durch den Glauben das Leben habt in seinem Namen. (Johannes 20,19-31)

Schon ganz zu Anfang des 20. Kapitels finden wir einen Hinweis darauf, um was es eigentlich geht – obwohl er angesichts des Dramas, das dann folgt, leicht zu übersehen ist. Es war, sagt Johannes, am Abend dieses Tages, am ersten Tag der Woche. Dieser Ausdruck, „am ersten Tag der Woche", steht aber bereits am Anfang des Kapitels – wenn Johannes sich hier also wiederholt, dann geschieht etwas Wichtiges. Der Rahmen seines ganzen Evangeliums stellt ein Echo von Genesis 1 dar, beginnend mit seinen ersten Worten: „Im Anfang." Jetzt, so verkündet er es, ist die alte Woche vorbei. Am sechsten Tag, dem Freitag, schuf Gott den Menschen nach seinem Bilde, und im Johannesevangelium führt Pontius Pilatus am Freitag Jesus vor die Menschenmenge und ruft: „Seht, welch ein Mensch!" Am Abend desselben Freitags verkündete Jesus das, was Gott schon am Ende von Genesis 1 verkündet hatte: Es ist vollbracht. Es ist getan. So, wie der Vater sein Schöpfungswerk vollendet hatte, so vollendete der Sohn sein Erlösungswerk. Dann, am siebten Tag, dem Samstag, ruhte Gott, und der inkarnierte Gott ruhte im Grab von seinem vollbrachten Werk. Danach – danach! – „am ersten Tag der Woche kommt Maria von Magdala früh … zum Grab" und fand es leer vor, weil *dies der erste Tag von Gottes neuer Welt ist, von Gottes neuer Schöpfung.*

Wie Sie wissen, fällt Predigern und Theologen in unserer spätmodernen Kultur die Vorstellung allzu leicht, die Aussage der Ostergeschichten bestünde darin, ein Happy End nach all den Trübsalen der vorangegangenen Woche zu liefern oder unsere Zuversicht zu stärken, es gäbe ein Leben nach dem Tod, oder irgendetwas in dieser Art. Was Johannes jedoch zu sagen hat, ist viel kraftvoller und (ich wage es zu sagen) viel relevanter für unser Gemeindeleben und unser Zeugnis heute und in der

Zukunft. Er besteht darauf, dass Ostern der Anfang von Gottes neuer Schöpfung ist und dass wir deshalb eine Aufgabe zu übernehmen haben. Das vollendete Werk des Vaters in der Schöpfung und das vollendete Werk des Sohnes in der Erlösung leiten direkt zum vollendeten Werk des Geistes in der Mission über. Genau darum geht es in Vers 19 und den folgenden.

Die Szene beginnt nach einem gewaltigen Auftakt damit, dass sich die Jünger hinter verschlossenen Türen versteckten, weil sie Angst hatten, die jüdischen Autoritäten, die Jesus verhaftet und dem Tod ausgeliefert hatten, könnten auch hinter ihnen her sein. *Im Reich Gottes gibt es jedoch keine verschlossenen Türen.* Jesus kam und trat mitten unter sie. „Friede sei mit euch“, sagte er und zeigte ihnen seine Hände und seine Seite. Wenn man das in einem Musikstück umsetzen wollte, wäre das der Augenblick für ein dramatisches und ehrfurchtgebietendes Crescendo, weil die Wunden in Jesu Händen und seiner Seite nicht nur verdeutlichen, dass er es tatsächlich ist, dass er tatsächlich von den Toten auferstanden ist – sie sind mehr noch Zeichen, die Zeichen der Liebe nämlich. Sie sind der offensichtliche Beweis dafür, dass er die Seinen liebte, die in der Welt waren, und dass er sie bis ans Ende geliebt hatte, dass er sich ganz und gar für sie hingegeben hatte, für sie, für uns, für dich und mich.

Vielleicht ist die Auferstehung Jesu für uns deshalb so schwer zu glauben, weil sie immer schon schwer zu glauben war – und nicht nur schwer, sondern eigentlich fast unmöglich zu glauben. Wir wissen alle, dass der Tod irreversibel ist. Die Menschen in der Antike wussten das genauso gut wie wir. Doch das liegt daran, dass unsere Welt an die alte Schöpfung gebunden ist, und Ostern ist der Anfang von Gottes *neuer* Schöpfung. Auf dieselbe Weise finden wir es schwer zu glauben, dass wir tatsächlich ganz und gar und vollkommen von dem Gott geliebt werden, der die Welt geschaffen hat. Wir wissen, wie zerbrechlich und unbeständig die menschliche Liebe ist, und deshalb finden wir es schwer, sogar unmöglich, uns eine Liebe vorzustellen, die durchhält, die den Weg bis ans Ende geht. Beides gehört allerdings zusammen: Die Osterbotschaft ist der Ausdruck dieser unaussprechlichen, unergründlichen Liebe. Aus diesem Grund ist auch der Glaube, der an der Auferstehung festhält, in letzter Hinsicht dasselbe wie die Liebe, die sich wie eine Blüte als Antwort auf die Liebe Jesu behutsam und vorsichtig öffnet. Von Ludwig Wittgenstein ist das bemerkenswerte Wort überliefert: „Es ist die Liebe, die an die Auferstehung glaubt." Er hatte recht. Johannes hat stark untertrieben, als er davon sprach, dass die Jünger froh waren, als sie den Herrn sahen. Der Theologe und Lyriker George Herbert brachte dies zum Ausdruck, als er in *The Flower* (*Die Blume*) folgende Zeilen schrieb:

> Who would have thought my shriveled heart
> Could have recovered greenness? It was gone
> Quite underground ...
>
> Wer hätte gedacht, dass mein vertrocknetes Herz
> Wieder grün werden könnte? Es war verschwunden
> Tief unter der Erde ...

Doch der, der sich an jenem kalten Sabbat unter der Erde aufgehalten hatte, brach wieder hervor, und mit ihm wurde Gottes kraftvolle Liebe in all ihrer Herrlichkeit offenbar, eine Liebe, die unsere Herzen aus ihrem Winter in den neuen Frühling von Ostern führt.

Und an dieser Stelle fangen wir an, dort müssen wir alle anfangen, jung und alt, ordiniert oder nicht ordiniert, egal, aus welcher Tradition wir kommen. Ohne die Botschaft des Glaubens und der Liebe, die von diesem Ostern herkommt, sind wir nichts, doch mit dieser Botschaft tut sich vor uns die Welt als ein fremdes, unvermessenes, neues Land voller Möglichkeiten und Herausforderungen auf. Die Jünger werden nicht in ihrem abgeschlossenen Raum bleiben. „Friede sei mit euch!", sagt Jesus noch einmal. „Wie mich der Vater gesandt hat, so sende ich euch." Und danach – ein weiteres Echo der Genesis – bläst er sie an und sagt: „Nehmt hin den Heiligen Geist!" Und mit diesen beiden Sätzen ist die ganze Mission der Gemeinde ausgedrückt. „Wie ... so."

Für einen Augenblick blitzt vor uns all das auf, was vorher in der Geschichte der Evangelien passiert ist. Jesus kommt nach Galiläa und kündigt das Reich Gottes an, heilt die Kranken und feiert die frohe Botschaft mit den Menschen, von denen man es am wenigsten erwartet hätte. Er fordert Gottes Volk auf, wirklich Gottes Volk zu sein, das Licht der Welt, jetzt, wo er gekommen ist, um ihnen den Weg zu zeigen. Er spricht von dem kommenden Sieg, den er auf die merkwürdigste Weise erringen wird – durch seinen Tod. Er macht ein paar Bemerkungen über den Tempel, der gebaut werden müsse, den neuen Tempel, der nicht mehr aus Mörtel und Steinen bestehen werde, sondern aus ihm selbst und seinen Nachfolgern. Er tut all dies und viel, viel mehr. Und jetzt fasst er alles in einem Satz zusammen, „Wie mich der Vater gesandt hat ...", und macht daraus den Missionsbefehl: „... so sende ich euch". Die Mission der Gemeinde besteht nicht darin, Menschen in Gebäude zu locken oder Basare und Tombolas zu veranstalten oder Verlautbarungen herauszugeben. Oh, ich weiß, Gebäude und Geld und Verlautbarungen sind auf ihre Weise wichtig. Die eigentliche Mission der Gemeinde besteht allerdings darin, *für die Welt das zu sein, was Jesus für Israel gewesen ist.* Das ist eine Mission, die uns wieder und wieder zu den vier Evangelien zurückkehren lässt, nicht nur, damit wir über die Kraft und Liebe Gottes staunen, sondern damit wir durch Gebet und den Heiligen Geist diese Kraft und Liebe auf uns herabziehen, auf dass wir Jesus-Leute für die Welt, Reich-Gottes-Leute für die Welt, Vergebungs-Leute für die Welt werden. Im Reich Gottes gibt es keine verschlossenen Türen, und wir, die wir aufgefordert sind, mit der Guten Nachricht in die Welt hinauszugehen, müssen sie „aufbeten", sodass die Botschaft von Gottes unbesiegbarer Liebe in die Welt hineinkommen kann.

„Welchen ihr die Sünden erlasst ...", verkündet Jesus, „... denen sind sie erlassen; und welchen ihr sie behaltet, denen sind sie behalten" (Johannes 20,23). Das ist ein ernster und schwieriger Text, es wäre uns vielleicht lieber gewesen, wenn Jesus es beim ersten Teil belassen hätte. Und dennoch, wie überall im Evangelium, so wird auch hier die Vergebung niemals auf eine billige Gnade reduziert, auf einen Gott, der einfach mit den Schultern zuckt und sagt: „Na ja, ist schon in Ordnung so." Gerade weil Vergebung *Vergebung* ist und nicht einfach nur Toleranz, muss sie mit einer unmissverständlichen Ablehnung gegenüber jeglicher Form von Sünde einhergehen, ganz gleich, ob es sich nun um Gewalt handelt oder um Vorurteile oder Boshaftigkeiten, egal, ob es sich nun um Stolz handelt oder Gier oder Lust oder irgendetwas anderes von den Dingen, die Gottes gute und schöne Schöpfung entstellen und korrumpieren. Genau deshalb geht es bei Ostern um die *neue Schöpfung*, und nichts von dem, das Gottes Schöpfung verdreht oder zerstört, kann dorthin gelangen. Die Liebe fordert nämlich für den Geliebten das Allerbeste. So wie die Eltern nicht ruhen, bis die letzten Spuren einer Krankheit aus ihrem Kind verschwunden sind, so wird Gott die Krankheit der Sünde in seiner neuen Schöpfung ebenfalls nicht tolerieren. Die Botschaft von der Vergebung lautet also, dass man alles hinter sich lassen kann, alles, was nach unserem Wissen unser Beitrag zur Entstellung von Gottes Welt ist. All das kann am Kreuz zurückgelassen werden, wo Jesus, wie er verkündete, das Werk der Erlösung vollbracht hat. Ostern sagt: „Willkommen in Gottes neuer Welt!" Und damit sind wir eingeladen, die Vergebung selbst zu schmecken und sie als die große Botschaft vom Erlassjahr in die Welt hinauszutragen, als die Botschaft davon, dass es doch noch Hoffnung gibt.

Natürlich finden die Menschen das schwierig, wenn nicht sogar unmöglich, zu glauben. Die Geschichte von Thomas ist in dieser Hinsicht typisch. Wir leben in einer Welt voller Thomasse, voller Menschen, die Beweise verlangen, Menschen, die nicht angeschwindelt werden wollen, Menschen, die schon einmal verletzt worden sind und sich jetzt gegen alles wehren, was sie für einen billigen und einfachen Trost halten. Wir leben in einer Welt, in der sich viele, die in unseren Gemeinden aufgewachsen sind, furchtbar enttäuscht fühlen – entweder weil die Menschen, die sie dort kennengelernt haben, nicht so leben, wie sie es behaupten; oder, noch schlimmer, weil einige in der Gemeinde ihre Stellung als Deckmantel für Gier oder Lust oder Mobbing missbraucht haben; oder einfach nur, weil ihnen die Gemeinden wie eine fade, staubige Welt, geprägt von einer in sich zusammengesunkenen, traurigen Menschlichkeit erscheinen, während sie aber gerade die Schönheit und Herrlichkeit des Lebens, der Literatur, der Liebe und des Lachens entdecken. Und so hören sie wie Thomas etwas, was ihnen wie eine alte Märchenbotschaft vorkommt: *Oh ja, es ist wirklich alles in Ordnung. Er lebt – komm doch wieder in die Gemeinde wie früher.* Doch sie verschränken die Arme und entgegnen: „Nein, ich lasse mir nicht wieder etwas vormachen, ich begebe mich nicht wieder in diese stickige, kleine Welt hinein, wo ich mich so eingeengt und eingesperrt gefühlt habe. Wenn ich wieder Hoffnung zulasse, werde ich nur erneut enttäuscht und verletzt werden." An den Rändern unserer Gemeinden und darüber hinaus finden wir viele solcher Menschen. Sie möchten etwas Solideres geboten bekommen.

Jesus verwehrt Thomas nicht das, wonach er gefragt hat. Du willst Beweise? Also gut, hier sind sie: *Hier sind die Wunden, die meine Liebe getragen hat, hier sind die Zeichen dafür, was es gekostet hat, das Werk zu vollbringen, die Erlösung der Welt zu vollenden.* Wie wir sehen, bestehen diese Beweise nicht nur aus intellektuellen Argumenten, obwohl die auch zur Genüge vorhanden wären, wenn es das ist, wonach Sie verlangen. Der Beweis ist der Beweis eines lebendigen Jesus, eines liebenden Jesus, eines Jesus, der alles getan hat, was Thomas nötig hatte. „Reiche deinen Finger her“, fordert er ihn auf, „und sieh meine Hände, und reiche deine Hand her und lege sie in meine Seite, und sei nicht ungläubig, sondern gläubig!“

Während wir wieder und wieder die Lektionen der Hoffnung für uns selbst durchbuchstabieren, stellt sich uns die Frage, *wie wir für die Welt das sein können, was Jesus für Thomas gewesen ist*: Wie können wir der Welt die Zeichen der Liebe zeigen; wie können wir unsere Hände in Liebe ausstrecken, so verwundet, wie sie sein werden, wenn die Liebe wahre Liebe ist; wie können wir diejenigen, deren Herzen durch Sorgen und Unglaube in sich zusammengesunken sind, einladen zu kommen und zu sehen, was die Liebe getan hat, was die Liebe tut – in unseren Gemeinschaften und unseren Stadtteilen. Nämlich die Werke der Gerechtigkeit und Schönheit, die von Gottes neuer Schöpfung reden; die Werke der Heilung und des neuen Lebens, die man in unseren Hospizen und Strafanstalten, unseren Gemeinden und Dörfern zur Genüge erkennen können sollte. Wenn die Gemeinde hinausgeht und all das bewirkt, wenn sie nicht auf Erlaubnis wartet oder Ermutigung, sondern einfach nur das tut, was Christen von Anfang an immer schon getan haben, dann macht plötzlich die Auferstehung Sinn, weil die Vorstellung von Gottes Liebe in einer neuen Schöpfung mit einem Mal Sinn macht. Menschen, die vorher skeptisch waren, merken, wie ihre Herzen und Gedanken verändert werden, sodass sie mit Thomas sagen können: „Mein Herr und mein Gott!“ Ja, es wäre besser gewesen, wenn sie ohne zu sehen geglaubt hätten. Aber Jesus ist nicht kleinlich. Er kommt Thomas auf halbem Wege entgegen, weil das neue Leben des Osterevangeliums immer hinausgeht und den Menschen auf halbem Wege entgegenkommt, um sie wieder einmal mit der überfließenden und kraftvollen Liebe Gottes zu überraschen. Unsere Aufgabe besteht darin, in der Kraft des Heiligen Geistes der Welt immer mit den überraschenden Zeichen von Gottes Großzügigkeit auf halbem Wege entgegenzugehen. Und diese Zeichen werden umso kraftvoller sein, je mehr wir sie gemeinsam wirken.

Ein großartiges Projekt, an dem ich auf diese Weise mitarbeiten durfte, wurde vor ein paar Jahren im Nordosten Englands durchgeführt. Ich arbeitete dort als Bischof, während eine Woche lang Tausende von jungen Menschen zusammenkamen, um jeden Morgen eine Bibelarbeit zu hören, jeden Nachmittag in sozialen Projekten zu arbeiten und jeden Abend Gottesdienste zu feiern und Evangelisationen zu veranstalten. Woran ich mich aus dieser Woche am liebsten erinnere, ist ein Einsatz mit einer von Dutzenden von Nachmittagsgruppen. Dabei haben wir die Rückwände einer Reihe von dunklen und heruntergekommenen Häusern in einem vernachlässigten Viertel einer unserer alten Städte gestrichen und die ganze Straße mit Blumenkörben geschmückt. Die Leute kamen aus ihren Häusern – und das ist etwas, was sie normalerweise nicht machen, weil sie Angst vor diesen finsteren Seitenstraßen haben, denn sie wissen, was dort alles passiert – und fragten nervös, ob das alles von der Stadtverwaltung bezahlt werde oder ob man ihnen die Rechnung präsentieren würde. *Nein*, haben die fröhlichen Teenager geantwortet, *wir kommen von der Kirche; das ist ein Geschenk für Sie.* Die Bewohner der Häuser waren sprachlos. Und die Geschichte hört an dieser Stelle noch nicht auf, denn als ich ein Jahr später wieder in diese Gegend kam, hatten die Anwohner damit begonnen, noch mehr aus ihrer Seitenstraße zu machen, indem sie kleine Gärten angelegt, gemeinsame Grillfeste veranstaltet und einander kennengelernt hatten. *Eine* kleine Geste der Liebe und der Großzügigkeit vonseiten der christlichen Gemeinde stieß für eine ganze Straße und ihre Bewohner einen Prozess an, der neues Leben und neue Möglichkeiten brachte. Und als der ehrenamtliche Gemeindemitarbeiter, der in diese Straße gezogen war, anfing über Jesus zu reden, wussten sie, dass es wahr war. Sie hatten die Zeichen gesehen.

Die Geschichte von Thomas, der Schwerpunkt unseres Abschnittes, ist eine von drei erstaunlichen persönlichen Begegnungen mit dem auferstandenen Jesus, von denen Johannes berichtet. Zum Abschluss möchte ich deshalb kurz etwas zu den beiden anderen sagen, also zunächst über Maria Magdalena sprechen und dann über Petrus. Denn beide Geschichten sind meiner Meinung nach unmittelbar für die Frage relevant, wo wir als Gemeinde stehen, und das vielleicht gerade dann, wenn die Gemeinde durch dunkle und schwere Zeiten gegangen ist.

Zunächst also zur Geschichte von Maria Magdalena: Maria ist diejenige, die als Erste am Grab ankommt, die als Erste losläuft und es den anderen erzählt, die als Erste verzweifelt weint, die als Erste die Engel sieht und darüber hinaus die Erste ist, die Jesus begegnet. Wenn ich Marias Geschichte im 20. Kapitel des Johannes-Evangeliums lese, frage ich mich manchmal, ob damit nicht gesagt werden soll, dass diejenigen, die Engel sehen, das wahrscheinlich unter Tränen tun werden. Wenn Menschen an diesem Punkt angekommen sind, ist es mit Sicherheit oft so, dass der auferstandene Jesus zu ihnen kommt und sie mit seiner Gegenwart und Liebe überrascht. Und dann geschieht etwas wirklich Bemerkenswertes. Bis zu diesem Punkt (obwohl ich zugeben muss, dass die verschiedenen Handschriften da etwas voneinander abweichen) hat Johannes Maria nur mit der griechischen Form ihres Namens, *Maria*, bezeichnet. Das ist der Name, unter dem sie in der Stadt bekannt war. Diesen Namen hätten die Soldaten unter dem Kreuz gerufen, wenn sie Maria gemeint hätten. Doch als sie zu Jesus kommt, aber nicht weiß, dass es Jesus ist, und all ihren Schmerz vor ihm ausschüttet, spricht er sie mit ihrem wirklichen Namen an, ihrem alten, biblischen Namen, mit der aramäischen oder hebräischen Form *Mariam*, „Miriam“: der Name seiner Mutter; der Name, mit dem sie ihr Vater gerufen hat, als sie noch ein kleines Mädchen war; der Name, der ausdrückt, *Miriam, es wird alles gut, ich lebe, und du bist jetzt meine Botschafterin*. Und in einem überwältigenden und revolutionären Moment wird Miriam der erste Mensch, der irgendjemand anderem erzählt, dass Jesus lebt, und damit diese Botschaft ins Zentrum jeglichen christlichen Dienstes trägt. Sie ist der Apostel für die Apostel.

Miriams Geschichte ist beeindruckend, und vielleicht gibt es einige, bei denen sie auf besondere und persönliche Weise nachhallt. Doch die andere Geschichte ist die von Petrus im 21. Kapitel des Johannes-Evangeliums. Petrus hat, wie wir wissen, Jesus schwer enttäuscht. Dreimal hat er geleugnet, ihn zu kennen, dort, neben dem Kohlenfeuer im Hof des Hohepriesters. Jetzt brennt ein anderes Kohlenfeuer am Ufer des Sees und von ihm geht ein Geruch aus, der Petrus zweifellos an jene furchtbare Nacht vor nicht allzu langer Zeit erinnert, so wie wir durch den Hinweis des Johannes daran erinnert werden. Jesus nimmt Petrus beiseite und stellt ihm die Frage, die entscheidende Frage, die Osterfrage: „Simon, Sohn des Johannes, hast du mich lieb?"

In seiner Antwort gebraucht Petrus ein anderes griechisches Wort, und ich kann mir nicht vorstellen, dass das ein Zufall ist. Er benutzt nicht dasselbe Wort, *agápo*, mit dem die volle Bedeutung von Gottes Liebe umschrieben wird. Er gebraucht das Wort *phileo*, auch ein gutes Wort, das aber sehr viel weiter unten angesiedelt ist. „Ja, Meister", erwidert Petrus, „du weißt, dass ich dein Freund bin." So viel kann er für sich sagen. Wie könnte er auch nach all dem, was geschehen ist, sagen, er liebe Jesus mit derselben Liebe, von der er weiß, dass Jesus ihn so liebt? Er wird ihn jedoch nicht noch einmal verleugnen. Als Jesus ihm dieselbe Frage zum zweiten Mal stellt, gibt er ihm dieselbe Antwort. „Ja, Meister. Du weißt, dass ich dein Freund bin."

Ich vermute, dass sich viele von uns diesem Satz anschließen können. Denn viele von uns wissen sehr genau, dass wir unseren Meister schwer enttäuscht haben. Wir haben aus unserer Jüngerschaft, unserer Nachfolge, ein ziemliches Durcheinander gemacht; wir haben Mist gebaut, wir haben weggesehen, wir haben kalte Füße bekommen und das geleugnet, von dem wir eigentlich wissen, dass wir es glauben. Und wir schämen uns. Trotzdem sind wir hier, halten an Jesus fest, weil wir lieber bei ihm sind (auch wenn wir uns dabei ungemütlich fühlen), anstatt uns vor ihm zu verstecken. „Ja, Meister. Du weißt, dass ich dein Freund bin." Und Jesu Antwort ist erstaunlich: „Weide meine Lämmer!", sagt er. „Weide meine Schafe!" Er sagt nicht: „Na ja, Petrus, du hast wirklich Mist gebaut; aus diesem Schlamassel kommst du nur mit einem sechsmonatigen Umerziehungskurs wieder heraus und dann sehen wir weiter." Die Vergebung nimmt vielmehr die Form einer neuen Beauftragung an. Das ist das Zeichen von Jesu Liebe. Und hier haben wir es, wir erinnern uns, mit *Petrus* zu tun. Jeder auf Petrus aufbauende Dienst fängt an diesem Punkt an, bei der freien Vergebung für die, die versagt haben.

Doch dann kommt die dritte Frage. Dieses Mal benutzt Jesus das Wort, das Petrus bisher verwendet hat. „Simon, Sohn des Johannes", fragt er, „bist du mein Freund?" Petrus wurde traurig, schreibt Johannes, weil Jesus es beim dritten Mal so formuliert hatte, und antwortete ihm eifrig. Ich glaube, der entscheidende Punkt ist folgender (das ist etwas, was, wie ich vermute, viele von uns in ihren unterschiedlichen Ebenen der Nachfolge und des Dienstes hören müssen): Das ist für mich der Kern der Osterbotschaft, angewandt auf diejenigen, die danach trachten, Jesu Freunde zu sein, ihm zu folgen und ihm zu dienen: „Nun gut", sagt Jesus. „Wenn das der Punkt ist, an dem du stehst, dann lass uns auch von diesem Punkt aus anfangen." Und wie Maria mit ihren Tränen, wie Thomas mit seinem Skeptizismus kommt Jesus Petrus auf halbem Wege entgegen. Er besteht nicht sofort darauf, dass Petrus in der Lage ist, Liebe mit einem ganz großen L zu schreiben, sie *agápē* zu buchstabieren. Das wird später kommen. Petrus nimmt das Wort Jesu auf: „Ja, Meister. Du weißt, dass ich dein Freund bin." „Alles klar, Petrus, an dieser Stelle fangen wir an. Weide meine Schafe. Und ganz nebenbei, es wird schwer werden. Andere Leute werden andere Aufgaben zu tun bekommen, aber du musst einfach nur an eines denken: ‚Folge mir nach!'"

Es ist die Liebe, die an die Auferstehung glaubt. Umgekehrt ist es die Auferstehung Jesu, die die Liebe weckt – die Liebe zu ihm, die Liebe zueinander, die Liebe zu Gottes Welt. Das ist die Botschaft von Ostern. Das ist die Botschaft der Hoffnung. Das ist die Botschaft für die Gemeinde und auch die Botschaft, die durch die Gemeinde, durch uns alle zusammen, in die Welt kommen soll. Das ist die Botschaft Jesu. Möge sie so *für* uns, *in* uns und nicht zuletzt *durch* uns sein.

Danksagungen

Wie ich im Vorwort geschrieben habe, bin ich denjenigen sehr dankbar, die durch ihre freundlichen Einladungen die Bühne bereitet haben, auf der diese Artikel und Reden entstanden sind, und deren herzliches Willkommen und deren Gastfreundschaft diese unterschiedlichen Gelegenheiten zu einem Vergnügen haben werden lassen.

Den Graben zwischen Naturwissenschaft und Glauben überwinden
Treffen der BioLogos Foundation in New York (USA), März 2012.

Brauchen wir einen historischen Adam?
Treffen der BioLogos Foundation in New York (USA), März 2013.

Kann ein Naturwissenschaftler an die Auferstehung glauben?
James Gregory Vorlesung 2007, St. Andrews Universität (Schottland), 20. Dezember.

Das biblische Plädoyer für die Frauenordination
Ein Konferenzvortrag für das Symposion „Männer, Frauen und die Gemeinde" des St. John's College, Durham (England), 4. September 2004.

Jesus kommt wieder – pflanze einen Baum!
Seminar im Windsor Castle (England): „Evangelikale und die Bewahrung der Schöpfung", 4. Juli 2006.

Der 11. September, Tsunamis und das neue Problem des Bösen
Forum für Gemeindeleiter, Seattle Pacific University (USA), 18.–19. Mai 2005.

Wie die Bibel die moderne Welt versteht
Ein Vortrag für InterVarsity, Universität von Chicago (USA), 13. November 2012.

Götzendienst 2.0
Ein Vortrag für das Veritas Forum, Northwestern University, Chicago (USA), 12. November 2012.

Unsere Politik ist zu klein
Ein öffentlicher Vortrag beim Jahrestreffen der Gesellschaft für biblische Literatur in San Diego, Kalifornien (USA), 18. November 2007.

Wie man sich auf die Welt von morgen einlässt
CCCU Konferenz in Washington D. C. (USA), Februar 2012.

Apokalyptik und die Schönheit Gottes
Eine Predigt in der Harvard Memorial Chapel in Cambridge, Massachusetts (USA), 22. Oktober 2006.

Zu Menschen der Hoffnung werden
Eine Predigt in einem ökumenischen Gottesdienst in Belfast (Nordirland), 21. Oktober 2011.

Mehr vom Autor

N. T. Wright
Reich Gottes, Kreuz, Kirche.
Die vergessene Story der Evangelien
Edition emergent
ISBN 978-3-86827-504-9
336 Seiten, gebunden

Seit den Anfängen des Christentums spielt die Lektüre der Evangelien eine zentrale Rolle. Über allem Forschen und Studieren haben wir jedoch die wesentliche Botschaft vergessen. N. T. Wright schreibt: „Während meiner Studien über Jesus und die Evangelien habe ich den Eindruck gewonnen, dass der Großteil der westlichen christlichen Tradition schlicht vergessen hat, worum es in den Evangelien eigentlich geht. Trotz mehrerer Jahrhunderte intensiver und schwerer Arbeit an allen möglichen Merkmalen der Evangelien haben wir oft die Hauptsache übersehen, die uns alle vier Evangelien so ungeduldig erzählen wollen. Ich bin daher zu dem Schluss gekommen, dass wir nicht nur hier und da ein bisschen an der Feinabstimmung arbeiten müssen. Wir müssen grundsätzlich neu durchdenken, was die Evangelien zu sagen versuchen."

In seinem Buch bietet Wright uns die Gelegenheit, den kraftvollen Texten ganz neu und frisch zu begegnen. Hier wird dem Leser die überraschende, unerwartete und geradezu schockierende Botschaft der Evangelien geboten: Es ist die Geschichte eines neuen Königs, der alles verändert und der uns in seine neue Welt einlädt.